音楽的活動における保育者の発信的・応答的能力の向上

――クリニカル・ミュージシャンシップ援用の可能性――

田 﨑 教 子 著

風 間 書 房

目　　次

序章……………………………………………………………………………1

　第 1 節　研究の目的……………………………………………………………1

　第 2 節　研究の背景……………………………………………………………1

　第 3 節　先行研究の検討………………………………………………………4

　第 4 節　研究の範囲と対象……………………………………………………6

　　1．研究対象　　6

　　2．保育における音楽的活動の範囲　　7

　　3．保育者の音楽的活動における発信的・応答的能力の範囲　　7

　　4．援用する音楽療法のモデル　　7

　　5．用語の定義　　7

　第 5 節　研究の内容と方法…………………………………………………10

　　1．論文の構成と内容　　10

　　2．研究の方法　　12

第 1 章　音楽的表現を支える保育者の実態……………………………15

　第 1 節　保育者の専門性……………………………………………………15

　第 2 節　「表現」における音楽的表現の位置づけと保育者の役割………20

　　1．「表現」における音楽的表現の位置づけ　　20

　　2．音楽的表現の捉え方と保育者の役割　　24

　第 3 節　質問紙調査による保育者の実態…………………………………30

　　1．はじめに　　30

　　2．調査の目的　　32

　　3．調査の内容と方法　　32

4．調査の結果　37

5．考察　47

第2章　クリニカル・ミュージシャンシップ援用に向けての枠組み………53

第1節　「創造的音楽療法」における「ミュージック・チャイルド」の概念………53

1．「創造的音楽療法」の位置づけ　53

2．「創造的音楽療法」における中核的概念　58

第2節　ポール・ノードフの音楽観と「クリニカル・ミュージシャンシップ」………68

1．ポール・ノードフの音楽観──『癒しの遺産（*Healing Heritage*）』より探る──　68

2．「クリニカル・ミュージシャンシップ」の諸相　78

第3節　セラピストが保育の場で実践する「音楽表現活動」の検討……80

1．事例分析の目的　80

2．事例の概要　81

3．事例の分析　85

4．考察　96

5．まとめ　97

第4節　クリニカル・ミュージシャンシップ援用に向けての枠組みの構築………99

1．保育における子どもの捉え方との関連　100

2．保育における音楽の捉え方との関連　101

3．保育者に必要な音楽性　104

目　次　iii

第3章　保育者養成校における音楽性育成の可能性 ………………115
第1節　保育者養成校における実践研究の背景 ………………………115
1．保育者養成校におけるカリキュラム　115

2．保育者養成校の学生の実態　120

第2節　即興性を重視した授業事例 ……………………………………124
1．授業分析の目的　124

2．授業概要と分析方法　125

3．結果と考察　127

4．まとめ　139

第3節　音による描写性を重視した授業事例 ………………………140
1．授業事例に関する背景　140

2．授業分析の目的　142

3．授業概要と分析方法　143

4．結果　145

5．考察　157

6．まとめ　160

第4節　養成段階における音楽性の育成 ……………………………163
1．主観的に捉える体験　164

2．客観的に捉える体験　166

3．保育者養成校における音楽性育成の展望　167

終章　総括的考察と今後の課題 ……………………………………173
第1節　総括的考察 ……………………………………………………173
第2節　結論 ……………………………………………………………177
第3節　今後の課題 ……………………………………………………179

引用・参考文献 ……………………………………………………………181

iv

資料………………………………………………………………195

初出一覧……………………………………………………299

謝辞………………………………………………………………301

序　章

第1節　研究の目的

　本研究では、音楽的活動の場における、保育者の発信的・応答的能力の必要性を論じ、その能力が保育者養成校において、どの程度育成可能なのかについて探ることを目的とする。その際、ノードフ・ロビンズの「創造的音楽療法」の概念とセラピストに求められるクリニカル・ミュージシャンシップを援用しながら検討する。

第2節　研究の背景

　本研究に至るまでの経緯は、以下に示すとおりである。

　研究は、音楽教育における音楽教師の資質や能力を検討する際に、音楽療法におけるセラピストの資質や能力が、何らかの示唆を与えるのではないかというところに端を発する。音楽教育の狭義の目標は、原則的に学習指導要領に基づいて行われる「教育」であり、一方の音楽療法の目標は、「普遍的な基準へ向けての正常化（normalization）よりも個人の解放と発達（freeing and development）」[1]であるため、そのまま適用するには困難な面があった。その反面、どちらも広義の目標は「人間形成」を目指すものであり、「個に応じる」側面については、セラピストの治療者的資質から充分な示唆を得ることができた。ただし「個を生かす」部分については、更なる探究を必要とし今後の課題となった。

　その後、保育分野へ視野を広げ、音楽的活動の場で保育者が必要とする資質や能力と、セラピストの資質能力との関連性に焦点をあて、継続的に研究を行ってきた。保育は、通常遊びを中心とした生活が営まれ、子ども達は環

境を通して様々なことを学んでいく。保育における目標や内容の方が、より音楽療法の目標や内容と類似しているのではないかという発想のもと、音楽療法の中核的概念にみられる子ども観と、保育における子ども観を比較検討したところ、いくつかの共通性がみられた。この両者の共通性を手掛かりにして、セラピストの資質や能力を援用しながら、音楽的活動の場で必要な保育者の発信的能力と応答的能力のありかたを検討していくこととなった。

本研究の背景には、次のような傾向がみられる。

第1に、保育者の資質・能力に関する近年の動向として、日本保育学会が2012年、文部科学省に提出した意見書には、以下のような内容が示されている。

> ……高度な知識技能として教師側の発信的能力だけではなく、子どもへの応答的能力を入れることが、状況に即応し省察できる教師の資質能力として、……不可欠な能力である[2]。

これは、文部科学省の中央教育審議会が示した「これからの教員に求められる資質能力」の項目の中に、高度な知識・技能として実践的指導力を挙げており、教員の「発信的能力」については触れられているものの、状況に即応し省察できる「応答的能力」については、触れられていない点への指摘だと捉えられる。このように、保育者に求められる資質・能力には、「発信型」を重要視する傾向があり、それを危惧する声もあるのが現状である。

第2に、保育者の資質・能力の育成の問題である。保育者の育成は、主として保育者養成校で行われるのが一般的である。特に音楽的能力の育成に関する研究には、ピアノや歌に関する基礎的なテクニックの習得に関するものや、「表現」の授業での様々な試みに関する実践報告が多い。中には、子どもの創造的な表現に対応できる即興性を重要視している研究もある。保育者が子どもの音楽的表現を支えるためには、即興性のような専門的な技術が必要だとしているが、その技術を使って子どもとやり取りできる応答的能力の育成にまで踏み込んだ研究が少ない。また、学生自身の表現体験に留まるも

のが多く、そこで得た力をどのように子どもの表現と関わらせ、どのように発展させ、方向づけていくのかという視点に立って言及している研究も少ない。このように、保育者養成校における教育では、限られた時間の中で、子どもに発信する知識や技術を習得するのに追われ、それらの力を子どもとの関係の中で応答的に使う能力の育成にまで及んでいない現状がある。

このほど、厚生労働省が示した保育士養成課程の改正に伴い、2011年度より専門教育「基礎技能」が「保育の表現技術」と名称を改めることとなった[3]。これは、今まで以上に保育の場を想定した実践力の養成を求められていることを示しており、弾き歌いのように楽譜を再現する伴奏演奏能力に留まらず、子どもの表現活動を広げる表現技術の習得を目指しているといえる。

第3に、保育者の音楽的活動に対する自立性の問題がある。保育における音楽活動の実践は、音楽の専門家（外部講師）が中心になって行われることがある[4]。この傾向は体操や造形など専門性の高い分野に多く見られる。しかし、日常の保育に携わっているのは保育者であり、子どもの日常の様子を充分に把握しているはずである。その保育者が発信的能力・応答的能力をつけることによって、日々の連続性の中で、子どもの表現と向き合い、子どもの表現を育てることが可能になる。音楽的活動が日々の生活に埋め込まれ、子どもの遊びの中に根付くようにするためには、保育者自身の音楽的能力の向上が必須である。

第4に、保育の場における「音楽の機能」の限定的使用が挙げられる。領域「表現」が誕生して20年以上が経つが、保育における音楽活動が劇的な変化を遂げたとは言い難い。相変わらず生活の歌を時間や活動の区切りとして歌い、音や音楽をあくまで合図として使用している園もある。この現象は、一日の生活をスムーズに進行させるために、音楽の機能の一部を利用しており、本来音楽がもっている音楽の諸機能を充分に生かしきれていないと考えられる。このように、保育における音楽は、その機能の限定的な使用によって、「音楽によってできること」の幅を限定してしまっていると考えられる。

4

　第5に、音楽療法の適用範囲の拡大が挙げられる。近年、保育の分野においてインクルーシブ教育の推進が叫ばれるようになり、国際シンポジウムのテーマとしても取り上げられ論議されている[5]。インクルーシブ教育の基本的な方向性は、障害のある子どもと障害のない子どもが、できるだけ同じ場で共に学ぶことを目指すというものである。このような傾向は、保育の場で障害のある子どもや発達障害の子どもが増加傾向にあることと無縁ではないと思われる。それに伴い、これらの子どもを対象とした療育や統合保育としての音楽活動が注目され、音楽療法の専門家によって実践されるようになってきている[6]。このことは、見方をかえると、音楽療法の専門家は障害のある子どもに対し、音楽を有効に用いながら応答的なやりとりができているからこそ、一定の効果をもたらしているといえる。

　以上から、保育者の資質・能力には、「発信的能力」だけでなく「応答的能力」も必要であること、保育者養成校に保育の場に即応できる音楽的実践力の養成が求められていること、保育における音楽的活動が、保育者自身の手によって自立的に行われるためには、「発信的能力」「応答的能力」が必要であること、保育における音楽の機能の使い方が限定的で開拓の余地が残されていること、音楽療法が、保育における療育や統合保育の活動として取り入れられてきていることが明らかになった。

　したがって本研究は、このような傾向を踏まえて保育者の発信的能力・応答的能力について検討していく。

第3節　先行研究の検討

　本研究に関連する先行研究として、主に①保育者の発信的能力・応答的能力に関する研究、②音楽的活動における保育者の発信的能力・応答的能力に関する研究、③音楽療法の分野より示唆を得ようとする研究を挙げ、検討する。

　保育者の発信的能力・応答的能力に関する研究には、宮原ら（2002）によ

る「応答的保育」の研究がある[7]。またこの考え方に基づいた実証的な研究としては、飯田ら（2013）、大里ら（2014）がある。宮原らは「応答的保育」について、物による応答性、言語的応答性、心の応答性の 3 点から論じており、特に言語的応答性の重要性を指摘している。飯田ら（2013）と大里ら（2014）の研究でも、言語的応答性に着目し、事例を通して検証している。

　また、保育における音楽的活動の研究の多くは、その対象を保育者ではなく、活動そのものに焦点を当てており、薩摩林（2008）、武岡（2008）、山本（2009）、登（2011）等の研究では、いずれも子どもの創造性を育む音楽活動のあり方を探究している。その中で、駒（2011）は子どもの「応答性」に着目した研究を行っており、幼児の「応答性」が「創造性」を豊かにすることと深く関係していると述べている。保育における音楽の表現の可能性について論じている長野（2010）の研究では、「音楽の機能」の側面について触れ、音や音楽のもつ可能性について探究している点で、自身の研究との共通性がある。さらに保育者の創造力の育成を目指した福西・山本・三宅（2009）の研究では、保育者に必要な力を「実践的指導援助力」と名付け、音楽的援助の基本姿勢として①コーディネーター、②表現の第 1 発見者、③モデル・理解者、④共同作業仲間の 4 点を挙げている。この要素の中には、恐らく「応答的能力」が含まれているが、それが言語的介入、身体的介入によるものなのか、あるいは音楽的に介入するものなのかは解釈の余地を残している。

　次に、音楽療法士が保育の場において行う音楽的活動の実践研究には、下川（2007、2009）、谷村（2010、2011、2012）、高山（2011）、内田・鈴木（2014）等がある。ほとんどが療育や統合保育として導入しているが、下川の実践は、障害のある子どもを含めたクラス単位の音楽活動である点が特徴的である。また倉掛（2011）は、保育と音楽療法の類似性に着目し、特別支援を要する子どもに対する保育力をもつ「保育音楽療育士」の養成について報告しており、馬立（2014）は、全国大学実務教育協会より認定を受けた「こども音楽療育士」の育成のための音楽療育ワークショップについて報告している。両

者から、障害のある子どもを支援していくために、セラピストの資質や能力を兼ね備えた保育者を養成しようとする方向性が示されている。

そこで、本研究においては、保育者が音楽的活動の中で用いる発信的能力と応答的能力はどうあるべきかを「音楽療法」の概念を援用しながら考察する。「音楽療法」援用の有用性を見出しながら、保育者に求められる発信的能力・応答的能力の諸相を探り、保育者養成校での育成の可能性について検討する。

これまで概観してきた研究の背景と先行研究の検討から、本研究の意義として、次の３点が考えられる。

①保育における音や音楽（表現）の役割や意義を問い直すことにより、保育者の音楽的能力として、何が必要なのかを明らかにできる。

②子どもの表現を重視する「創造的音楽療法」[8]の概念を援用することで、子どもの表現に対する捉え方を一新し、保育者の音楽的能力を再考するための示唆を得られる。

③応答的能力を重視する「クリニカル・ミュージシャンシップ」を援用することで、保育者に必要な発信的能力と応答的能力の全体像を示し、不足部分を明らかにすることができる。

第４節　研究の範囲と対象

１．研究対象

本研究における「保育者」とは、保育所に勤務する保育所保育士と、幼稚園に勤務する幼稚園教諭を意味している。両者を研究対象とした理由は、『幼稚園教育要領』、『保育所保育指針』の平成20年の改訂にともない、保育所、幼稚園のいずれも保育する機関として認められたことがあげられる。また、政府の推進する「子ども・子育て新システム」[9]により、この両者が将来的に統合し一体化される可能性があり、「総合子ども園」[10]で働く保育者は、保育士と幼稚園教諭の両資格をもつ「保育教諭（仮称）」[11]となることから、

今後保育士と幼稚園教諭に求められる資質や能力は、ますます統合される方向に向かうことを見通したことによる。これらの理由により、第1章第3節における保育者への意識調査は、保育士と幼稚園教諭を対象として実施している。

研究対象は、現職の保育者（保育士・幼稚園教諭）と保育者養成校の学生とし、学生は未来の保育者という位置づけで論を進めることとする。

２．保育における音楽的活動の範囲

本研究における音楽的活動とは、保育の場で行う音や音楽を伴った活動を指し、一斉保育、自由保育の中で保育者が介在している活動を指すこととする。

３．保育者の音楽的活動における発信的・応答的能力の範囲

保育者における発信的能力と応答的能力とは、本研究においては、音や音楽を通したコミュニケーションを主として扱い、言語的・身体的なコミュニケーション能力は副次的に扱うこととする。

４．援用する音楽療法のモデル

本研究において援用する音楽療法は、「音楽中心主義音楽療法」の一つであるノードフ・ロビンズの「創造的音楽療法」を主に取りあげる。現在世界中で行われている音楽療法は、対象も方法も多岐にわたりアプローチの方法も様々であるが、本研究においては、即興性を重視し、創造的にセッションが展開される「創造的音楽療法」をモデルとして取り上げることとする。

５．用語の定義
（１）発信的能力・応答的能力の定義

本研究における発信的能力とは、保育の音楽的活動の場において、保育者

8

が説明、発問、指示等を行う際に使う音楽的能力を指す。この場合、保育者の行為と子どもの表現との間に関係性がなくても成立する。また応答的能力とは、保育の音楽的活動の場において、子どもの表情、行動、表現等を瞬時に感じ取り、それに対して肯定、同意、展開、制止、反復、転換等の応答をするために使う音楽的能力を指す。この場合は、保育者の行為と子どもの表現との間に密接な関係性がある。

（2）'musicianship'（ミュージシャンシップ）の概念規定

本研究でノードフ・ロビンズの「創造的音楽療法」における「クリニカル・ミュージシャンシップ」の用語を使うにあたり、「ミュージシャンシップ」の意味を確認し、本研究におけるこの用語の概念規定を行う。

「ミュージシャンシップ」とは、英和辞典によれば、次のような意味合いをもつ。

①音楽性[12]

②音楽家としての技能・センス[13]

③音楽の知識、音楽的センス[14]

④音楽の演奏（理解）力、音楽的才能、楽才[15]

⑤音楽を演奏する芸術的才能[16]

つまり「ミュージシャンシップ」とは、音楽に携わるときに必要とされる音楽的な知識、演奏能力や理解力、芸術性や音楽的センスを含んだ意味として捉えられている。

次に「ミュージシャンシップ」の用語を含む論文や著書を概観する。

マーセル（Mursell）が、「音楽教育の基本的課題は musicianship の発達である」という見解を表明したのが1920年代であり、ここでは 'musicianship' という用語のほか、'musicality'、'ear-mindedness'、'musical-mindeness' 等の用語が使われている。いずれも厳密な概念規定はされておらず、同義語あるいは類縁関係の語として使われているが、河口（1982, 1991）

は、'musicianship' の語を「音楽家性」あるいは「音楽性」と訳している[17]。また1963年からMENC（全米音楽教育者会議）が音楽教育における創造性を目指す「現代音楽プロジェクト（C.M.P）」を立ち上げた。ここで 'comprehensive musicianship'（コンプリヘンシブ・ミュージシャンシップ）という新しい考え方が生まれ、現代音楽に限らず中世のポリフォニーやアジア・アフリカにおける民族音楽も含めた音楽性の育成が目的とされた。千成（1984）は、論文において、「コンプリヘンシブ・ミュージシャンシップ」を「包括的音楽家性」と訳している[18]。

さらに、山岸（1981）は、同語の意味として「音楽家の属性としての技能、知識、審美眼、芸術性、感受性などを包括的に持ち合わせていること」とし、「概念の理解、技能の発達、歴史的展望の獲得、技術的、美的判断力の育成を柱立てとし、全ての時代・様式の音楽を対象とする包括的な音楽家性」と説明している[19]。

エリオット（Elliott）は、1995年出版の *Music Matter* において、「実践知」を主軸としたプラクティス理論を打ち出す中で、'musicianship' の要素として5つ挙げている[20]。

① Procedural Musical Knowledge
② Formal Musical Knowledge
③ Informal Musical Knowledge
④ Impressionistic Musical Knowledge
⑤ Supervisory Musical Knowledge

これらについて、森（2011）は、①手続き的音楽知、②形式的音楽知、③非形式的音楽知、④直感的音楽知、⑤監督的音楽知と訳している。5つの要素は、必ずしも並列的に捉えられているわけではなく、②～⑤の音楽知が習熟してくるにしたがい、①の音楽知へ結びつき統合されていくと説明している[21]。

これらに対して、ノードフ・ロビンズの「創造的音楽療法」では、セラピ

ストがもつべき資質として 'clinical musicianship'（クリニカル・ミュージシャンシップ）という用語が使われている。「創造的音楽療法」のセッションにおいて、セラピストに必要とされる音楽家としての資質と、臨床上の認識力・技術力を総合した力を指す。つまり、ここでは音楽に関する知識や能力だけでなく、セラピーの中で音楽を臨床的に扱える能力も包含している。

　本研究は、保育者に求められる音楽的能力を明らかにしようとするものである。その諸側面は、様々な要素が絡み合って成り立っているものであり、音楽的な知識や能力だけを身につけただけでは不充分である。音楽の基礎的な能力を基盤として、子どもとの相互的な関係性や時間的芸術である音を操る力などが必要になってくる。

　したがって、本研究では、「ミュージシャンシップ」という用語を、音楽性、音楽的センスに加え、音と人の間にある空間を操る能力や子どもの発達や能力に対する洞察力を含んだ包括的な力として捉えることとする。保育者が音楽的に熟達しているか、つまり演奏能力・表現能力があるかという点と、子どもの様子を見ながら音楽を操れるか、つまり表現が応答的に使えているかという点を同時に包含する用語として使用する。

第5節　研究の内容と方法

１．論文の構成と内容

　本研究は、図0-1に示した章構成の内容に沿って論述していく。

　序章では、本研究の目的や背景、先行研究の検討、内容と方法、対象と範囲等について述べる。

　第1章では保育者の発信的能力・応答的能力に焦点をあて、保育者の専門性、保育者と音楽的活動との関係、保育者の意識の面から考察する。そして、そこから導き出される問題点と課題について述べる。

　第2章では、ノードフ・ロビンズの「創造的音楽療法」の概念と、その中で示されているセラピストの「クリニカル・ミュージシャンシップ」の諸相

序章　11

```
┌─────────────────────────┐
│　　　　　序章　　　　　　　│
│　　研究の目的と背景　　　　│
│　　先行研究の検討　　　　　│
│　　研究の範囲と対象　　　　│
│　　研究の内容と方法　　　　│
└─────────────────────────┘
```

第1章　音楽的表現を支える保育者の実態

・保育者の専門性　　　　　　　　・質問紙調査による保育者の実態
・「表現」における音楽的表現の位置づけ
　と保育者の役割

第2章　クリニカル・ミュージシャンシップ援用に向けての枠組み

・「創造的音楽療法」における　　・セラピストが保育の場で実践する
　「ミュージック・チャイルド」の概念　　「音楽表現活動」の検討
・ポール・ノードフの音楽観と
　「クリニカル・ミュージシャンシップ」
　　　　・クリニカル・ミュージシャンシップ援用に向けての枠組みの構築

第3章　保育者養成校における音楽性育成の可能性

・保育者養成校における実践研究の背景
・即興性を重視した授業事例　　　・音による描写性を重視した授業事例
　　　　・養成段階における音楽性の育成

終章　総括的考察と今後の課題

・総括的考察
・結論
・今後の課題

図 0-1. 論文の構成

を検討する。さらに、セラピストが保育の場で実践している「音楽表現活動」の先行事例を分析、検討する。これらを統合し「保育者に必要な音楽性」についての枠組みを構築する。

第3章では、保育者養成校での実践研究を通して、保育者に必要な音楽性の育成の可能性について考察する。

終章では、これまで述べてきたことを総括し結論づけ、今後の課題を述べる。

2. 研究の方法
本研究は、次のような方法に従い行う。

（1）自由記述による質問紙調査
保育者（保育士、幼稚園教諭）と保育者養成校の学生を対象とし、子どもの表現をめぐる保育観や音楽観についての意識調査を行う。自由記述による質的な質問紙調査を行い、そこから得られた回答をKJ法によって分析する。

（2）関連文献等からの知見
ノードフ・ロビンズの「創造的音楽療法」からの援用を試みるにあたり、その特徴である「音楽中心音楽療法」、「ミュージック・チャイルド」、「ノードフの音楽観」、「クリニカル・ミュージシャンシップ」等について概観する。これらは関連文献、ワークショップへの参加経験をもとに知見を得る。

（3）非参与観察者としてのフィールドワーク
音楽療法的なアプローチの保育への導入例については、下川氏が保育園で実施している「音楽表現活動」の様子を観察し、録画、録音、フィールドノーツによりデータを得る。分析の視点には、表現の読み取りに関する4つの観点を使用する。

（4）筆者自身による実践

　保育者養成校における授業実践は筆者自身が行い、録画、録音、ワークシート等によりデータを得る。即興性を重視した授業の分析は、ワークシートの記述を基にカテゴリー化し分析する。さらに音声によるデータは楽譜に起こし、音の配列状況、小節数、音の往復、即興のパターン等を分析する。描写性を重視した授業の分析は、ワークシート、台本、録音等によりデータを得て、学生の意識や音の選択、音の種類、音の使い方等を分析する。

　上記の（1）～（4）の研究結果を踏まえ、保育者に必要な音楽性について検討し、音楽的活動における保育者の発信的能力・応答的能力について考察する。

注

1）ケネス・E・ブルーシア『即興音楽療法の諸理論上』（林庸二監訳　生野里花・岡崎香奈・八重田美衣訳）東京：人間と歴史社、1999年、36頁。

2）中央教育審議会の「教員の資質能力向上特別部会」が出した「教職生活の全体を通じた教員の資質能力の総合的な向上方策について（審議のまとめ）」に対する意見書。学校教育法に位置づく幼稚園の教諭に関する内容としての記述が不十分であるとして意見書を提出した。

3）厚生労働省「保育士養成課程の改正」http://www.mhlw.go.jp/shingi/2010/03/s0324-6.html.2014.9.8.

4）例えば、山本（2009）、登（2011）、駒（2011）等の研究がある。

5）2012年7月、文部科学省はインクルーシブ教育システムの構築のために行われた「特別な教育的支援を必要とする児童生徒に関する調査結果」を報告した。

6）例えば、谷村（2012）、内田ら（2014）等の研究がある。

7）宮原英種・宮原和子『応答的保育の研究』京都：ナカニシヤ出版、2002年。

8）「ノードフ・ロビンズ音楽療法」とも呼ばれ、ポール・ノードフとクライヴ・ロビンズによって開発された「即興演奏を軸にした個人・集団へのアプローチ」のことを指す。詳細は第2章に譲る。

9）厚生労働省「子ども・子育て新システム検討会議」、2014.9.13.
http://www8.cao.go.jp/shoushi/shoushika/meeting/measures/kettei12.html.

14

10）同前。

11）同前。

12）『Weblio 英和対訳辞書』Weblio、2011年。

13）『ラミナス英和辞典』第 2 版、東京：研究社、2005年。

14）『ランダムハウス英和大辞典』第 2 版、東京：小学館、2003年。

15）『新英和中辞典』第 7 版、東京：研究社、2003年。

16）『日本語 WordNet（英和）』NICT、2011年。

17）河口道朗「音楽と人格形成の試論―ルソー、ダルクローズ、オルフ、マーセル、プロイスナーの所論をもとに」『季刊音楽教育研究』No. 33秋号、1982、121～130頁。

河口道朗『音楽教育の理論と歴史』東京：音楽之友社、1991、42頁。

18）千成俊夫「米国における音楽教育カリキュラム改革（Ⅰ）―60年代以降の動向をめぐって―」『奈良教育大学紀要』第33巻. 第 1 号.Vol. 1、1984、87～107頁。

19）山岸敦子「アメリカの音楽教科書」『季刊音楽教育研究』No. 26冬号、1981、34～43頁。

20）David.J.Elliot, *Music Matters* Oxford, 1995, 53～77。

21）森薫「創造的な行為としての『わかる』とそこで生成されるもの――音楽における理論的側面の指導に向けて――」日本音楽教育学会第42回大会（学会発表資料）、2011年。

第1章　音楽的表現を支える保育者の実態

第1節　保育者の専門性

　2009年、『保育所保育指針』が改訂され、それを受けて2010年3月、厚生労働省における保育士養成課程検討会から「保育士養成課程等の改正について（中間まとめ）」[1]が出された。保育者の専門性はこれまで、「保育原理」という科目の中で論じられてきたが、今回の改訂により、保育者に関わる部分を分離し、「保育者論」という新たな科目の中に位置づけられた。

　その背景として、現代の家族における消費文化依存の増大と共に、家族間の人間関係の希薄化、家事の省力化による家族の育児能力低下が挙げられる。また、かつての地域ぐるみの人間関係の希薄化が進み、公的な保育施設への依存度が高まってきている。その結果、公的な保育施設や保育者には、これまで以上の専門性が求められるようになってきたと考えられる。

　このような背景のもとで、保育士養成課程等検討会では、保育者の役割と責務、制度的な位置づけ、多様な専門性をもった看護師や栄養士等との協働について学ぶことを重要視するようになったのである。

　他方、こうした保育者の専門性への関心は、日本保育学会が2012年文科省に提出した意見書[2]にもみられる。文部科学省の中央教育審議会が示した「これから教員に求められる資質能力」[3]の項目には、教員の資質能力が次のように示されている。

　　①教職に対する責任感、探究力、教職生活全体を通じて自主的に学び続ける力
　　②専門職としての高度な知識・技能
　　　・教科や教職に関する高度な専門的知識
　　　・新たな学びを展開できる実践的指導力

・教科指導、生徒指導、学級経営等を的確に実践できる力
③総合的な人間力

　この中で、人間力や責任感、探究力などと共に、専門職としての高度な知識や技能が求められており、これが「実践的指導力」という表現で表されている。この表記に対し、日本保育学会は、次のような見解を示した。

　　　教師には新たな知識や技能を伝達するという側面だけではなく、子どもの学習過程や発達を捉える見識が最も問われている。また子どもの心身の安定と健全な育ちを保障する養護と教育の一体的展開はどの学校種においても考えられるべきことである。これら子どもを捉える見識と技能の高度化こそが経済格差、学力格差等多様な個人差がみられる教育の場において最も重要な点である。（中略）高度な知識技能として教師側の発信的能力だけではなく、子どもへの応答的能力を入れることが、状況に即応し省察できる教師の資質能力として、学び続けるためには不可欠な能力である。（中略）目の前の子どものニーズに応じる力が省察を導き高度化をもたらす[4]。

　このように日本保育学会は、文部科学省が示した「これから教員に求められる資質能力」には、教員における実践的指導力としての「発信的能力」については触れているものの「応答的能力」については触れられていない点を指摘し、保育者には状況に即応し省察できる「応答的能力」をもつべきだとする意見書を提出したのである。
　それでは、保育の中で保育者に求められる「応答的能力」とは、どのような能力を指すのであろう。
　宮原ら（2004）は、1985年、第39回日本保育学会にて「応答的保育」の理論と方法[5]を発表し、それ以来約20年以上「応答的保育研究グループ」において実践、研究を重ねてきた。宮原らによれば、応答的保育とは、「子どもの保育において環境からの応答性を重視する保育」であり、「おもちゃ・物の応答性」、「言葉による応答性」、「心の応答性」によって構成されるという。「おもちゃ・物の応答性」では、おもちゃや物を与える際、子どもの能力や

発達のレベルに見合ったものを提供する必要性を説いている。「言葉による応答性」は、保育者や両親が、①発問、②過程、③受容の３つをプロセスの中で適宜使うことによって、子どもとの応答的コミュニケーションができるとしている。また「心の応答性」では、子どもの感情を読み取り、それに共感する心をもち、そのことを言葉や行動で表す形で応じることを示している。さらに応答的保育は、特別な教育用具や教育機器を使って特別の保育をするわけではなく、日頃の保育の中で行っていることに少し注意を払い、環境からの応答性に注目し、その環境を作ってやることだと説いている。したがって、応答的保育は保育の内容ではなく、どのようにして教えるのか、どのようにして保育するのかという保育の方法、「枠組み」であるとしている。

　このように、宮原らの研究に依拠すれば、保育における「応答的能力」は、環境から語られる応答性、言語による応答性、感情や状況を推し量って対応する心理的な応答性等が保育者にとって欠かせない専門性の一つだということができる。そのことから、日本保育学会が「応答的能力」についての記述を求めたことは当然のこととともいえる。

　特に「言葉による応答性」は、保育者と子どもの間だけに使われるものではなく、母子間におけるコミュニケーションにも必須のものである。子どもが言葉として発しないメッセージも、大人がなり代わって代弁し、応答しようとする姿勢を代弁コミュニケーションと呼び、子どもの成長・発達にとって欠かせないものであると指摘する研究者もいる[6]。

　母親が子どもの身になって発話することを「代弁」と呼び、①子ども視点型代弁、②母子視点型代弁、③あいまい型の代弁、④移行型の代弁の４つのタイプに分けられるとしている。これは、子どもの未発達な言葉の一つ一つに大人が解釈を加えながら、子どもの意志や欲求がどこにあるのかを探ろうとする行為だと考えられる。また、マーロック（Malloch, S.）とトレヴァーセン（Trevearthen, C.）は、新生児と母親との同調や応答の関係は可視的に捉えにくいが、そこに明らかに相互関係があるとし、この関係を「コミュニケ

ーション的音楽性（Communicative Musicality）」[7]と呼んでいる。

　また保育者は、保育における「専門家」であるが、「特定の領域の知識・技能を用いて与えられた業務に専従するスペシャリスト（specialist）ではなく、自律的な判断とそれに伴う広い裁量を委ねられた、高い専門性を認められたプロフェッション（profession）の意味合いが強くなってきている。さらに、社会の諸状況の変化を見据えた判断や実践が求められるので、広い教養を備えたジェネラリスト（generalist）の視点も必要である」[8]と矢藤は指摘している。限られた範囲の中での出来事をある決まった知識や手法に基づいて問題解決する専門職とは違い、保育者は子どもとのあいまいさを伴う日常を共にすることで、育ちの援助をする専門職であることから、保育者の専門性は、多義的で多様性を要している[9]。

　保育者に求められる専門性が、多義的で多様性を要している理由は、どこにあるのだろうか。

　保育では、「子どもの抱えている問題と、保育の実践理論とを瞬時につなぎ合わせて実践をデザインする実践力量が求められる」[10]と言われているように、保育は即興性に基づく一回性の実践であり、それゆえに保育者は常に柔軟で豊かな発想をもつ必要がある[11]。マニュアルに従って実践することは難しく、常に新鮮な気持ちで子どもとの日常をすごすには、「子ども達と対話をする力量と、行使しながら考える柔軟で創造的な力量が求められる」[12]のである。

　一回性という特徴をもつ日々の保育に、柔軟に対応していくためには、豊かな基盤[13]と技術が必要である。保育の中で起こり得る様々な状況に合わせて、豊かな基盤を自在に組み合わせて創造できるようにすることが求められる。このような保育行為のあり方を、大場は「保育のブリコラージュ」[14]と呼んでいる。「保育のブリコラージュ」は、レヴィ＝ストロース（Claude Lé-vi-Strauss, 1908～2009）が提唱した技術論に依拠した考え方であり、「現在の人の生活で重要なのは、身近にある使い慣れた道具や材料を自在に組み合わ

第1章 音楽的表現を支える保育者の実態　19

せて行う創造的な行為である」とし、そのような行為をレヴィ=ストロースが「ブリコラージュ」と呼んだことに由来する。大場は、これを保育にあてはめ、「蓄積された知識や技術の中から、その場にふさわしい対応を瞬時に選び、あるいは組み合わせ、あるいは変形させて対応すること」を「保育のブリコラージュ」とした。

　このような豊かな知識と技術をもってブリコラージュする対象は子どもであり、子どもへのまなざしを忘れてはならない。子どもの固有性や独自性を強調する考え方は、ジャン=ジャック・ルソー（Jean-Jacques Rousseau, 1712～1778）の時代から引き継がれ、ジョン・デューイ（John Dewey, 1859～1952）も「子どもは自分自身の衝動や性向をもっており、その子ども自身の本性や能力が教育の出発点である」としている[15]。

　一人ひとりの子どもを「人間としてみる」ことを強調する佐伯は、子どもを一人の人間として扱うと同時に、子ども独自の素晴らしさ、凄さを見つけることが保育者の仕事であるとしている[16]。

　以上のことから、保育者の専門性について次のことがいえる。

　保育者の専門性は、時代のニーズに伴い、多様化・複雑化の一途をたどっており、それに対応して、保育者養成校では「保育者論」という科目を新設し、専門職としてのアイデンティティを学ぶ機会を提供するようになった。保育者の専門性が多義的で多様性を要していることから、医者や裁判官のような「専門性」とは区別して「マイナーな専門家」[17]と称されることもあるが、それは保育に関する知識や技術が広く浅くて良いという意味ではない。保育者には、高度な知識や技術を伴った実践指導力、つまり「発信的能力」と、その場の状況に応じて即応し省察できる「応答的能力」を合わせもつことが要求されている。そして宮原ら（2004）による「応答的保育」の研究に代表されるように、「応答的能力」は保育者にとって欠かすことのできない能力の一つである。諏訪（2000）の「保育の質を捉える概念図[18]」によれば、「保育者の応答性、感受性」は第6層にあたり、保育者の意識が最も関係す

る、質そのものであると指摘している。保育者には、子どもの一人ひとりの存在を認め、各々がもつ独自性や個性を大切にしることを保育の出発点とすること、そして子どもの状況や個性に対応できる豊かな基盤をもち、場面に応じてそれらを自在に組み合わせて創造していく柔軟性をもつこと、さらに子どもとの言語的、物的、心理的応答を通して、成長・発達を促していく力をもつことが求められているということが示された。

第2節 「表現」における音楽的表現の位置づけと保育者の役割

　第1節では、保育者の専門性について論じてきた。本節では、領域「表現」における音楽的表現が、保育の場でどのように位置づけられてきたかを概観し、音楽的表現を支える保育者の専門性には、何が求められているのかについて考察する。

　1989年の『幼稚園教育要領』の改訂によって、保育内容に領域「表現」が誕生した。それ以来1998年、2009年と計3回の改訂が行われてきた。その度に、時代を反映する形で音楽教育研究者による考察がなされてきた。また、各時代に発行された保育者養成用のテキストにもその影響がみられ、各時代の様相が映し出されている。したがって、本節ではこの2つから「表現」における音楽的表現の位置づけと保育者の役割について考察する。

1.「表現」における音楽的表現の位置づけ

　1989年の『幼稚園教育要領』の改訂により、領域「音楽リズム」が領域「表現」に転換した時期、大山（1996）は、両者の音楽活動の意味を比較検討している[19]。それまでの「音楽リズム」においては、音楽の演奏結果や技術を重視する傾向があり、既成曲を再現する活動が中心であった。それが領域「表現」において、「子どものありのままの表現」を重視するようになったがために混乱が生じ、子どもの自発的な音楽活動と保育者主導の音楽活動との間に大きなギャップが生じたとしている。また、鼓笛隊や器楽合奏を園

の独自性として継続して行う園と、楽器の使い方を一から見直そうとする園に二分される傾向があったことを指摘している。このような傾向を踏まえ、保育者には保育環境を整備すること、しっかりした音楽観と保育観、音楽の力量をもつことが大切であるとしている。

このように、第1回目の改訂によって、領域「表現」における音楽的表現の捉え方には混乱が生じ、研究者の間では活発な議論が繰り返され[20]、保育者の間ではいわゆる「音楽体験の空洞化」が進んでいた[21]。したがって、この時代は「表現」本来の趣旨への充分な移行ができていない状態だったことが窺える。

その後の1998年改訂前の領域「表現」について、永岡（2000）は、音楽の意義と課題に関する見解を述べている[22]。子どもから発信される自発的な表現だけを「表現」と捉え、テクスト（作品）を媒介しない表現に対し、批判的な見解を示している。さらにこの見解に基づいてテクスト（作品）を介した子どもと保育者の関係には「保育者からの働きかけが不可欠である」[23]としている。「表現」を捉える子どもと保育者の関係が、子どもから保育者への一方向にしか開かれていないことを指摘し、表現者として育つためには、保育者から子どもへの働きかけが必要だと述べている。さらに、保育における音楽活動の現状を懸念し、保育者自身の音楽リテラシーの教育の問題と、表現の活動内容と方法を具体化することを課題としている。

第1回目の改訂後の10年は、子どもの自発的な表現を重要視し、生活と乖離した特定の技能習得のための偏った指導を避けるあまり、保育の場から造形や音楽の諸活動が後退する傾向が生じ[24]、保育の場における音楽的表現が、その存在意義が危ぶまれた状態にあった。

第3回目の2009年の改訂においては、①「感じること」の重要性、②「他の幼児の表現に触れる」機会の設定、③「表現する過程」の重視の3点が強調されている[25]。「感じること」は、感性や表現力を育成する上で基盤となるものである。表現の主体はあくまで子ども自身であり、子どもが音に関わ

る様々な体験を通して、自分なりに感じ取っていくことの重要性を示している。また、「表現の過程」の重視ということは、保育者が表現の結果ばかりに関心を向けずに、まだ完成していない試行錯誤の段階をも含めて、子どもの表現を見守る姿勢を示している。音楽的表現でいえば、子どもの演奏する歌や楽器の完成度ばかりに目を向けることなく、子どもが自分のペースで音や音楽に触れ、そこで感じとったものを大切にしながら、経験を見守ることの重要性を示している。加えて、自分自身が表現することを大切にしながら、「他の幼児の表現に触れる」機会を増やすことにより、他の子どもとの関わりの中でお互いに刺激し合い、影響を受けながら成長していくことを目的としていることが読み取れる。この過程で、大人の文化尺度において満足のいくような内容を伴わないとしても、子ども同士の学び合いを温かく見守る必要がある。

　この2009年の改訂を受けて、松本（2010）は、『保育所保育指針』と『幼稚園教育要領』のねらいには共通性がみられるものの、指針は「養護」を意識した内容であり、要領は各園が弾力的に運営できるような内容であることを指摘している[26]。各項目は、心情、態度に重点が置かれ、具体的な方法が分かりにくいとしている。また、使用する教材や援助の方法等が保育者に任されているため、質の保障が難しくなり、子どもの満足度や成長に差が出ることを懸念しており、より具体性をもった内容にすべきだと締めくくっている。

　このように、第3回目の改訂では、「表現」のねらいや内容に大きな変更はないものの、子どもが表現を感受する段階から、その過程を見守り、他者との相互作用の中で表現を育んでいく方向性が示されたといえる。しかし一方で、使用教材や援助方法が明確に示されていないことから、その実現のためには保育者の力量が問われることになった。

　以上のような改訂を経て、現行の『幼稚園教育要領』と『保育所保育指針』に示された目的は、双方とも「子どもの生きる力の基礎を培う」[27]こと

第1章　音楽的表現を支える保育者の実態　　23

にあり、「表現」のねらいとして以下の3点を挙げている。

〈領域「表現」のねらい〉28)
　　感じたことや考えたことを自分なりに表現することを通して、豊かな感性や表現する力を養い、創造性を豊かにする。
　（1）　いろいろなものの美しさなどに対する豊かな感性をもつ。
　（2）　感じたことや考えたことを自分なりに表現して楽しむ。
　（3）　生活の中でイメージを豊かにし、様々な表現を楽しむ。

　上記（1）の「もつ」という語の表記が、平仮名（幼稚園教育要領）か漢字（保育所保育指針）かの違いこそあれ、両者の内容に違いはない。音楽的表現の観点からすると、音楽そのものに関する記述はほとんど見られない。それは「表現」を音楽や造形等の枠組みに限定せず、日常に溢れる子どものあらゆる表現をも包含しようとする意図の表れだと受け取れる。

　「表現」に示されている内容を音楽的表現に焦点化して捉えた場合、一つ目に音、音楽そのものへの興味を喚起し、聴いたり鳴らしたりして音楽的な感性を養う活動が考えられる。「表現」で扱う内容として、「生活の中で様々な音、色、形、手触り、動きなどに気付いたり、感じたりして楽しむ」、「音楽に親しみ、歌を歌ったり、簡単なリズム楽器を使ったりする楽しさを味わう」29)等が示されている。二つ目には、感じたこと、考えたことを音や音楽で表現する活動が考えられる。これは、「感じたこと、考えたことなどを音や動きなどで表現したり（中略）つくったりする」30)の文言の中に位置づけられる。三つ目には、音、音楽からイメージを膨らませて他の媒体によって表現する活動が考えられる。これは、「自分のイメージを動きや言葉などで表現したり、演じて遊んだりするなどの楽しさを味わう」31)にあたる。

　つまり、音楽的表現を「表現」のねらいと内容に照らし合わせながら考えた場合、①音、音楽に直接的に触れ、その不思議さや楽しさ、喜び等を味わう活動と、②音、音楽を使って何かを表現したり、別の媒体からインスピレーションを受け取って音や音楽にしたりする活動が考えられる。これらを実

現するためには、①の音、音楽を充分に体験する活動を重ねることで、②のように音楽を表現の手段として使えるようになるのではないだろうか。

通常、保育では音楽だけを単独で取り上げる活動は少なく、むしろ言語的、身体的な要素を含んだ総合的な活動が行われる。音、音楽を他の媒体と融合させて楽しむには、音、音楽のもつ楽しさや面白さを熟知し、体感することが大切である。

2．音楽的表現の捉え方と保育者の役割

次に、音楽的表現を支える保育者の役割について考えてみたい。『幼稚園教育要領』によれば、次のように書かれている。

〈保育者（教師）の役割〉
　　幼児の主体的な活動を促すためには、多様な関わりをもつことが重要であることを踏まえ、（中略）理解者、共同作業者など様々な役割を果たし、（中略）活動の場面に応じて適切な指導を行うようにすること[32]。

ここに示されている内容は、幼児教育全般にわたって言えることだが、「表現」の領域に限定した場合も、保育者は同様の役割を担うものと考えられる。つまり、子どもが表現する行為に対して、常に子どもの主体性を重視し、それを支えるのに必要な関わりを場面に応じて使い分けることを意味している。そのためには、「音楽リズム」の頃に問題視されてきた保育者主導型の関わりだけではなく、主体的な活動を促すために、そばで見守ったり、一緒に行ったり、適切なアドバイスを行う等、多様な関わりが求められている。

さらに解説書は、保育者の役割として、「理解者」、「共同作業者」、「モデル」の3点をあげ、状況に応じた柔軟な対応を求めている[33]。「理解者」としては、時間の流れと空間の広がりを理解すること、「共同作業者」としては、子どもに合わせて同じように動いてみたり、同じ目線に立って物を見つ

めたりする等、共に体験することによって、子どもの心の動きや行動を理解するよう求めている。さらに「モデル」として、子どもにとって憧れの存在であることが、子どもの意欲や関心を生むことにつながる。また、保育者の言動や行動は、子どもに多大な影響を与えることを自覚する必要があると記されている。

このように、子どもの表現を支える保育者に求められているのは、子どもの内側と外側の環境に配慮し、子どもに寄り添って表現を理解しようとする姿勢や、子どもと共感し共創しながら、子どもの気持ちや行動を理解する姿勢である。さらに、新たなアイディアを提案したり、別の表現を提示したりできるモデルとしての役割も求められているのである。

では、音楽的表現の領域において、保育者はどのような役割を求められているのだろうか。1998年～2013年の16年間に発行された保育者養成向けのテキストで「表現」、「音楽表現」に関するもの、計20冊（表1-1参照）を対象として、音楽的表現の捉え方と保育者の役割について検討した。テキストは領域「表現」の内容を全般的に扱うものと、「音楽表現」に特化した内容を扱うものとに二分され、音楽的表現に関する記述には偏りがみられたが、その中から主に音楽的表現の捉え方と保育者の役割についての記述を取り上げ、考察する。

まず第1に、保育者の役割と音楽的能力について、次のようなことが浮き彫りになった。すなわち、保育者の役割は、生き生きとした表現が生み出されるような環境を設定すること、保育者自身が人的環境となり、チームの一人として働くこと、子どもに対して、時には表現のモデルとなり、時には表現を共に楽しみ、共感や共有を繰り返しながら、子どもの主体性を尊重して、「快」の感情を伴う経験をさせるということである。「表現」に改訂される前の保育者養成校では、音楽・表現系の科目で保育者の発信的能力を育成するような指導が中心であった。「楽曲演奏のノウハウやレパートリーの拡大だけに時間を費やしてきた」[34]との指摘にあるように、主に既存曲を再現する

ための演奏能力を育成することに尽力してきた。しかし「表現」への改訂によって、保育者自身が表現のモデルになること、つまり子どもの前で何らかの表現をして見せることの重要性を掲げながらも、それ以上に「子どもの表現を受容する受容者としての役割が大きい」[35)]と言われるようになったのである。それに伴って、保育者に求められるのは「演奏技術よりも音楽的な知識や理解である」[36)]とする考え方が広がり、「保育者の応答性の高い対応が、子どもの感性を育て、表現することを楽しみ、他者の表現を受け止める力を育むことになる」[37)]という考え方が広く認識されるようになってきた。つまり、保育者における発信的能力のみならず、応答的能力の必要性についても論じられるようになったといえる。

　また、保育者には子どもの表現をよく観察し、読み取り、受けとめ、支え、共感し、共有する姿勢が求められるが、そのような子ども中心の保育を徹底させるためには、「保育者自身の体験が必要で、子どもの遊びを保育者自身が体験する必要がある」[38)]と述べている。しかしその一方で、「子どもが楽しい経験を積み重ね、それをさらに展開させていくためには、保育者が子どもと同じように音楽を感覚的部分だけで捉えていると、子どもの音楽的活動は展開していかない」[39)]と指摘している。つまり、保育者に求められるのは、「子どもの表現を『見る目』と『育てる腕』である」[40)]とあるように、極めて高度な専門性を有する能力なのである。この点については、音楽を与える量や音楽の機能を考慮した使い方の必要性を指摘するもの（大畑, 1998）、快の感情を引き出すために音楽的知識や技術が必要とする見解のほか（梁島, 1999）、保育者に求められるものとして、音楽的要素がどのように機能しているのかを捉える視点の必要性を謳うもの（角尾, 1999）、さらには表現する為の技術の獲得（今川, 2005）等の指摘があった。これらを総括すると、これまでのような、「ピアノを弾く」「歌を歌う」「楽器を演奏する」等の保育者自身で完結するような音楽的能力ではなく、子どもとの関係において、その場の状況に応じて発揮できるような音楽的能力が求められていることがわ

かる。

　第 2 に、「表現」で扱われる音楽活動の質について、次のようなことが浮き彫りになった。E. J. ダルクローズ（Emile Jaques-Dalcroze, 1865～1950）、C. オルフ（Carl Orff, 1895～1982）、Z. コダーイ（Kodaly Zoltan, 1882～1967）、R. シュタイナー（Rudolf Steiner, 1861～1925）、M. モンテッソーリ（Maria Montessori, 1870～1952）等に代表されるような世界各国における音楽教育を紹介するテキストが多い中で、マリー・シェーファー（Murray Schafer, 1933～）の「サウンドスケープ」やジョン・ペインター（John Paynter, 1931～2010）の「クリエイティブ・ミュージック」を取りあげ、「創造的音楽づくり」[41]について触れているテキストが、4 点（表 1-1 の 1、5、10、16）あった。小泉（2006）によれば、幼児教育におけるクリエイティブ・ミュージックの意義は、「自由が基本であること」「全ての子どものためにあること」にあるとしている[42]。自由が基本であるということは、一つに正解に向かうことを目的としていないことを意味する。そのため、正しい奏法は一つに限定されず、全ての子どもが公的な集団の中で感性を磨いていくことを目指している。子どもの音楽表現は未分化な状態にあり、即興的な要素があること、また環境音と関連が深いこと等を挙げ、こうした現代音楽を用いた音楽づくりとの共通点があるとしている。

　それに関連して、即興的な表現に着目したテキストが 2 点（表 1-1 の 13、17）あった。子どもの表現は即興的に生み出されることが多いが、それを支える保育者にも即興性が求められていることを示すものである。木許（2009）は、即興的に伴奏を弾く場面に必要な知識と効果音のフレーズを紹介している[43]。また、渡辺（2010）は、「子どもにとっての即興表現」という視点から言及し、子どもの即興的な表現における音楽的意義を 5 点挙げている[44]。①音楽の構成要素や原理に気づく、②多様な表現、様式、ジャンルを受容できるようになる、③音楽を演奏する基礎能力が得られる、④歌唱・器楽・鑑賞等の多様な音楽活動に生きてくる、⑤自分自身の身体を音楽や仲間

表 1-1. 領域「表現」に関するテキスト一覧

	発行年	著者・編著者	書 籍 名
1	1998年 第2版	大畑祥子編	『保育内容 音楽表現の探究』
2	1999年	角尾和子・角尾稔編	『表現』
3	1999年 第2版	黒川建一・小林美実編	『保育内容「表現」』
4	1999年 改訂新版	梁島章子・倉持洋子・小林 洋子・大森幹子・島地美子	『感性と表現のための音楽』
5	1999年 第2版	大畑祥子編	『保育内容 音楽表現〔第2版〕』
6	2003年	荒木紫乃編	『音・音楽の表現力を探る』
7	2004年	黒川建一編	『保育内容「表現」』
8	2004年	鈴木みゆき編	『保育内容「表現」乳幼児の音楽』
9	2005年	今川恭子・宇佐美明子・ 志民一成編	『子どもの表現を見る、育てる——音楽と 造形の視点から——』
10	2006年	名須川知子・高橋敏之編	『保育内容「表現」論』
11	2006年	全国大学音楽教育学会 中・四国地区学会編	『歌う、弾く、表現する保育者になろう』
12	2008年	無藤隆監修・浜口順子編	『領域 表現』
13	2009年	高御堂愛子・植田光子・ 木許隆編	『楽しい音楽表現』
14	2009年	岡健・金澤妙子編	『演習保育内容「表現」』
15	2009年	石橋裕子・吉津晶子・ 西海聡子編	『新 保育者・小学校教員のためのわかり やすい音楽表現入門』
16	2010年	神原雅之編	『幼児のための音楽教育』
17	2010年	三森桂子編	『音楽表現』
18	2010年	平田智久・小林紀子・ 砂上史子編	『保育内容「表現」』
19	2011年	入江礼子・榎沢良彦編	『保育内容 表現』
20	2013年	岡本拡子編	『感性をひらく表現遊び』

に合わせて調整できるようになる。

　第3に、音楽療法の表出とその取り扱われ方について、次のような傾向がみられた。音楽療法について取りあげているテキストは、2点（表1-1の2、6）であった。1999年、2003年発行のテキストであることを時代背景から推察すると、その当時、日本において音楽療法ブームが起こっていたことと無縁ではないと思われる。これらのテキストにおける音楽療法の取り扱われ方は、両者とも同様で、「音楽療法」という分野を概観し、紹介するレベルに留まっている。その当時、保育における音楽表現において、音楽療法がどのように適用できるのか、またその可能性はあるのかを検証するまでは至らず、紹介する段階に留まっている印象がぬぐえない。

　テキスト全体を俯瞰してみると、年代を追うごとに「表現」への本質的理解が深まり、「表現」へのアプローチが具体性を帯びてきているといえる。ただし音楽表現については、その場面での保育者の音楽的な関わりがどうあるべきか、時間軸に沿った保育者の具体的なアプローチについて示唆を得ることができない。

　これまで、「表現」における音楽的表現の位置づけと保育者の役割について言及してきた。『保育所保育指針』や『幼稚園教育要領』には、「感じたことや考えたことを自分なりに表現する（後略）」とあるように、子どもなりの表現を大切にすることが求められていた。保育者が子どもの表現をどのように解釈するかによって、保育の方向性が変わってきてしまう。保育者には、子どもの感じ方に敏感になり、そのプロセスを見守り、他者と表現をかわしながら援助していく姿勢が求められるのである。

　また、保育者養成向けの「表現」に関わるテキストには、「発信する技術」、つまり、子どもの前で表現のモデルになることの重要性と共に、「応答する技術」、つまり何らかの形で表したものを表現として受け止め、その子どもに応答していくことの重要性が指摘されていた。しかし、保育者が子どもとどう関われば、音楽的表現の活性化に結びつくのかという視点は欠落してお

り、実践知に負うところが大きい。さらに、保育者の音楽的資源についても、問題点が挙げられる。前述したように、保育者は子どもとのあいまいさを伴う日常を共にしながら、育ちの援助をする専門職である。保育者にとって保育を計画的にすすめることは重要であるが、それ以上に、保育が即興的性格をもち一回性の実践であることを考えると、保育者には柔軟で豊かな発想が求められる。一回性という特徴をもつ保育に柔軟に対応するためには、豊かな基盤が必要であり、これらを自在に組み合わせて創造できるような保育行為、大場の言う「保育のブリコラージュ」が求められる。

「保育のブリコラージュ」が必要なのは、保育における音楽的活動場面でも同様である。子ども達の快の感情を引き出すために、音楽的知識や技能が必要なのは当然だが、子どもの表現を読み取る観察眼や、それを引き出し育てるための音楽的な知識や技能が必要になる。音楽的活動は音楽のもつ性格上、その場に音が鳴っていれば、あるいは音楽が流れていれば、活動が成立していると認識されやすい。しかし、保育者が子どもと同じレベルで感覚的に音楽を捉えていては、子どもの表現を活性化するような発展的な音楽活動は期待できない。保育者には、音楽的要素が子どもや活動にどう機能しているのかを捉える視点をもつことや、音楽を与える量や機能を考慮した使い方ができることが望ましいのである。

第3節　質問紙調査による保育者の実態

１．はじめに

第2節で示したように、「表現」の理念は誕生から20年以上が経ち、ようやく定着してきたといえる。しかし実践面においては、音や音楽を柔軟に使い、子どもの表現力を育て、創造性を豊かにする活動が浸透しているとは言い難い。『保育所保育指針』や『幼稚園教育要領』にはねらいや内容が示され、解説書によってその詳細が記載されているが、『学習指導要領』に比べると、活動の内容や展開、使用する教材等が、各園の方針や保育者の裁量に

第1章　音楽的表現を支える保育者の実態　　31

任されていることが要因として考えられる。加えて、保育者自身の音楽的活動に対する意識や音楽的能力によっても、展開が異なってくると思われる。

　そこで、保育者自身が子どもの音楽的表現をどのように解釈し、どのような意図で音楽的な活動を実施しているのか、また保育者の保育観や音楽観が、活動にどのように反映されているのかという点を明らかにする必要がある。

　これまでに、保育者や教師を対象とした質問紙調査は多数行われている。例えば、奥村ら（2007）は、幼稚園教諭と小学校教諭を対象に、音楽の知識や技能について調査を行っている[45]。この調査によれば、現職の幼稚園教諭は「ピアノや歌の技能」「自身の音楽面での表現力」を必要としているとの結果がでており、幼稚園教諭の音楽的側面における意識を知る上で有益な知見が得られた。ただし、考察は「声」に焦点を絞って行われているため、「ピアノ」に関する考察は別の機会を待つ必要がある。さらに調査対象が、幼稚園教諭と小学校教諭であることから、幼小連携を考慮した連続的な流れを考えた場合は有益だが、幼稚園教諭と保育士を含めた「保育者」としての意識を明らかにするには、別の調査を行う必要がある。

　これに対し坂田ら（2009）は、幼稚園教諭に対して、鍵盤楽器に関する音楽的専門性についての調査を行っている[46]。この調査結果では、幼稚園教諭は弾き歌いの技能だけでなく、ピアノに関する多様な技能が必要であること、その技能があってこそ指導方法が成り立つと感じていることが示されている。また保育者は、自身の弾く音が子どもにどのように聴こえているかを意識化する必要があると述べられている。保育者の奏でる音が子どもにどのように届いているかという関心は、音楽的活動の質に関わる問題であるため、保育者自身の関心の有無を調査する必要があるだろう。

　さらに、駒（2010）は創造的な音楽活動に対する保育者の意識について調査を行っている[47]。この調査結果では、保育者は創造的な音楽活動に対し、積極的な態度を示しているが、その根底には「成果主義」があり、「自由な表現を支える不安」を抱えているとしている。全般的に創造的な音楽活動を

行う園は少なく、その要因として環境の設定が難しいこと、音楽を創造するための手立てが不足していることを挙げている。この調査は、保育者の考える創造的な音楽活動の内容と、その実践が根付かない要因について明らかにしており、有益な示唆が得られるものである。

　先行研究では幼稚園教諭、保育士のどちらかに限定した調査が多く見られたため、本節では、現職の幼稚園教諭と保育士を保育者と捉えて調査対象とし、彼らがどのような保育観のもとで表現活動に携わり、どのような音楽観をもって音楽的活動を行っているのかを調査する。また保育者の音楽的能力が、子どもの表現に対してどのように作用しているのか、その能力は日々の保育の連続性の中で、生かされているものなのかについて調査する。

２．調査の目的

　調査は質問紙に基づいて行い、保育者の表現（音楽）に対する保育観と音楽観について、日々の保育や子どもの表現との関連性において明らかにする。また、その意識が音楽的活動にどのように反映されているかを探る。

３．調査の内容と方法

（１）調査対象

　現職の保育者を対象とし、神奈川県内のＮ保育園の保育士17名、Ｓ幼稚園及びＴ幼稚園の幼稚園教諭17名の計34名から回答を得た。

（２）調査期間

　2011年10月〜2012年6月

（３）調査手続き

　自由記述による質問紙調査で、保育園には筆者が質問紙を持参し、調査の

第1章　音楽的表現を支える保育者の実態　　33

趣旨を説明した後、回答を得た。幼稚園には郵送し、園長先生より調査の趣
旨について説明があった後、回答を得た。

（4）調査内容

　調査項目は、54にわたる質問事項から成るが、その中から今回の研究目的
に沿った42項目を厳選した。今回省略した質問項目には、園における音楽的
な環境（楽器の有無や種類等）、日々の音楽的活動の内容、昼寝の際に歌う曲
等、楽器や曲名、活動例を問うものが含まれていた。

　以下の表1-2に、今回分析対象とした質問事項を示す。内容に応じてさら
に5つに分類し、①保育における音楽の位置づけと意義、②子どもの表現に
対する関わり、③音楽的活動と創造性との関連、④保育者の音楽観、⑤保育
者に必要な音楽的能力とした。

（5）分析方法

　分析にはKJ法を用い、記述内容を一文ごとにカードに記入し、類似した
内容をまとめカテゴリー化した。それらを小項目とし、さらにそれらを束ね
て中項目・大項目としてネーミングし、表にまとめた。その後、5つの分類
から見出された傾向を図式化して示した。

　なお信頼性を保つため、保育者経験のある研究者に全項目の約10％にあた
る回答のカテゴリー化を依頼した。その結果、ネーミングのつけ方に差は出
たものの、カテゴリー化の段階では大よその一致をみた（各質問に対する回答
の分析結果は、資料1．197～228頁を参照のこと）。

表 1-2. 保育者への質問事項

	質 問 事 項
保育における音楽の位置づけと意義	Q 1. 音や音楽を普段の生活の中に当たり前のように取り入れること、音楽を身近に感じて生活すること、「音楽の生活化」について、どのように考えますか。 Q 2. 保育園、幼稚園の方針として、保育全体の目的の中で、一連の音楽活動をどう位置づけ、どのような意義をもって活動していますか。 Q 3. 保育者の一人として、音楽的な活動を日々の保育の中でどのように位置づけていますか。 Q 4. 保育園（幼稚園）でしか体験できないと思われる音楽的な活動があればお書き下さい。 Q 5. また、その意義についてもお答えください。 Q 6. 音楽的な活動から、子どもは何を感じ、何を学んでいると思いますか。 Q 7. 子どもたちに望む「音楽的な未来像」がありましたら、書いて下さい。
子どもの表現に対する関わり	Q 8. 子どもが園生活の中で、生き生きとした表現（音楽に限らずあらゆる表現を含む）をするために、保育者はどのような点に配慮すべきだと考えますか。 Q 9. 普段、子どもの中から自発的に出てくる音楽的な表現をどのように受け止めていますか？ Q10. Q 9 に関連して、どのように援助すべきだと思いますか。 Q11. 子どもが音楽的な表現を活性化させる（生き生きさせる）ためには、何が必要だと思いますか。 Q12. 子どもの音楽的な表現を活性化させる（生き生きさせる）ために、保育者、他の子どもはそれぞれどのような役割を担っていると思いますか。 Q13. 音楽的な活動に消極的な子どもに対し、どのような働きかけをしますか。 Q29. 子どもの前で見本となって音楽的な表現を行った経験がありますか。 Q30. Q29の経験は、どんな場面でしたか。
音楽的活動と創造性との関連	Q14. 手遊びは保育のどの場面に使うことが多いですか。 Q15. 「おはようの歌」「おべんとうの歌」「お帰りの歌」「おかたづけの歌」など時間や活動の区切りとして歌を歌うことについてどう考えますか。 Q16. 「歌を歌う」「楽器を演奏する」「音楽に合わせて身体表現をする」以外に考えられる音楽的な活動を挙げて下さい。 Q17. 音楽的な活動において、創造的な活動を行った経験はありますか。 Q18. Q17であるとすれば、それはどのような機会にどのような活動を行いましたか。 Q19. 子どもの創造性を伸ばすような音楽的な活動を行っていますか。 Q20. Q19で「ある」と答えた方はどのような活動ですか。 Q41. 絵本、劇、紙芝居等に音や音楽を加え音楽的な効果を伴って実践した経験はありますか。 Q42. Q41で「ある」と答えた方は、具体的にどのような形で取り入れましたか。

第1章　音楽的表現を支える保育者の実態　35

保育者の音楽観	Q21.	子どもに与える音楽は、簡単で単純なものが良いと考えますか。
	Q22.	Q21の理由は何ですか。
	Q23.	保育者が子どもに聴かせる音楽、子どもが自分で奏でる音楽、それぞれの質について関心がありますか。
	Q24.	Q23で「ある」と答えた方は、どのような点についてですか。
	Q25.	音楽は時として強制力を持ちますが、それは音楽のもつ何によるものだと考えますか。
	Q26.	音楽は何をもって「完成」だと感じますか。どこが「到達点」だと思いますか。基準にしていることがあれば教えて下さい。
保育者に必要な音楽的能力	Q27.	子どもに新しい歌を教える時、どのような手順で行いますか。
	Q28.	子どもが新しい歌を覚えるために工夫していることがあれば教えて下さい。
	Q31.	保育者にとってピアノの演奏技術はどの程度必要だとお考えですか。
	Q32.	保育者に必要な音楽的な能力は、ピアノの演奏技術の他にどのようなものがあると思いますか。
	Q33.	ピアノによる即興演奏というと、どんなことを思い浮かべますか。
	Q34.	ピアノによる即興演奏ができることによって、どんな音楽活動に生かせると思いますか。
	Q35.	ピアノ以外の楽器で即興演奏ができることによって、どんな音楽活動に生かせると思いますか。
	Q36.	即興演奏の技術を磨く必要性を感じますか。
	Q37.	Q36で「感じる」と答えた方は、どうしてですか。理由をお書きください。
	Q38.	Q36で「感じない」と答えた方は、どうしてですか。理由をお書きください。
	Q39.	保育者がピアノを使う場面は、どのような時ですか。
	Q40.	子どもたちの音楽を支えるために、ピアノによる生演奏の代わりにCDやDVDなどを利用することについて、どうお考えですか。

（6）分析過程の例示

　質問項目の1つを例にとり、カードに記入された回答をカテゴリー化し、さらに大項目としてネーミングするまでの過程を示す。

　（例）

　①「保育者の一人として、音楽的な活動を日々の保育の中にどのように位置づけていますか」という質問に対し、「曲に合わせて身体を動かし、身のこなし方や模倣すること、発散すること等様々な効果があると思ってやっています」との回答があった。

②この文章を「身体を動かすことによる身のこなし方」「身体を動かすことによる模倣の仕方」「身体を動かすことによる発散」の３つに分けた。

③上記の３つをそれぞれ「身体性」「模倣」「発散」のカテゴリーにまとめ、さらにこれらを「意図・目的」の大項目にまとめた。また、別の視点から「身体表現」のカテゴリーに入れ、さらに「内容」の大項目にまとめた。

④小項目の欄にある数字は、左が保育士、右が幼稚園教諭の回答数を示している。

以上のような作業を繰り返して得られる結果を表1-3に例示する。

表1-3. 質問に対する回答のカテゴリー化、ネーミングまでの過程の例

大項目	小項目	回答例	保育者（左） 幼稚園教諭（右）
頻度	日常的（毎日）	生活の中に音楽を取り入れている（特に歌うこと）	6・8
	興味のタイミング	子どもが興味をもった時にタイミングを見て行う	0・1
意図 ・ 目的	楽しみ	楽しんで行う、楽しみの一つとして	4・3
	表現活動	様々な表現活動の一つとして、総合的な活動の一つとして	2・1
	音楽に触れる機会	知らない世界へ興味を広げる（乳児には聴かせる）	2・1
	情緒を育む	様々な感情を体験して情緒の豊かさを育むため	2・1
	身体性	身のこなし方等を曲に合わせて身体を動かしながら学ぶ	2・0
	模倣	曲に合わせて身体を動かす中で模倣することを学ぶ	1・0
	発散	曲に合わせて身体を動かす中で発散する効果が期待できる	1・0

意図・目的	リラックスの場	生活の中でホッとできるよう音楽を取り入れる	1・2
内容	歌	歌、手遊び、歌絵本	15・0
	器楽・楽器	楽器、太鼓、リズム	6・0
	身体表現	リトミック、ダンス、ボディパーカッション、踊り	7・1
	劇的表現	パネルシアター、手袋人形でミニシアター	2・0
	音楽を聴く・観る	音楽を聴く活動、鑑賞する活動	2・0
その他	無回答		0・1

4．調査の結果

　各質問項目をカテゴリー化してまとめたものを、さらに分野ごとに図式化し、考察する。

（1）保育における音楽の位置づけと意義

　この項では、保育における音楽をどう捉え、音楽を含む表現をどのように位置づけ、どのような意義をもって活動を行っているか、さらに子どもの日常生活や将来との関係について、どのような見解をもっているかについて示す。

　Ａ1～Ａ7の回答を総括することにより、保育者が子どもたちを取り巻く日常生活、保育現場、将来の環境において、音や音楽をどのように位置づけているか、またその関係性が明らかにすることができる。

　図1-1には、左半分に示した「生活における音楽」、中央部分に示した「保育における音楽」、そして右半分に示した「将来的な音楽像」に対するカテゴリーを示した。これらから、ほぼ同一のカテゴリーが導き出された。つまり、これは保育者が現在の生活、保育の場、将来の生活を通して、一貫性のある音楽の捉え方をしていることを示しており、音楽を人間的な成長、心

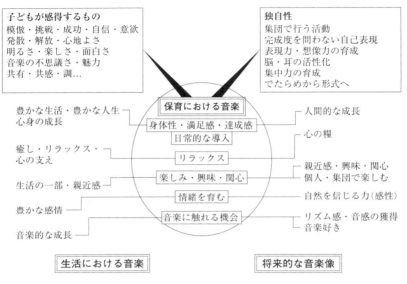

図1-1. 保育における音楽の位置づけと意義

身の成長を育むものとして重要視していることが明らかになった。また、「音楽的な成長」を望む一方で、「楽しみ」や「癒し」として音楽を捉えている側面もみられる。つまり、音楽によって音楽的な知識や能力を習得するだけでなく、子どもの総体的な成長を望んでいることがわかる。

特に、「保育における音楽」については、『保育所保育指針』や『幼稚園教育要領』にある「表現」のねらいや内容が浸透しており、保育者間の共通理解のもと、それを全うしようとする姿勢が読み取れた。保育者には、子どもが生涯を通じて音楽に親しみ、音楽を身近に感じながら豊かな生活や人生を送って欲しいという願いが根本にある。日常生活に音楽を取り入れることを肯定的に受け止め、保育においても日常的にこれを取り入れながら、子どもの感性を豊かにし、自己表現できるようになることを目指している。それに関連して、「子どもが感得するもの」として、リズム感、音程、音感等を音

楽的要素の知覚だけでなく、人間的な成長・発達に関する情動的な側面や社会的な側面を挙げていることからも、保育における音楽の位置づけは重要であり、その意義は子どもの人間的な成長に向けられていることが明らかになった。さらに、表現することそれ自体を大切にし、そこから得られる楽しさ、心地良さ、自信等を通して表現力や創造力、判断力や思考力の育成につながると感じている。

　また、「保育における音楽」の独自性として「集団性」が抽出されたが、同時に「完成度を問わない自己表現」等の記述に見られるように、幼児期に特有な「遊びを中心とした表現の自由度」を大切にする回答も見られた。また、「思いのままのダンスからリトミックへ」との記述にあるように、子どもの遊びを核にして、そこから意図的な活動へつなげていく姿勢も読み取れた。これは、子どもたちの生き生きとした表現を支え、育てていくために必要な視点だと考えられる。

（2）子どもの表現に対する関わり

　この分野では、保育者が子どもの表現（音楽）をどのように受けとめ、援助しているのか、またどのような手立てで反応しているのかについて、調査した結果を考察する。

　A8〜A13、A29〜30の回答を総括することにより、保育者が子どもの表現を捉え、援助する際、何を重視しているのかを明らかにすることができる。

　図1-2に示したように、子どもの表現に対する関わりについては、物理的な援助（左部分）と人的な援助（右部分）があり、物理的な援助は、「環境の整備」、「保育者や子どもの配置やグルーピング」が抽出された。また、人的な援助としては「発信的な関わり」と「応答的な関わり」の2つに分けられた。さらに発信的な関わりとして「提供」と「介入」、応答的な関わりとして「受容」、「共感」、「刺激・喚起」が導き出された。回答の文面だけで判断するのは難しいが、保育者側からきっかけをつくるために提供したり介入し

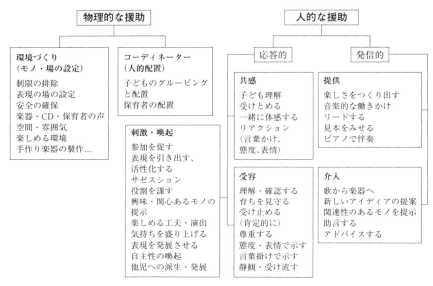

図 1-2. 子どもの表現に対する関わり

たりすると思われるものを「発信的」にカテゴライズした。また反対に、子どもの表現を手掛かりにして、応答的な関わりをすると思われるものを「応答的」にカテゴライズした。回答の文面から判断すると、発信的にカテゴライズされた項目は、音や音楽との関連において行われており、応答的にカテゴライズされた項目は、言語的、身体的に関わっているといえる。仮にそうだとすれば、子どもの表現を支える応答的な関わりとして、最も多く使われているのが言語的な介入と、共感的な態度ということになる。つまり、子どもの音楽的な表現に対し、表現を受容し、共感し、それを褒める等の言語的な表現で応答する場合と、保育者自身も一緒に楽しみ、表現を共有する等の身体的な表現（身振り、手振り）で応答する場合である。しかし、保育者が楽器の使い方を説明したり、新しい歌を教えたりする場合は、実際に音や音楽を奏でていると考えられるが、子どもの表現に対して音や音楽を使っている

第1章　音楽的表現を支える保育者の実態　　41

と思われる回答は、「子どもの表現にアレンジを加える」、「手拍子でリズムをとって発展させていく」等わずかであった。したがって、保育者が音楽的な反応によって受容したり共感したりするテクニックは、ほとんど使っていないことが明らかになった。

　音や音楽を使った活動では、他の遊びの場合と同様に言語的・身体的介入によって援助するだけでなく、子どもの表現を音楽によって受容し、音楽によって共感し、音楽によって刺激するという方法も可能ではないかと考える。つまり、音や音楽のもつ機能を最大限駆使し、言語によるコミュニケーションではなく、音や音楽を使ったやり取り、音楽的なコミュニケーションを大事にした活動の可能性を模索していくのである。それにより、音楽の本来の機能を充分に生かした活動ができ、子どもの表現をより生き生きとできるものと考える。

（3）音楽的活動と創造性との関連

　この分野では、子どもの表現を生かす創造的な音楽活動の経験の有無と、保育で行う音楽的活動との関係について示す。

　A14〜20、A41〜42の回答を総括することにより、保育者が通常行っている音楽的活動と創造的な音楽活動[48]との関連をどのように捉えているかを明らかにすることができる。

　図1-3に示したように、保育では通常、多種多様な音楽活動が展開されていることが分かる。中央に位置する四角で囲った活動群、「聴く活動」、「歌う活動」、「楽器の活動」、「身体表現」、「劇的表現」、「他の表現媒体と一緒になった活動」が挙げられた。

　また、「生活の歌」や「手遊び」は、歌や手遊びそのものを楽しむというよりも、あることを目的として意図的に使用している傾向がみられた。「生活の歌」については、「必要」と回答したのは4名で、残りは「中立」「不要」の回答であった。「中立」の意見には、子どもたちの自主性や能力に応

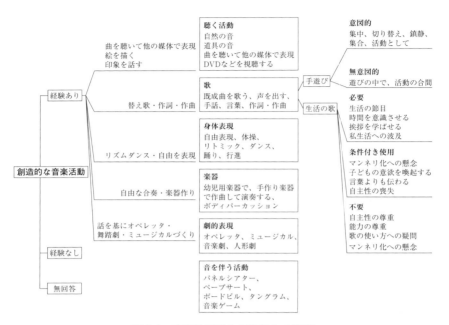

図1-3. 音楽的活動と創造性との関連

じて、臨機応変に使用すべきだとする思いと、「生活の歌」の使用により、生活がスムーズに流れるとする思いの間で迷いが感じられる。

その根底には、時間や活動の区切りに「生活の歌」を歌うことは、子ども達を条件反射的に動かすことになるのではないかという疑問や、それに対する抵抗感がある。

このような調査結果とは裏腹に、保育園や幼稚園で実習を行う学生は、園からこれらの曲を弾くよう求められることがある。調査結果と現実との乖離については、機会を改め検証する必要がある。

創造的な音楽活動については、自ら実践していると回答した保育者は、11名だったが、その内容は「音楽そのものの創造」というよりむしろ、「表現媒体のずらし」[49]が多く見られた。すなわち、音楽と言葉、音楽と造形、音

楽と劇、音楽と身体等、他の媒体と結びつけながら、それぞれ補完的、付随的に用いている活動を創造的な音楽活動とする傾向がみられた。これにより、前述したような「創造的な音楽活動」それ自体の認知度が低いことが明らかになった。この結果は、駒（2010）の調査結果とも重なる。「経験がない」との回答には、活動の具体的な内容について、「できれば知りたい」とする積極的な姿勢もみられた。

　保育の音楽的活動として、既成曲を歌ったり、楽器で演奏したり、音や音楽に合わせて身体を動かしたりする活動が一般的だが、音や音楽を創造していく「創造的な音楽活動」は、保育者の間でそれほど浸透していないことがわかった。そして、保育者が「創造的な音楽活動」と捉えているのは、他の表現媒体と組み合わせたり、入れ替えたりするという意味での創造性だということも明らかになった。子ども自身に「創造的な音楽活動」をさせるためには、保育者にも創造的な力が必要である。そのためには、保育の場に音や音楽を創造していく「創造的な音楽活動」を普及させること、それに伴って、保育者の創造性を育てていくことが求められる。音や音楽がもつ本来の機能は、「生活の歌」の使用等にみられるように、子どもたちを意図的に動かす目的で使うべきではない。音や音楽は、使い様によって、子ども達の気持ちや状態に常に寄り添えるものである。音や音楽を用いるとき、子どもの気持ちや状態を置き去りにし、保育者側の思惑や意図によって使われていないか、また、子どもにはどのような影響を及ぼしているのかを省察する必要がある。

（4）保育者の音楽観

　ここでは、保育者自身が音や音楽をどのように捉え、子どもにどのように提供していくことが好ましいと考えているのかについて示す。

　A21〜A26の回答を総括することにより、保育で使われる音楽の質や難易度、音楽がもつ強制力や到達点の基準等に対する意識が明らかになり、そこから保育者の音楽観が見えてくる。

図1-4に示したように、保育で使われる音や音楽の質への関心は高く、保育者の奏でる音、子どもが聴く音、子どもが奏でる音がそれぞれ良質の音・音楽になるよう意識すべきだとしている。

また、子どもに与える音楽は「簡単で単純なものが良いか」との質問に対し、「どちらともいえない」とする中間派が21名だった。中間派の意見として、子どもには様々な体験をさせたいとの思いから、子ども達が「する」活動においては、簡単ですぐに楽しめる者が良いとし、子ども達が「聴く」活動においては、クラシックをはじめとする様々なジャンルの音楽を聴かせたいとの思いが読み取れた。それは、容認派と否認派にも同様の意見が書かれており、ほとんどの保育者が共通の思いで音楽を提供していることがわかった。

また音楽のもつ強制力についての問い[50]と、到達点の基準についての問いには、ある関係性が見られた。左に示したのが音楽のもつ「強制力」に対す

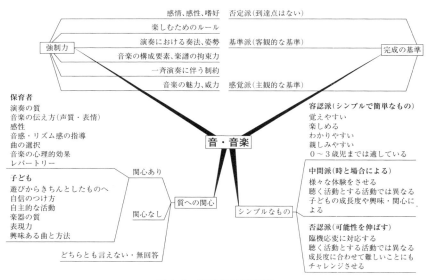

図1-4. 保育者の音楽観

るカテゴリーで、右に示したのが音楽の「完成の基準」に対するカテゴリーである。6つの強制力に関するカテゴリーと3つの完成の基準に対するカテゴリーに、ある関係性がみられたのである。

すなわち、①「音楽の魅力や魔力」が強制力であるとする群（強制力、下1段目）と、感覚派（主観的な基準）で括られる「自然に演奏できるようになった時」とする群（完成の基準、下段）、②「一斉演奏に伴う制約」、「音楽の構成要素や楽譜の拘束力」、「演奏における奏法や姿勢」等に強制力があるとする群（強制力、下2〜4段目）と、基準派（客観的な基準）で括られる「音楽の完成とは一定の曲の完成である」とする群（完成の基準、中段）、③「音楽に対する感情、感性、嗜好」に左右され、「楽しむためのルール」を守ることがある意味で強制だとする群（強制力、下5〜6段目）と、否定派（到達点はない）で括られる「音楽に完成はない」とする群（完成の基準、上段）に分類された。

この結果は、保育者が音・音楽をどのように捉えているかに深く関連している。①の群は音・音楽を感覚的に捉えており、②の群は音楽のもつ構成要素や演奏形式等に気づいており、それらを基準としていることがわかる。また、③の群は音楽の様々な面に反応する感性や感情、嗜好が、音楽行動への動機づけとして重要な要素だという点に気づいている。また、音楽の完成について、ある曲をミスなく演奏できることに執着せず、到達点は一つではないとしている。これらの感覚は、保育を行う上で重要な要素である。

これまでみてきたような、子どもに与える音や音楽の質、難易度、影響力に対する捉え方や考え方の違いは、子どもの表現を捉える視点にも重なる。保育者が音や音楽を用いる際に、音楽の様々な機能を知り、その使用目的や用途を充分に吟味して意図的に使うことが重要である。

（5）保育者に必要な音楽的能力
この分野では、保育者が音楽的な活動を行うとき、また子どもの音楽的な

表現を援助するときに必要な音楽的能力について示す。

　A27～28、A31～40の回答を総括することにより、保育者が必要とする音楽的能力の諸側面を明らかにすることができる。保育者が頻繁に使う表現方法として、声が挙げられるが、今回は声や歌に関する技術について詳しく調査していないため、主にピアノとピアノ以外の技術に分け、考察することにする。

　保育者のもつべきピアノのテクニックについては、保育者の間で、ある程度の共通意識がみられ、「歌の伴奏ができる」、「弾き歌いができる」程度としていた。それ以外の即興演奏の技術や、劇・身体表現に音や音楽を入れるテクニック等については、「あれば便利」としながらも、自身の能力の限界も考慮に入れ「他の技術でカバーできる」と考えている保育者が多い。つまり、これらのテクニックを付加的に捉えている傾向が強く、ピアノの多様な使い方を模索するよりも、他の技術により補完できると考えていることがわかった。

　しかしその一方で、図1-5に示したように、ピアノの使用場面として「子どものリクエストに応える時」、「遊びの中で効果的に使う時」等の即興的なテクニックが求められるような例を挙げている。さらに、即興演奏ができるメリットとして、「その場の雰囲気を変えられる」、「身体表現に音や音楽をつけられる」、「子どもの表現を引き出せる」等を挙げている。さらに、ピアノ以外の技術として「音楽で遊ぶ力」「音楽で楽しませる力」とある。このような能力は、発信する能力だけでは発揮できない。特に「音楽で楽しませる力」は、子ども状況やニーズを無視して行う音楽的活動からは、決して生まれない。なぜなら、楽しむのは子ども自身だからである。また即興的なテクニックは、ピアノに限らず他の楽器でも使え、あらゆる場面に使える可能性がある。保育者が即興的なテクニックを他の楽器でも生かせるようになることが、音楽の幅や質に変化をもたらすのではないかと考える。さらに、保育者自身が「子どもの歌が弾き歌いできる程度」と考えているピアノのテク

第1章　音楽的表現を支える保育者の実態　　47

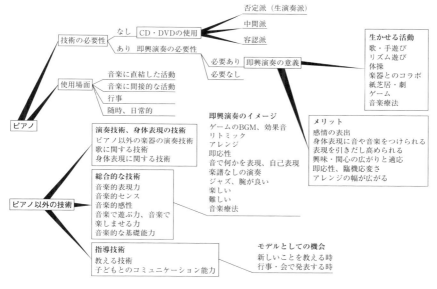

図1-5. 保育者に必要な音楽的能力

ニックについても、まだ開拓の余地がある。保育者の即興的なテクニックをさらに磨き、子どもの表現に寄り添えるよう、楽器の臨機応変的な使用を目指していくことが、今後の子どもの表現を支える上で大切である。

5．考察

　本節では、質問紙調査から得られたデータに基づいて、保育者の保育観や音楽観について検討してきた。保育者の表現（音楽）に対する保育観については、次のことがいえる。

　保育における音楽的活動を通して、音楽的成長と同時に人間的成長を願う保育者の保育観が明らかになった。また保育の音楽的活動の独自性は、「集団性」であるとし、「遊びの中で完成度を問わず、自己表現ができる場」とする考えも存在した。子どもの音楽的表現に対する援助は、物理的・人的の

両面から行われており、保育者が行う援助についても、発信的・応答的の両面からなされていることがわかった。子どもの表現を援助する際、音や音楽を使っているのは「発信的な働きかけ」が多く、応答的な援助では、言語的、身体的な介入が多くみられ、音楽的活動以外の活動を行う時と同様の関わり方をしていることがわかった。つまり、言語的なコミュニケーションに頼ることが多く、音楽的なコミュニケーションがあまりみられない結果となった。これは、宮原らが主張する「応答的保育」における「言語による応答性」や「心の応答性」の部分で、子どもとコミュニケーションが取れているということを意味する。したがって、言語的・身体的な介入によって応答していること自体に問題がないが、音楽的活動においては、音楽に特有の技術が必要とされる。音楽的活動における保育者の専門性として、「音楽特有の応答性」が欠如し、音楽的活動の場面において、あまり使用されていないところに改善の余地がある。

　保育における音楽的活動については、音や音楽を純粋に楽しむ活動から、他の表現媒体と合わせて行う活動まで多様な活動が示された。しかし、創造的な音楽活動への認識は低く、活動内容は「表現媒体のずらし」によるものが多く見受けられた。また、創造的な音楽活動への認識度の低さに伴って、そこで必要とされる保育者の即興性の習得についても消極的な姿勢がみられた。これは、音楽的活動の場面での即興的な能力の重要度を認識しながらも、その能力の習得に対しては、それほど切迫感がないのではないかと推察される。つまり、音楽的活動の中で、即興的な演奏を必要とする活動を行わない限り、感じ得ないのではないだろうか。これは、「創造的な音楽活動に興味・関心を示しながらも、実践するための手立てが不足している」という駒（2010）の調査結果とは異なる結果がでた。つまり、ピアノや他の楽器での即興演奏への関心は、まずそれらを使って保育する必要性を感じるところから始まると考える。保育者自身が「他の保育技術でカバーできる」と感じている限りは難しい。保育者が豊かな基盤をもち、臨機応変に使いこなす能力

の必要性は認識しているものの、自身の能力の限界性と他の技術でカバーできるとする代替性が浮き彫りになり、新たな音楽的能力の習得に必ずしも積極的でないという結果が出た。音楽における即興性や創造性は、子どもの表現に即座に対応し、活性化させるために欠かせない能力だといえる。これらに関する知識や情報を得る手段が不足していることと、実践の機会があまりないことが原因の一つだと考えられる。このように、保育者が自身の音楽的資源について、理想と現実の狭間で悩んだ場合、指針となるような理論や実践がないということが問題として挙げられる。

　さらに、子どもに求める音楽的表現の方向性については、「思いのままの演奏から徐々に形式的に」とあるように、完成させること自体を目的としていないが、保育者自身が求める音楽性は高く、「上質の音楽を子どもに届けたい」との思いがあった。この点は坂田ら（2009）が指摘した「保育者の意識化」[51]が、保育者の中にみられたということになる。保育者の専門性には、柔軟性や即応性が求められると前節において述べた。上質の音楽を届けるためには、保育者自身の音楽的能力に柔軟性や即応性が求められるのだが、その点については、理想と現実がマッチしていない。つまり、子どもに上質の音楽を提供したいとする思いと、保育者自身の音楽的能力の間に格差がみられる。保育者として必要だとする音楽的能力と、実際の保育で使っている音楽的能力の間には明らかに違いがあった。したがって、その溝を埋めていくことが、保育者養成校と現職研修における課題である。

　以上の考察から、導き出された課題は、以下の4点である。

①保育における「音楽による応答性」とは、具体的に何を指すのか明らかにすること

②子どもの表現を支え、育て、活性化させるために必要な保育者の音楽的資源を具体化すること

③①と②を統合し、保育者に求められる音楽性として、全体図を示すこと

④保育者養成校での指導の可能性について、実践を通して考察すること

注

1）厚生労働省「保育士養成課程等検討会中間まとめ」http://www.mhlw.go.jp/shingi/2010/03/s0324-6.html.2014.9.8.

2）日本保育学会「教職生活全体を通じた教員の資質能力の総合的な向上方策について（審議のまとめ）（照会）」についての意見提出」http://jsrec.or.jp/pdf/singi_iken.pdf.2014.9.8.

3）文部科学省「教職生活全体を通じた教員の資質能力の総合的な向上方策について（審議のまとめ）」http://www.mext.go.jp/b_menu/shingi/chukyo/chukyo11/sonota/1321079.htm.2014.9.8.

4）日本保育学会「教職生活全体を通じた教員の資質能力の総合的な向上方策について（審議のまとめ）（照会）」についての意見提出」意見1-1.http://jsrec.or.jp/pdf/singi_iken.pdf.2014.9.8.

5）宮原和子・宮原英種『知的好奇心を育てる応答的保育』京都：ナカニシヤ出版、2004年。

6）佐伯胖『幼児教育へのいざない――円熟した保育者になるために――』増補改訂版、東京：東京大学出版会、2014年、29頁。

7）Malloch, S., & Trevearthen, C. *Communicative musicality. Exploring the basis of human companionship.* Oxford University Press. 2009.

8）矢藤誠慈郎「法的なものが求める保育者像」『改訂保育者論』（民秋言編）東京：建帛社、2009年、42頁。

9）阿部和子「保育者になるとは」『保育者論』（大場幸夫企画）東京：萌文書林、2012年、29頁。

10）垣内国光・東社協保育士会編『保育者の現在――専門性と労働環境――』京都：ミネルヴァ書房、2007年、118頁。

11）同前、118頁。

12）同前、121頁。

13）「そのままでは何になるのかさえ分からないものやことの集まり」と説明している。矢藤、2009年、44頁。

14）同前、44頁。

15）乙訓稔『西洋近代幼児教育思想史――コメニウスからフレーベル――』第2版、東京：東信堂、2010年、63頁、178頁。

16）佐伯胖・大豆生田啓友・渡辺英則・三谷大紀・高嶋景子・汐見稔幸『子どもを「人間としてみる」ということ』京都：ミネルヴァ書房、2013年、20頁、29頁。

第 1 章　音楽的表現を支える保育者の実態　　51

17) 垣内国光・東社協保育士会編『保育者の現在——専門性と労働環境——』京都：
　　ミネルヴァ書房、2007年、120頁。

18) 金子利子・諏訪きぬ・土田弘子編『「保育の質」の探究』京都：ミネルヴァ書房、
　　2000年、　頁。

19) 大山美和子「幼児の音楽表現に関する保育的意味」「清和女子短期大学紀要」第
　　25号、1996年、103～110頁。

20) 1989年発行の「保育研究」（平井信義編）38号、Vol. 10、No. 2に、特集「保育内
　　容としての『表現』」が掲載されている。

21) 永岡都「保育領域〈表現〉における音楽の意義と課題」『音楽教育学研究 2 〈音
　　楽教育の実践研究〉』2000年、205頁。

22) 同前、205～217頁。

23) 同前、209頁。

24) 同前、205頁。

25) 厚生労働省『保育所保育指針解説』2009年、91～96頁。
　　http://www.mhlw.go.jp/bunya/kodomo/hoiku04/pdf/hoiku04b.pdf.

26) 松本晴子「『保育所保育指針』と『幼稚園教育要領』にみる表現（音楽）の考察」
　　『宮城女子大学発達科学研究 (10)、2010年、 9 ～17頁。

27) 文部科学省『幼稚園教育要領〈平成20年告示〉』東京：フレーベル館、2008年、
　　 4 頁。
　　厚生労働省『保育所保育指針〈平成20年告示〉』東京：フレーベル館、2008年、
　　 5 頁。

28) 文部科学省、同前、「 1 ．ねらい」11頁。

29) 文部科学省、同前、「 2 ．内容」12頁。

30) 文部科学省、同前、「 2 ．内容」12頁。

31) 文部科学省、同前、「 2 ．内容」12頁。

32) 文部科学省『幼稚園教育要領解説』東京：フレーベル館、2008年、214頁。

33) 同前、215頁。

34) 今川恭子『子どもの表現を見る、育てる——音楽と造形の視点から——』東京：
　　文化書房博文社、2005年、 8 頁。

35) 黒川建一・小林美実編『保育内容表現（第 2 版）』東京：建帛社、1999年、27頁。

36) 角尾和子・角尾稔編『表現』東京：川島書店、1999年、46頁。

37) 荒木柴乃編『音・音楽の表現力を探る——保育園・幼稚園から小学校へ——』東
　　京：文化書房博文社、2003年、27頁。

52

38) 角尾和子・角尾稔編『表現』東京：川島書店、1999年、152頁。

39) 同前、46頁。

40) 今川恭子『子どもの表現を見る、育てる――音楽と造形の視点から――』東京：文化書房博文社、2005年、5頁。

41) Creative Music Making（CMM）の邦訳。

42) 小泉恭子「第2章子どもの音楽表現の本質」、名須川知子・高橋敏之編『保育内容「表現」論』京都：ミネルヴァ書房、2006年、22頁。

43) 木許隆「実践における即興的な伴奏法と効果音」高御堂愛子・植田光子・木許隆編『楽しい音楽表現』東京：圭文社、2009年、37～43頁。

44) 渡辺厚美「即興表現する活動の展開例」三森桂子編『音楽表現』東京：一藝社、2010年、153頁。

45) 奥村正子・山根直人・志村洋子「教員養成における領域『表現』の音楽側面の検討（1）――幼稚園及び小学校の教師の意識比較――」『埼玉大学紀要』第56号、2007年、69～82頁。

46) 坂田直子・山根直人・伊藤 誠「保育者養成における音楽的専門性の育成――幼稚園教諭へのピアノ等鍵盤楽器に関する質問紙調査を手がかりに――」『埼玉大学紀要』第58号、2009年、15～30頁。

47) 駒 久美子「幼稚園における創造的な音楽活動に対する保育者の意識――保育者を対象とした質問紙調査の分析を通して――」『音楽教育研究ジャーナル』第33号、2010年、1～14頁。

48) 質問紙調査における「創造的な音楽活動」とは、子ども自身が音や音楽を用いて即興的に表現するような活動を示しており、「原創造」に近い活動を意味する。

49) 音や音楽を基にして、他の表現媒体を使って表現すること、あるいはその逆。例えば、歌詞から想起されるイメージを身体で表現する、絵本のストーリーを基にオペレッタを創作する等がある。音楽の創作というよりは、アレンジを加えたり他の表現媒体と組み合わせたりして楽しむような活動を意味する。

50) 音楽に触れることによって、「束縛されている」、「強制されている」、「制限されている」と感じる部分について回答を求めた質問。

51) 「保育者は、自身の弾く音が子どもにどのように聴こえているかを意識化する必要がある」と述べている。

第2章 クリニカル・ミュージシャンシップ 援用に向けての枠組み

第1節 「創造的音楽療法」における「ミュージック・チャイルド」 の概念

　第1章では、音楽的活動の場で保育者に必要とされる専門性には、発信的能力のみならず、応答的能力も求められていることが示された。しかし、保育者への意識調査の結果から、応答は言語的・身体的に行われることが多く、「音による応答性」が見られないことが明らかになった。

　そこで本章では、この問題を解決するために、「音による応答性」を重視している「創造的音楽療法（Creative Music Therapy）」の概念を援用し、音楽療法におけるセラピストの臨床的な音楽的能力、「クリニカル・ミュージシャンシップ（Clinical Musicianship）」から示唆を得ようとするものである。

1. 「創造的音楽療法」の位置づけ

　「創造的音楽療法」とは、アメリカの作曲家・ピアニストであったポール・ノードフ（Paul Nordoff, 1909〜1977）と、イギリスで訓練を受けた特殊教育家のクライブ・ロビンズ（Clive Robbins, 1926〜2011）によって開発された、即興演奏を軸にした個人・集団療法へのアプローチを指す[1]。「創造的音楽療法」は、このアプローチを開発した2人の名前をとり、「ノードフ・ロビンズ音楽療法（Nordoff-Robbins Music Therapy）」とも呼ばれている[2]。

　彼らの活動は1959年に開始された。この時代は、音楽療法の原理や理論に科学的視点を導入する必要性が叫ばれ、それに先立って量的な研究手法を積極的に取り入れようとする風潮がみられた[3]。この背景には、当時、行動心

理学が主流で、音楽の治療効果を知りながら、それが科学的に実証できないというジレンマがあったと考えられる[4]。この時代にあって、彼らのアプローチは、音楽的側面から臨床を解釈しようとするものであったため、科学的視点がほとんどみられなかった。そのため1960年代、NAMT（National Association for Music Therapy）が提唱していた「科学的視点の導入」の意向には沿わず、独自のスタイルを貫いていたといえる。

　その後、1970年代に入り、マズロー（Abraham Harold Maslow, 1908～1970）のヒューマニスティック心理学と出会うことにより、音楽療法における臨床手法の新たな理論的枠組みを確立することになる[5]。

　「創造的音楽療法」のアプローチの特色は、セラピストが音楽的資源とテクニックを用いて、治療的経験とそのプロセスを創造する点にある。能動的な音楽活動が療法の中核をなし、単に音楽を聴くだけでなく、創造的な音楽づくりを中心とした即興的なセッションが展開される。それだけに、このアプローチのマニュアル化は極めて困難であり、理解に時間を要する難解なアプローチとして捉えられてきたことも事実である。

　しかしその一方で、ドイツ、イギリス等の世界各国にあるセンターを中心に広がりを見せ、現在もこのアプローチを習得したセラピストによって、継続的に実践されている。この背景には、最近の音楽療法研究が音楽そのものに回帰し、「音楽とは何か」という根本的な問題に立ち返り、哲学的・音楽学的・社会科学的リサーチによる論議がなされるようになってきたことが考えられる。つまり、ノードフらの実践してきた「創造的音楽療法」は、かなり歴史的なタイムラグはあるが、古くて新しい概念を包含しながら、現代社会の要請を受け、再び注目されるようになったといえる。

（1）「創造的音楽療法」の音楽中心性

　このアプローチは、音楽を「治療として（as therapy）」用い、音楽のもつ力を最大限利用する特徴がある。この特徴について、ケネス・エイゲン

(Kenneth Aigen)[6)]は「オリジナルな音楽中心音楽療法（Music-Centered Music Therapy）である」[7)]と位置付け、「ポール・ノードフとクライブ・ロビンズの業績にその起源を見出せる」[8)]と述べている。「音楽中心（以下、「音楽中心音楽療法」をこう示す）」という語は、1980年代半ばから用いられるようになったことを考えると、「創造的音楽療法」の方が先に存在していたことになる。

　「音楽中心」は、一つの特殊なアプローチではなく、他の様々なアプローチの中に存在し、既存の理論に基礎を置かず、実践から導き出された固有理論である。「創造的音楽療法」のほかにも、ヘレン・ボニー（Helen Bonny, 1921〜2010）のGIM[9)]やメアリー・プリーストリー（Mary Priestly, 1925〜）の分析的音楽療法[10)]等がこれに属する。特徴としては、①音楽を使用すること、②幅広いアプローチで実践されており、一般理論の主要な基準を満たしていること、③実践を熟考することから生じており、特有性と応用性を合わせもっていることが挙げられる。

　「音楽を聴く」体験を中心とするGIMや、言葉と音楽を併用しながら行う分析的音楽療法と比較すると、「創造的音楽療法」は音楽体験そのもののために行われ、音楽以外の、あるいは音楽に付随した利益のために存在しない。そのため、手段と目的が一致している。音楽のもつ力や音楽的プロセス、音楽的構造、音楽的体験に重点を置き、言葉による記述を超越する要素があるとされている。

　その音楽体験は、クライエント自身の体験や意欲を反映し尊重する形で進められ、この実践により、音楽独自の体験や表現を達成することを目標にしている。ここでは、臨床的な目標と音楽的な目標が密接に関係しており、音楽を通じて得られたことは、それ以外の方法では得られない固有のものとしている。またクライエントは、音楽に参加し音楽を創りだすことに主な動機があり、臨床以外の場面で、人が音楽を創る時に抱く動機と変わらないため、非音楽的な臨床目標を達成することを目的としていない。

　「創造的音楽療法」にみる音楽中心性は、①音楽を中心に用いること、②

音楽体験そのものを重視し、自己成長のために整合させていくこと、③音楽の力、音楽的プロセス、音楽的構造に重点を置くことにあるのである。

このように音楽の力を信じ、音楽を体験することに意味を見出している理由は、どこにあるのであろうか。この療法において、音楽はどのような機能を及ぼしているのだろうか。

（2）音楽の諸機能との関連性

エイゲンによれば、音楽中心の音楽療法は、「音楽のもつ創造的・表現的・審美的・共同的・トランスパーソナル的な側面に重点がおかれる」[11] としている。

このアプローチにとって、クライエントの創造力を刺激することは不可欠であり、創造的プロセスが、憂鬱や絶望等の感情に対し、バランスのとれる関わり方を示すとしている。

表現的側面としては、音楽が人間の感情との親密なコンタクトを樹立し、意識的・無意識的に関わらず、クライエントの感情の表出を支援するとしている。ただし、音楽療法における音楽は、感情の自己表現を伴わなくても、人間の感情につながっていると捉え、人間が体験する感情の普遍性を重要視している。

また、音楽の審美的体験は、人間にとって欠かすことのできない心理的欲求であり、活動の動機となるものである。音楽療法における審美的性質は必然のものであり、音楽の繊細さ、表現の豊かさ、自信、単純さ、複雑さ、美、新鮮さ、一体感、リズムの一貫性、描写の力強さ等があるとしている。

さらに共同で音楽を創るということは、自分よりも大きな何かに属しているという感覚を与える。音楽療法のセッションに参加することが、「従属したい」という人間的欲求を満たし、バランスのとれた自己の確立に重要な意味をもつことになる。トランスパーソナル（自己超越的）な側面は、他の４つの側面にもみられるものだが、音楽は自己を越える体験や意識や気づきに

顕著な変化をもたらすとしている。クライエントとセラピストが出会う場所を創りだすため、音楽は人間同士のコンタクトをとる媒体となる。他の領域では達することができない場合、音楽が機能的に働くとしている。

「音楽中心」における音楽の機能と関連して、ボクシル（E.H. Boxill）が、音楽が治療手段として有効である理由について述べた見解（表2-1）を示し、音楽の諸機能について考察する。

表2-1. ボクシルの見解[12]

①音楽は、文化の違いを超えた表現形態である。
②音楽は、非言語的特性により、コミュニケーションの手段として自在に用いられる。
③音楽は、人間個々の知力や状態に関わりなく、音刺激として直接人間の心身にはたらきかける。音楽は感覚を刺激し、感情や情動を喚起し、生理的・精神的反応を引き起こし、心身を活性化する。
④音楽固有の構造と特質は、自己統合や集団組織化のための可能性を有する。
⑤音楽は、音楽的行動と非音楽的行動の両面に影響をおよぼす。
⑥音楽は、学習や諸技能の獲得を促進する。
⑦音楽は、極めて機能的で、全ての患者に適用可能な美的様式である。

ボクシルは、音楽の治療的使用により、①個人的に変化をもたらす、②対人関係を促進する、②成長、発達を助長する、③自己実現の達成に貢献する、④社会への参入を援助することを目標としている。

音楽は、異文化、異年齢、異なる精神的・心理的状態の人間同士をつなぐ役割があり、彼らの違いをなくし、組織化し、一つに統合する働きがある。

また音楽には、非言語的コミュニケーションの手段としての特性がある。この特性が、言葉を解さない知的障害者や、コミュニケーション能力に障害があり言語的な接近が困難な人にとって効果的に働く。セラピストは、音楽による刺激を用いて心身に直接訴えかけ、クライエントとの関係を樹立し、維持し、そこからクライエントの表現を引き出し、心身を活性化させる。

さらに音楽は、個人の成長や発達を促進させるだけでなく、自己統一や自己実現を果たすと共に、集団を組織化する機能も兼ね備えている。自己や他

者への覚醒がみられるのと同時に、音楽体験を通して成功感や達成感が生まれ、内発的学習の動機づけとなる場合が多い。それに関連して、音楽は学習や諸技能の獲得を促進する。それは音楽的なスキルだけでなく、非音楽的スキルにまで及ぶ。そして、その影響が音楽的行動と非音楽的行動の両面に影響を及ぼすことになる。

　以上のように、音楽を治療的に用いることにより、音楽の諸機能がクライエントの自己成長に作用していることが読み取れた。そして、「創造的音楽療法」における音楽の機能についても同様のことがいえる。

　このような考察から、本論では保育者の音楽的能力を検討するにあたり、音楽療法的視点を援用する理由として、①「創造的音楽療法」は音楽を中心に据えており、音楽体験を重視していること、②「創造的音楽療法」は、音楽の力、つまり音楽のもつ様々な機能を的確に用いることによって、自己成長を促すことを目的としているという2点を挙げる。

2．「創造的音楽療法」における中核的概念
（1）「ミュージック・チャイルド」の概念

　「創造的音楽療法」の中核的な概念には「ミュージック・チャイルド（Music Child）」がある。「あらゆる人間の内部に生来的に備わっている音楽への反応性のこと」[13]をいい、全ての人の人格構造の内部にある音楽的自己を指す。各々の子どもに生まれつき備わった個性化された音楽性のことであり、音やリズムの動きの秩序や関係性に対する普遍的な感受性を表すものである。つまり、子どもが音楽的な経験に反応し、それに意味があり、魅力を感じ、音楽を記憶し、何らかの形で音楽的な表現を享受するような子どもの内部にあるものを指すのである。

　「ミュージック・チャイルド」は、ノードフとロビンズが実践を重ねていく中で、自然発生的に命名された語で、子どもが生まれつき内在させている音楽性を呼び覚ますこと、音楽的支えのもとに自己発見、自己表現すること、

その自己表現を広げていくこと、そのプロセスへ引き込んでいくこと等に意味を感じていた1974年頃に言語化され、それ以降使われるようになった[14]。

この概念は、シュタイナー（Rudolf Steiner, 1861〜1925）の「アストラル体」と深い関連がある。アストラル体とは、生きているどの人間にもある衝動や動因、情念、情緒のことである。それは、人間の内部で宇宙のリズムやメロディーに沿って動いているものとされている。シュタイナーは音楽の普遍性を「それは、全ての人間の中の音楽家であり、宇宙の音楽を模倣するアストラル体のなす業である」[15]と表している。

子どもの自己は、内側から自らの内的資源を使いながら発達していくが、その最も重要な資源となるのが、「ミュージック・チャイルド」である。子どもが音楽的経験に反応し、それに没頭し、意味を見出し、記憶し、音楽の構造を楽しむことを指し、全ての子どもの内的自己に存在するものであるとしている。つまり、「ミュージック・チャイルド」は、障害の有無にかかわらず、また年齢に関わらず、全ての人間に備わっているものだと説明している。

それでは、創造的音楽療法の治療において、「ミュージック・チャイルド」はどのように位置づけられているのであろうか。

治療手順は3段階にしたがって行われるが、その第1ステップが「子どもと音楽の中で出会う」段階である。セラピストが子どもを音楽的に刺激し、細やかに観察し、その子どもの固有の音楽性、すなわち子どもの内部にあるミュージック・チャイルドを見出す活動を行うのである。この段階で充分な音楽的関係を確立するためには、子どもの音楽的資源や限界性、感受性、反応パターン等を把握し、因果関係を明らかにしなければならない。また、子どもの内側に生じるダイナミクスは、「ミュージック・チャイルドの活性化」、「自我の発達」、「古い自己と新しい自己の統合」の変化や成長によって説明することができる。こうした変化の根底にある動機づけやエネルギーは、「成長の欲求」によるもので、セラピストとの音楽的な経験を通して、子ど

もの中に覚醒される。「ミュージック・チャイルド」が機能するためには、子どもが自分自身、他者、自分の周りの世界に対して開かれていなければならない。それは、「ミュージック・チャイルド」が、受容的、認知的、表現的な性質を象徴するものだからである。したがって、「ミュージック・チャイルド」がうまく機能するのは、パーソナリティの様々な側面を組織化し、統合することに重要な役割を果たしたときである。

　またノードフとロビンズは、子どもの中にある自己が発達する過程を、「新しい」自己、「古い」自己という語を用いて説明している。

　「ミュージック・チャイルド」の活性化により得られる「新しい」自己は、「古い」自己を離れて、あるいはそれに付け加えられて発達することになる。「新しい」自己が得られると、音に対して気づき、積極的・表現的で関わりをもつようになり、応答的になる。それに対し、「古い」自己の状態は、恐怖と自己防衛のために、音に気づいておらず、無反応で限局されており、関わりがなく引きこもった状態になるとしている。

　また「ミュージック・チャイルド」が覚醒するためには、何の関わりもなく、音楽体験をさせておけばよいわけではない。セラピストの即興によって「ミュージック・チャイルド」に接触し、「ミュージック・チャイルド」を目覚めさせ、自己表現を誘うのである。

　セラピストの即興が、「ミュージック・チャイルド」を刺激し、「新しい」自己のための音楽的なモデルとなる。それと同時に、子どもの音楽づくりは、思考・感情・意志の自我機能を発達させ、「古い」自己が自由な表現力と相互反応性を獲得するのを可能にする。子どもは、音楽の生きた要素によって、音楽的行為とセラピストとの相互作用を体験する。その瞬間、瞬間に子どもは、音楽のダイナミックな形式を通しての関わりを経験する。子どもの内的変化は、ほとんど音楽の効果によるものであると説明されている。

　音楽によって自己表現するのは、子ども自身であり、子どもの自発的で創造的な表現を出発点としていることが強調されている。また、子どもの表現

の中に「ミュージック・チャイルド」を見出し、それを揺り動かし活性化させるような音楽を提供するのは、セラピストの役割である。

（2）「ミュージック・チャイルド」に対するセラピストの関わり

「創造的音楽療法」が、子どもの中にある「ミュージック・チャイルド」を出発点にして、子どもの音楽表現を引き出すために即興を用いるアプローチであることは既に述べた。セラピストが即興的な演奏を取り入れる理由は、次の点が考えられる。

1点目は、対応の即時性である。治療は極めて個人的であり、一人ひとりの状況やニーズによってアプローチが異なる。言い換えれば、個々に適応するような音楽的要素が必要になってくる。即興には、個人の様々な状況に即自的に対応できる可能性がある。

2点目に、対応の柔軟性である。即興による音楽は、セッション中の子ども内に起こる「受容」と「表現」の間を注意深く、かつ意図的に動くことができる。さらに、子どもの反応を喚起したり、行動を変化させたりするのに有効で、対応の柔軟性の面で優れている。

3点目は、診断的役割をもつということである。即興を進めていく過程で、子どもに内在する病的な要素や、潜在的な能力等が浮き彫りになることから、鑑別診断[16]等の診断的役割として機能する。

セラピストはセッションの中で音楽を用いながら、どのような治療プロセスをたどり、どのような手法で子どもとやり取りをするのであろうか。

セラピストは、主に3段階の治療プロセスを通して子どもと向き合う。ここではロビンズ自身が提示したプロセスを示す。第1段階は「探索的接近」である。初めて子どもに出会うとき、その子どもに何ができるのかを探索する段階である。セッションで子どもの様子や病状、障がいの表出を観察し、柔軟な即興をしていく中で、その子どもの現在持っているコミュニケーションの方法を確認する。ここでは即興が診断的役割を果たす。さらにその子ど

もが、本来どのような能力をもっているかを探る。子どもの状態を観察し、把握した後に臨床的な目標が設定される。このようなセッションをインテークセッション[17]と呼ぶこともある。

第2段階は「中間的段階での発展」である。建設的な形で発達を促す段階である。音楽によるコミュニケーションの回路の確立を求め、反応力の構造的発展を目指す。この過程は試行錯誤の連続であり、一つの目標が達成されると、新たな目標が設定される。この段階では、柔軟性、調整、生気（活気）、身体的コントロール、発生の促進、クライエントの硬直からの解放などが見られるようになる。

第3段階は「自己信頼感（self-communication）と自己実現（self-actualization）」の段階である。子どもに情動の成熟と社会的能力が備わってくると、それに伴って知覚力、集中力、視野の拡大が見られるようになる。自己への覚醒と達成からくる自信と満足を体験することになる。

次に、これまで見てきたようなセラピストが行う治療プロセスと、セラピストの働きかけについて、事例を通して具体的に考察する。

事例は、ノードフ・ロビンズ音楽療法士である石村真紀（1998）が、自閉症児Yに対して行ったセッション[18]である。石村自身の記録であることから、セラピストの働きかけによる子どもの内的・外的変化だけでなく、セラピスト自身の視点や意図を探る上で、有効な事例だと思われる。1年間に全26回のセッションが行われ、一回あたり約20分の個人セッションである。全体のセッションは初期・中期・後期に分けられているが、初期はYに対する探索的な時期であり、中期はそこから発展性がみられ、後期にはYに積極性がみられることから、上記に示した3つの段階と関連付けて分けたものだと推察できる。この事例から、セラピストの関わりを中心に筆者が抜粋し、「Yの様子」「セラピスト（S）の行動」を時系列に沿ってまとめ、「セラピストの視点と意図」を付記したものを表2-2に示した。

第2章　クリニカル・ミュージシャンシップ援用に向けての枠組み　63

表2-2.　セラピストの治療プロセス

＊文中のYは自閉症児、Sはセラピストを意味する。

回数		Yの様子	Sの行動	Sの視点と意図
初期	1	ばちを持ったまま①打つことはほとんどない 椅子に座って②ロッキングする 動きが大きくなる	①太鼓を勧める ②それに合わせてピアノを弾く	ピアノのリズムとYのリズムが一致すると①身体の動きを伴って表に流れてくる
	4	③不規則なリズムで軽く打ち始めた	③同じタイミングで単音を用い太鼓の④音質に合わせながらピアノを弾いた	自分の世界に入っている彼に⑤太鼓を提示
	7	自ら太鼓の前に立ち変拍子で叩く④楽器がSと分かち合える手段になったことを確信したかの様に力強い応答と共に首を左右に振ったり⑤声を出して喜んでいる表情を見せた	不協和音等を使いながら現代音楽風に即興演奏を行う	彼の⑥気持ちの動きから感じ取ったもの彼の⑦太鼓の響きから聞こえてくるもの
	8	打つ、止めるを繰り返しながら⑥響きがリズミカルになってくる 単発的、偶発的な打ち方ではなく、⑦ピアノを意識していると思われるような統制された打ち方になる		何か確信を得たかのような②確かな響きに聞こえた
中期	11	その⑧音楽に乗って集中力をもって打ち続けた（中略）シンバルの⑨響きが消えるまでじっと聞いていたり、そっとシンバルの上に手を置いたりする	黒鍵上でのペンタトニックを用いて⑧応答する	表情はそれを堪能しているかのように③とても嬉しそうだった
	12	太鼓とシンバルを気の向くまま打つ打ちながら⑩声を上げて笑い出す。セッションの終わりを告げても⑪なかなか帰ろうとせずSが手を引いて一緒に出た	⑨ピアノが会話的になるように間に気を付けながら無調音楽で弾いた	④お話をしているかのように感じられた
	15	（省略）⑫音楽に乗って集中力をもってタンバリンを叩き、⑬楽しそうな表情が見られた	左手で簡単な5度のドローンを弾きながら中東風の歌を歌う	

中期	20	タンバリンとシンバルを⑭声を出しながら演奏し続けた。ピアノと共に盛り上がったり緩やかになったり音楽的にダイナミクスも共有しながら最後のフィナーレで⑮一緒に終止を決められた。⑯「面白い面白い」と言い、弾むように部屋を出ていった	⑩シンバルを提示する ピアノの即興演奏	⑪雰囲気を変えたい
後期	23	タンバリンを打ち続け、時々⑰ハミングで歌っているかのように⑱高い声をだし、（中略）、身体を起こし太鼓とシンバルに戻ることを繰り返した	一定のリズムで左手は5度のドローンを弾きながら⑪タンバリンを提示した	太鼓とシンバルの時は⑤開放的な良い表情で、とても⑥力強く自由な響きとリズムが伝わってきた
	25	それを気に入ったかのように何度も⑲グリッサンドし、そのサウンドと感触を楽しんでいる様に思われた	⑫最高音から最低音のグリッサンドをする	⑦安心できる交流の場を身体で感じながら、⑧自由に音を味わう姿が見受けられた

（石村（1998）の記述を基に、筆者が抜粋して作成）

　この事例から、治療プロセスに沿ったＹの音楽的な変化と、それに関わるセラピストの働きかけに着目して考察する。

　①Ｙにおける音楽的な変化
　セッションでのＹの様子を時系列に沿って追うと、次のような変化がみられる。
　太鼓を打つこともなく、椅子にのってロッキングを続けている第1回では、音や音楽に対しほとんど無関心（波線①、②）であるが、第4回では、音への反応の芽生えが見られ（波線③）、第7回では既に楽器がコミュニケーションの手段になっている様子（波線④）がわかる。また第8回目になると、太鼓の叩き方がリズミカルになる等、拍節を獲得することにより、太鼓の叩き方に「音楽らしさ」が見られるようになる（波線⑥、⑦）。
　さらに中期になると、音楽活動そのものに対する集中力が増し、音への関心度が高まりシンバルの音に耳を傾けるような場面も見られるようになる

（波線⑧、⑨）。また音楽に没頭するようになり、持続性が出てきている（波線
⑪、⑫）。セラピストのピアノの音をよく聴き（波線⑮）、音楽的なやり取り
を楽しんでいる様子は、「楽しそうな表情」や「面白い」などの記述から汲
み取れる（波線⑩、⑬、⑯）。

　そして、後期になると「快の感情」が度々見られるようになり、ハミング
やグリッサンドを用いる等、表現に広がりが見られるようになる（波線⑰、
⑱、⑲）。彼にとっては自己表現の場であり、自由な表現が許され、安心し
て音の感触を楽しめる場になっていったことを物語っている。また第20回で
は、音楽の終止を察知できるまでになり（波線⑮）、「音楽の構造の理解」に
つながる大きな成長がみられた。

　しかしこれらの変化は、Y自身に内在する「ミュージック・チャイルド」
が自然発生的に力を発揮したのではなく、セラピストの音楽的な関わりが適
切に行われ、彼の内部にある「ミュージック・チャイルド」が引き出された
ことによるものだといえる。

　次に、セラピストがどのような働きかけをしていたかについて、考察する。

②セラピストの働きかけ

　音や音楽に興味を示さないYに対し、第1回では太鼓を勧めている（二重
線①）。これは「子どもと音楽の中で出会う」治療プロセスの第1段階にお
いて、子どもの情緒状態を受容し、それに合致する音楽を探している状態だ
と言えよう。また、ロッキングする彼の動きに合わせて、ピアノを弾いてい
る（二重線②）。この行動は、彼の動きに同調した音楽を提供していると捉え
ることができる。Yがセラピストの奏でる音をぼんやりと聴き、身体の動き
がそれに同調してくる様子（点線①）から、セラピストによる意図的な音楽
の使用が作用したことがわかる。また、Yの様子を見ながら太鼓を提示（二
重線⑤）したり、同じタイミングでピアノを弾いたり（二重線③）と、彼の出
す音や音楽に敏感に反応している（二重線④）。それによって、Yは音と音に

よって通じ合っている感覚を覚えたに違いない。

　中期になるとピアノが会話的になるように弾いたり（二重線⑨）、ペンタトニックやドローンを使用した即興演奏を使ったりすることにより、音楽的なコミュニケーションが深まっていく様子（二重線⑧）がわかる。また、2人が音楽を介して、共同作業者のような存在になり、「とても嬉しそう」、「声を上げて笑い出す」等の記述にある彼の様子から、共に音楽を楽しめる段階にきていることがわかる。

　さらに後期になると、Yの演奏に自由度が増していることから、その状況に合わせた楽器の提示や音楽の種類を選択している（二重線⑪、⑫）。

　このセッションで特筆すべきことは、セラピストがYから発信される音やリズム、身体の動きの断片を受け止め、言葉の介入はほとんどない状態で、音楽的な応答を繰り返す手法である。

　Yは初期のセッションにおいて、明らかに人に対する関心がなく、ピアノに耳を傾けながら自分自身の世界を楽しんでいる。音についても、流れている音楽を漠然と聴いている状態であった。しかし、回を重ねていく中で、ある時は五音音階や中東風の音楽を提示して音楽的に刺激し、ある時はYの奏でる音やリズム、身体の動きを基に音楽的空間を共有したりすることで、Yとセラピストの間に信頼関係が構築されてくる。それに伴って、Yの音楽的表現に明確な変化が見られるようになる。中期、後期と回を重ねていく毎に、自分から積極的に音楽に関わっていく姿が見て取れる。加えて、「楽しそうに」「嬉しそうに」という記述にあるように、Yが外側からの圧力によって無理やり音楽をさせられているのではなく、心から音楽に没頭している状況が見て取れる。セラピストはYから発せられる音やリズムに対し全身を傾けて聴いており、それに対して音楽的な応答を繰り返している。

　Yから一時的に発せられた音やリズムの断片が、音楽的に完成されたものでなくても、セラピストの即興演奏によって音楽的な形式や秩序が整えられ、形づけられた音楽の中に身を置くことは、Yにとっても心地良い体験であっ

たに違いない。

　以上、事例を考察することにより、セラピストが子どもと3段階の治療プロセスを通して向き合う具体的な姿が明らかになった。「ミュージック・チャイルド」を引出し、その子どもの自己実現を図るために使われていたのは、「音楽的表現の捉えるための力」と「音楽を臨床的に使うことのできる能力」であった。

　セラピストの音楽的表現の捉え方と関わりには、次のような特徴がみられた。

　①表現の読み取り

　あくまでYの発する音の断片をもとに、音楽創りをしていた。そこに「ミュージック・チャイルド」の存在を見出すことで、Yの世界を理解しようとする姿勢があった。そこには大人の文化の押しつけではなく、Yの存在を尊重する姿勢が読み取れた。

　②表現の受容と応答

　Yの表現に対し音楽的な反応をし、そのほとんどが即興演奏によって受容し、応答していた。その瞬間を捉えて反応できるような即応性の高い音楽を使用していた。Yの表現を受け止めたということが相手に伝わるように、テンポを合わせたりリズムを合わせたりしていた。

　また、音や音楽による対話を重視し、言語的なコミュニケーションは最小限にとどめ、音楽的なコミュニケーションをとろうとしていた。それによって、両者とも音に対して敏感になり、「聴く行為」が活動の基盤になっていた。

　③活動の方向性

　Yの表現に対して、時には音楽的な反応を喚起し、時には共に楽しみ、時には新たな体験に誘う等、Yの表現が停滞しないよう様々な工夫がみられた。子どもの表現における発展の可能性を信じ、タイミングを見計らって新たな音楽や楽器を提示していた。

④「快」の感情

　Ｙがセラピストと共に共同的な音楽創りを行っていく中で、自発的な表現が見られるようになり、それに伴って「快」の感情が度々見られるようになった。

　このように、「創造的音楽療法」において、セラピストがクライエントとの間で用いる様々な能力を「クリニカル・ミュージシャンシップ」と呼んでいる。

　以上のことから、「創造的音楽療法」の中核的概念である「ミュージック・チャイルド」の考え方は、自分なりの表現を重視する保育の考え方と共通する点があることがわかった。

　また、セラピストが音楽的表現を捉える視点やその関わり方には、表現の読み取り、受容、応答、活動の方向性、「快」の感情等の点で、音楽療法の特殊性がみられた。これらは、子どもの表現を支える保育者にとって、有益な示唆を得られるものと考えられる。

第２節　ポール・ノードフの音楽観と「クリニカル・ミュージシャンシップ」

　本節では、ノードフの講義録である『癒しの遺産（*Healing Heritage*）』を概観することによりノードフの音楽観を探り、「クリニカル・ミュージシャンシップ」の諸相を明らかにする。

１．ポール・ノードフの音楽観—『癒しの遺産（*Healing Heritage*）』より探る—

　1959年、ノードフはロビンズと共に音楽療法の研究開発活動を開始後、1971年に最初の著書、『障害児の音楽療法』[19]を出版し、ノードフ・ロビンズの創造的音楽療法を確立する。1977年、ノードフ亡き後、キャロル・ロビンズ（Carol Robbins）と共に音楽療法活動を継続していたが、キャロル・ロビンズは2011年に亡くなった。現在は、バーバラ・ヘッサー（Barbara Hesser）

とアラン・タリー（Alan Turry）がセンターの指揮を執りながら、このアプローチの継承と発展に努めている。

「創造的音楽療法」の歴史において、ノードフの存在と残した功績は大きい。死後30年以上経った今でも、色あせることのない音楽と音楽を操る力を見せ付けられる。この精神や仕事は、アラン・タリーらによって引き継がれている。ノードフと常に仕事を共にしてきたクライヴは、彼の奏でる音楽の特徴として、①リズムの明瞭さ、②メロディーの魅力、③和声の新鮮さの3点を挙げている[20]。

ノードフが音楽療法と出合い、本格的に着手したのは、ほぼ50歳になってからであり、比較的遅めのスタートであった。それにも関わらず、歴史に残るような功績を残したのには、彼の経歴が深く関係していると思われる。それまで、音楽に関するアカデミックな教育を受け、作曲家でありピアニストであったノードフは、その作品と演奏に対し、美しく明晰な響きにこだわっている。彼の演奏を聴いたクライヴは、次のように評している。

> 人として実感に満ち、足が地に付いていて、澄んだ想像の世界をもっていた。率直で気取った感じがなかった。自由さ、音楽のもつ活力、その存在感に魅入られた。一つ一つの和音進行に自分との一体感を感じた。私の人生で最も生き生きした素晴らしい音楽体験だった。演奏がとても巧みで、音楽そのものが雄弁に語っていた[21]。

また、ノードフは高度な演奏能力のほかに、幅広い音楽的教養、自在な即興能力を備えており、常に新鮮な音楽のあり方を追求している。講義の中でも、音に対する感覚を敏感にし、生き生きとした音を使うことの重要性を訴えている。それは、人々の中に眠る音楽を生き生きと目覚めさせ、新鮮な音楽で純粋な音楽のダイナミクスを体の中に走り巡らせることであり、このような新鮮な音楽を浮上させる力を身につけるよう説いている。ノードフは、普通、音楽大学のカリキュラムでは扱わないような内容を伝えようとしていた。したがって、要求されている音楽的レベルはかなり高度だが、セラピス

ト（音楽を扱う者）にとって必要な力だからこそ、プログラムに導入されていたのだと捉えることができる。

（1）概要

　『癒しの遺産（*Healing Heritage*）』は、1974年にイギリスの認可を受けて開設された「ノードフ・ロビンズ音楽療法トレーニング準備コース」において、ノードフが「音楽を語る」と題して行った講義の記録である。

　講義は、受講生15名に対し、即興や音楽表現による臨床的能力の習得と、豊かな音楽的能力の育成を目的として行われた。トレーニングは極めて実践的で、言葉、ピアノ演奏、歌等の表現を織り交ぜ、受講生とコミュニケーションをとりながら進められた。ノードフと受講生による言葉と音楽（楽譜）のやり取りによって綴られている講義録を概観した後、一部を抽出し解読する。

　この講義録には、ポール・ノードフの音楽論ともいえる内容が凝縮されている。様々なクラシック音楽の名曲を取りあげながら、音楽が立ち上がるエネルギーの構造について、解き明かそうとしている。ノードフの音楽に対する理念や音・音楽の扱い方等が紹介され、臨床的な音楽技術の基礎を身につけることの大切さを解いている。

　取り上げられているクラシックの名曲にはピアノ曲が多く、響きを即座に確認できる。さらに、ノードフ自身がピアノを弾くことによって、講義中にも生きた音楽がその場を埋め尽くしていたことが容易に想像できる。この生きた音楽、生き生きとした音楽を投げかけるための音楽的資源を紐解くことによって、セラピストに必要とされる臨床的なミュージシャンシップの様相が、具体的な形で見えてくるはずである。

（2）内容

　『癒しの遺産（*Healing Heritage*）』には、音程や音階などの音楽的資源と、

ピアノによる即興演奏において、それらを臨床的に使う方法が示されている。ノードフはこれまで、セラピストとして子どものための曲を作曲したり、歌を歌ったり、あらゆる場面でその音楽的手腕を発揮してきた。ここでは、特に彼のピアノから紡ぎだされる音や音楽に着目して考察を行う。各章ごとに扱われている音楽的諸要素について、ノードフがどのように捉え、どのように扱うべきだと説いているのかを解読する。『癒しの遺産（*Healing Heritage*)』は全編18章から成り、表2-3に示した内容について書かれている。

表2-3.『癒しの遺産（*Healing Heritage*)』の内容

各　章	内　　　容
探究１〜３章	音階について
探究４〜６章	音程について
探究７〜10章	三和音について
探究11〜13章	七の和音について
探究14〜16章	音楽的原型（musical archetypes)[22]について
探究17〜18章	スペイン音楽、ロマン派音楽について

　探究１〜３では、主に音階について触れている。音階を構成する音と音との関係に敏感になって、音階に内在する方向性を探り、順次進行と跳躍のバランスを考える機会を与えている。ある音階の主音から完全５度を超える跳躍を「創造的跳躍（creative leap)」と呼んでいるのが特徴的である。ノードフは音階に内在している自然な方向性と、この「創造的跳躍」をバランスよく使うことを説いている。

　探究４〜６では、主に音程について触れている。音程が人間の感情にどのような情動的反応を喚起させるかを考えさせている。単音（完全１度）やオクターヴ（完全８度）、減７度の音程等を経験させ、それぞれの音程が醸し出す雰囲気の違いを体感させている。音程の概念についての学習は、音楽の秘密の一面、つまり聞こえる音楽の中に隠されたものについて知ることであり、

音程に対する情動的反応は、音楽のもつ情動的な効果全体と深い関係にあるとしている[23]。

　次に、ノードフがルドルフ・シュタイナーのオイリュトミーに影響を受けたとする音程の概念を、次の表2-4に示す。

表2-4. シュタイナーの音程の概念

音名	音程	音程が醸し出す情緒的雰囲気
C-C	完全1度	完全な休息。Cの中に囲まれている。
C-D♭	短2度	何かが動き出す。まだ自分の中にいる。内側での動き。
D-E	長2度	活動が増す。内的な動きをさらに進める。何かを問いかけ、ざわめきが休憩を求める。
D-F	短3度	内的な体験。内における均衡の体験。動きは一時止まる。2度に戻ろうとする。
D-F#	長3度	前に戻ろうとしない。内的均衡のポジティブな表現。和声システムは全てこの音程のバランス感覚から組み立てられる。音楽はここからやってくる。
D-G	完全4度	内的な体験。外側に手を伸ばそうとする。外側とのつながりに向かっての最初の一歩。
D-G#	増4度	全三音。音程の中で最も神秘的。美しい音程。完全4度に引きこもり、長3度に沈み込む可能性もある。
D-A	完全5度	外側の体験に出会う。
D-B♭	短6度	外へ出る。音、人間関係、音の連関に手を差し伸べている。
D-B	長6度	もっと活発に外へ出る。
D-C	短7度	自己と外側との間に緊張を生じる。
D-C#	長7度	緊張が最高に達する。オイリュトミーでは、腕を頭上に伸ばし手を振わせることによりこれを表現する。
D-D'	完全8度	自我が外側の経験とつながる。オクターヴは自我の体験である。美しく、意義深く霊的で、我々と音を結びつける。

(『癒しの遺産』p.36を基に、筆者が作成)

　探究7～10では、主に三和音について触れている。三和音における基本形

と転回形の違いについて考え、基本形を「名詞」、転回形を「動詞」と比喩的表現を用いて説明している。また、転回形を使用することにより、期待感や緊張感を生み出し、方向性も感じることができるとしている。一つの同じ旋律に基本形、第1転回形、第2転回形の和音で伴奏をつけ、それぞれの違いと効果についても検証している。ここでは、「メロディーへの和声付け」の項目に着目し、詳細を明らかにする。

　ある旋律に基本形、第1転回形、第2転回形の和音をつけることについて探究している。

　譜例2-1（a）は、和音の基本形を用い、譜例2-2（b）は、和音の第1転回形を用いて和声づけをしている。どちらの方が生き生きとして個性的であるかを問いかけている。転回のなせる技であり、全く違った形で旋律を支えていることを体験させている。譜例2-1の方が、より安定感があり、静かで主張も強くなく、常にゆっくりしたペースで進んでいる。テンポはどちらも同じだが、和声的経験として、動きは一定で、基本形の三和音の方がより落ち着きがあると解説している。

　譜例2-3（c）は、Amの基本形からの和声付けを示したものである。ハ長調にこだわらず、あえてそこから外れた調から始めている。同じ旋律に全く違った情動体験を与えているのである。ある調から離れると違った経験になること、子どもたちに与える音楽も退屈なものであってはならないことを示し、この他にニ短調の音階を用い、Dmの和音からはじめる和声付けも試みている。

　探究11～13では、主に七の和音について触れている。属七のもつ本来の機能から脱却し、偽終止の使用を試み、減七の和音からの解決方法等も解説している。また、緊張と弛緩を生み出す要素として、不協和音・協和音の使用、沈黙、ダイナミクス、和音進行、転調等を挙げ、説明している。また、和音の響きの「きたなさ」を強調することにより、緊張が生まれるとしている。

　探究14～16では、主にわらべ歌やペンタトニックに代表されるような音楽

譜例2-1．(a) 譜例2-2．(b) 譜例2-3．(c)（『癒しの遺産』，p.85）

的原型を扱っている。ここではペンタトニックの和声原理をもとにした臨床的即興演奏を取り上げている。さらに、ペンタトニックを変形させることにより、リディア旋法等の教会旋法、中東音階などへ発展させるプロセスを経験させている。

　探究17〜18では、主にスペイン音楽とロマン派音楽をとりあげ、スペイン音楽は、タンゴやハバネラ等の特徴的なリズムが使われる刺激的な音楽であると述べている。また長短の三度音程は、西洋音楽の音楽システム全体の基礎であること、長調・短調がもたらす情動的効果等に触れ、歌に和声付けを

する際の適切な和音の選び方を考えさせている。

（3）考察
　講義録の内容から、次の4点がノードフの音楽観として抽出された。

1）音楽への開かれた意識（music awareness）
　ノードフは講義の中で、音・音楽のもつ本来の力をより理解し、音から受け取る自らの印象や感覚を大事にすることを度々説いていた。臨床的能力や音楽的技術だけでなく「音楽への開かれた意識」、つまり音楽の体験的知識を感じることが大切であるとしている。これは、音楽の力について認識する重要性を示しており、音楽を扱う人間にとって必要なものである。セラピスト自身が音楽の息吹を感じなければ、音楽活動の中で充分に使いこなすことは不可能であるのと同時に、生きた音楽を提供することはできないと述べている。

2）音楽的資源（musical resource）
　セッションの成功は、セラピストが臨床場面にどのような音楽的資源を持ち込むことができるかに大きく依存しており、それゆえ、臨床場面において音楽を効果的に用いることはセラピストの任務である。そのために、基礎的な臨床的能力や音楽的技術を身につけることの大切さを強調していた。具体的には、音楽の要素、構成、表現形式、即興を用いる目的と方法、即興によるコミュニケーションの取り方等である。音楽の要素として、音階、音程、調性、旋法、和声などの様々な効果と役割を学び、自身の音楽的資源にすることが必要なのである。

3）新鮮な音楽（the living music）
　音に対する感覚を敏感にし、生き生きとした音を使うことを訴えていた。

それは人々の中に眠る音楽を目覚めさせ、新鮮で純粋な音楽のダイナミクスを体の中に走り巡らせることであり、このような新鮮な音楽を浮上させる力を身につける必要性を説いていた。それは言い換えれば、自分自身を解放し、即座に自由な表現ができるような創造的感性を磨くことを意味している。

また、音や音楽はむやみに使わず、必ず方向性のある意図をもって使うべきだとしていた。その具体的な方法として、「緊張と弛緩の原理」や、「和音の基本形、転回形の使い分け」等が示されていた。とりわけ、属音から主音への和声進行を過度の使用、小節の強拍を自動的に強く弾くこと、ペダルの惰性的な使用等には、充分な注意が必要なのである。

さらに、生き生きとした音楽は、セラピストの一方的な働きかけからは生まれてこない。常に、子どもと共に創り上げる創造的な行為の中にこそ生まれるということを説いていた。

レスリー・バント（Leslie Bunt）[24] も、次のように述べている。

> 生理学的にどんな良い影響を及ぼす音を見出すことできても、また、どんなに響きの豊かな音楽を手に入れても、それらを人と人とのつながりの中で、あるいはつながりを形成するために、さらには、自己統合のために使わなければ音楽療法としての意味はない[25]。

セラピーの中で展開される「音楽が新鮮である」ということは、セラピストが使う音楽的資源が、子どもとつながりの中で使われ、しかも自己統合へ向けて用いられなければならないことを示している。つまり、セラピスト自身に「音楽への開かれた意識」があり、子どもとの創造的な音楽活動の中で、蓄えられた豊かな「音楽的資源」を方向性をもって使えたときに、「新鮮な音楽」に出合えるということになる。

４）音楽の文化的な成長

ノードフ自身が高度の演奏能力のほかに、幅広い音楽的教養、自在な即興

第2章　クリニカル・ミュージシャンシップ援用に向けての枠組み　77

能力を備えており、常に新鮮な音楽のあり方を追求していた。「音楽を扱う人間の文化的な成長は、非常に重要である。なぜなら、自分のもっているもの以上のものは、子どもに与えられないから」[26]とあるように、セラピストとしての音楽的手腕を考えたとき、常に成長するための努力を惜しまず、新鮮な音楽のあり方を追求する姿勢をもつことは重要であるという指摘である。そして、それは単なるテクニック、優れたテクニックを超越するような表現の自発性のレベルアップを促しているといえる。

ノードフは講義全体を通して、セラピストは「音楽への開かれた意識」が大切であり、その第一歩として、過去の著名な作曲家が残してくれた名曲を「癒しの遺産」として分析することにより、音楽のもつ本来の力に気づき、それを自分の「音楽的資源」として使えるようにすべきだと主張していた。

音や音楽に対する深い理解と洞察力をもって、子どもと共に音楽を創り上げるためには、音楽の消費者ではなく、音楽の創造に関わる主体者として音楽に関わり、音や音楽に対して鋭い感性と生きた音楽を提供できる力をもたなければならないということが示唆された。

若尾は、音楽療法の要点について、次のように述べている。

> 音楽というものは、もともと押し付けがましいメディアで、意識的に聴こうとしなくても耳から自然に入ってくるものである。年齢を増すごとに自分で音楽を選択することができるようになるが、子どもはそうではない。子どもだからこそ、生きた音楽を提供するよう配慮するべきなのだ。生き生きとした新鮮な音を投げかけること、これは音楽療法の要点である[27]。

講義の中で取り扱われていたクラシック曲はいずれも西洋音楽が中心で、彼の生きた時代を少なからず反映している。それゆえ、彼の音楽観や即興演奏にその傾向が現れていることは否めない。だが、もはや西洋音楽だけでは音楽を語れなくなってきている現代においても、普遍的な「音楽の力」について考えることや、音楽的資源を自由に使いこなせる能力を身につけることによる効果は、計り知れないものがあるはずである。

2．「クリニカル・ミュージシャンシップ」の諸相

　ノードフは講義録の中で、セラピストは音楽について開かれた意識をもち、音楽的資源をその場の状況に合わせて即興的に用いることを強調してきた。そこで奏でられる音楽は、常に新鮮で、生き生きとしていることが求められていた。このことは、「創造的音楽療法」における「クリニカル・ミュージシャンシップ（Clinical Musicianship）」に集約される。

　クリニカル・ミュージシャンシップとは、セラピストに求められる音楽家としての資質と、臨床上の認識力・技術力を総合した力のこと指す。2009年、クライブ自身がこう説明している。

> 　ミュージシャンシップとは、音楽づくりに長け、表現豊かに、疎通的に、意味深く楽しく演奏できる「音楽の芸術性」と、音楽や音楽のもつ要素、構成、スタイル、形式、リソース、和声の規則などに熟知しているという「音楽の特殊な技術性」との融合である。したがってクリニカル・ミュージシャンシップとは、ミュージシャンシップの全ての属性をセラピーの仕事の中において、上手く使いこなす能力を意味する（Robbins, 2009.6.14. 付私信）[28]。

　次に示すのは、1995年、クライヴが来日して行なったセミナーにおいて紹介され、2010年、若干加筆された形で紹介されたクリニカル・ミュージシャンシップの図 2-1 である。

　ここには、セラピストがもつべきクリニカル・ミューシャンシップの内容とそのバランスが示されている。6項目からなり、それぞれ「創造的な自由さ」と「臨床上の責任」、「直感」と「方向性をもった意図」、「表現の自発性」と「音楽的資源（音楽的リソース）」は対極にある。また、上部3項目、「直感」「創造的な自由さ」「表現の自発性」は、セラピスト自身の能力と深く関係し、下部3項目「音楽的資源」「臨床上の責任」「方向性をもった意図」は、上部3項目に対する責任であり、専門家としての姿勢が示されている。

　「直感」は、子どもの表現を感受するとき（どう受け取るか）と、セラピス

第2章 クリニカル・ミュージシャンシップ援用に向けての枠組み　79

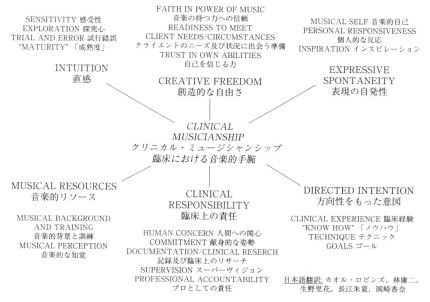

図2-1. クリニカル・ミュージシャンシップ[29]

トが音楽を提示するとき（どう示すか）に使われ、探索的に行われる。また、「創造的な自由さ」もどう受け取るか、またどう示すかという両者において、柔軟性をもって対応することが望まれる。そして「表現の自発性」では、即興性と即応性のある応答であることが求められるのである。

　『癒しの遺産（Healing Heritage）』を通して考察してきたノードフの音楽の実態をこの図と照らし合わせることによって、セラピストに求められている姿勢や資質の全体像が見えてくる。ノードフが目指したものは、演奏のクオリティや曲の美しさだけに留まらず、はっきりとした「方向性をもった意図的な音楽」であること、また音楽的資源をより自由にそして創造的に使うことによって、新鮮な音楽を創りだしていくことである。また、自分自身の「直感」を信じながらも、独りよがりの演奏に陥らず、子どもへの「臨床上

の責任」をもって即興演奏を行うことが、子どもの中に内在する「ミュージック・チャイルド」を揺り動かすような音楽を創り出すことにつながる。

第3節　セラピストが保育の場で実践する「音楽表現活動」の検討

　第1節、第2節では、「創造的音楽療法」に音楽中心的な特徴があること、人間が内在的にもっているとされている音楽性、つまり「ミュージック・チャイルド」を出発点に音楽を創っていくこと、そしてセラピストは、この「ミュージック・チャイルド」を引き出し、新しい自己を形成させるために、セッションで即興的に音楽的資源を使うことが示された。

　本節では、このような音楽療法がもつ臨床的・治療的な側面を、保育の音楽的活動に取り入れることが有用なのか、先行事例を挙げ、分析、検討する。

1．事例分析の目的

　セラピストが保育の場で行っている「音楽表現活動」の事例を通して、前述してきたような音楽療法的なアプローチ[30]を保育へ導入する意義を検討し、セラピストのもつ技法が、活動の中で、どのように生かされているか考察することを目的とする。

　音楽療法的なアプローチでは、音楽療法の概念に基づいて、セラピストが治療過程で用いる専門的な技法を使う。本節では、療法におけるクライエントの表現の捉え方や、それに対するセラピストの応答の特殊性を中心に、この事例を観察し、分析、検討する。

　保育現場では近年、障害のある子どもや発達障害の子どもが増加傾向にあり、療育[31]や統合保育、特別支援教育の場への音楽療法の導入が試みられている（谷村，2012、高山，2011）。谷村は、幼稚園に通う自閉症児に対し、「支援」[32]として音楽療法を導入[33]し、高山は、特別支援教育や保育における「療育的音楽活動」[34]を提案している。しかし、保育における音楽表現活動を考える際、音楽療法の分野から示唆を得る研究は数少ない。

そこで本節では、健常児と育成児が通う保育園で、「療育」や「支援」を第一義的な目的にせず、子どものコミュニケーション能力の伸長と自己表現の促進を目的とする「音楽表現活動」[35]の事例を観察、分析する。それにより療法的なアプローチが、保育の音楽表現活動にとって、どのような意味があるのかを探る。

　子どもの自己表現を促進するような創造的な音楽表現活動の研究として、駒（2013）は T. ウィシャート（Trevor Wishart）の「音楽ゲーム」をベースにした幼稚園での試みを紹介し[36]、保育者に必要とされる基本的姿勢は、「聴くこと」と子どもの表現を「認めること」であるとし、保育者自身の体験と音楽的語彙を獲得する必要性を指摘している。また、伊藤（2010）の J＝ダルクローズのリトミックによるアプローチを用いた試み[37]では、保育者の豊かな音楽表現力の必要性を謳っている。さらに C. オルフの理念と方法を用いた登（2011）の研究[38]では、保育者は子どもを良く見つめ、子どもの表現を探究し育てていく力、保育実践力を持つべきだと指摘している。

　それでは、保育者が「音楽表現活動」を実施する際に必要な「音楽的語彙」「音楽表現力」、「保育実践力」とは、具体的に何を指すのか、セラピストが活動の中で使う音楽的能力を手掛かりに、具体的に考察する。

２．事例の概要
（１）「音楽表現活動」

　「音楽表現活動」とは、セラピストである下川英子が、2005年より保育園で継続的に行っている集団による音楽活動である。音楽表現活動は、音楽療法で使われる技法を用いながら、子どもの生き生きとした表現を引き出すことを目的に、日常の保育の延長上に位置づけられ、保育の活動の一部として根付いているものである。

（2）対象

　筆者は2012年に保育園で行われた実践のうち、9事例について非参与観察者として関わった。研究対象は、下川（セラピスト）と保育園の子どもたちである。実践は録画、録音し、フィールドノーツによって記録し、これらを研究データとした。フィールドノーツは、活動全体の流れ、セラピストと子どもにおける音楽的表現、身体的表現、言語的表現に着目して記録し、活動ごとに一覧表にした後、特徴的なエピソードを抽出した。

（3）分析方法と視点

　分析は、実践記録を実践日（1月〜3月）と各年齢（1歳児〜5歳児）の活動に従って記述し、さらに各活動を4つの観点に沿って分類した。

　分類は、「音楽療法」と「保育」における音楽表現の捉え方を比較し、両者の共通性と特殊性を明らかにした見解に基づいている。第1章第2節において論述した保育における表現の捉え方と、第2章第1節において論じた石村の事例にみる表現の捉え方を比較し、両者の共通性を導き出したところ、以下の点に共通性が見られた。それは、①表現の主体は子どもであり、自発的な表現を基盤にしていること、②表現を引き出す手段として、ピアノ、声、楽器、身体等を使うこと、③表現の結果よりもプロセスを重視すること、④表現のゴールは作品の完成ではなく、自己表現を可能にするための体験自体にあること、⑤他者との関わりを大切にしていることを指す。一方で、第1節で音楽療法のアプローチの特殊性として導き出された4つの観点として、①表現の読み取り、②表現の受容と応答、③活動の方向性、④子ども自身の「快」の感情が挙げられる。

　「表現の読み取り」とは、子どもの表現を読み取る際、子どもからの発信をありのまま感じ取り、子ども独自の文化や世界観を理解しようとする姿勢と行為がみられるかどうかということである。言い換えれば、子どもの表現に「ミュージック・チャイルド」を見出そうとする姿勢と行為である。

「表現の受容と応答」とは、子どもの表現を受容し応答する際、保育者が
どのような手段を使って受け止め、応答しているかという視点である。子ど
もの表現をキャッチしたかどうか、またそれを子どもにどう応答して示すか
ということである。

「活動の方向性」とは、子どもの表現が停滞しないような工夫がなされて
いるか、活動自体に方向性があり、発展性がみられるかという視点である。

「子ども自身の『快』の感情」とは、この活動の中で子ども自身が表現す
ることを楽しんでいるか、表現することで「快」の感情が生まれたかどうか
に敏感でいる視点である。

このような療法的なアプローチにおける特殊性を、どのように生かすこと
ができるか検討していく。9事例の中で特徴的なエピソードを取り上げ、こ
の4つの観点に基づいて分析した。さらに、各活動の中でセラピストが使う
音楽的な技法にも着目し、ピアノと声の技法を中心に、特徴的な技法を抽出
した。そして、その技法がどのような機能をもって使われているのかについ
て検討した。なお分析、検討する際、実践終了後に行ったセラピストへのイ
ンタヴューの内容を参考にした。

（4）活動内容

次に示すのは、2012年1月〜3月にA県B市内の保育園で行われた音楽表
現活動のうちの9事例である。対象児は1〜5歳児で、活動時間は1回約30
〜45分である。保育者が2〜4名つき、リーダー的役割をセラピストが担当
し、補助的な役割を保育者が担当している。活動内容の多くは楽器を介し、
コミュニケーションや自己表現を促すものである。以下に事例の概要として、
対象月齢と活動内容、使用楽器を示し、活動の質が鎮静的なものを「静的」、
興奮するような活動を「動的」として示す（9事例の概要と活動記録について
は、資料2．の229〜251頁を参照のこと）。

84

表 2-5. 事例の活動内容

回数	年齢	人数	活動内容と使用楽器	活動の質		EP
				静的	動的	
第1回	3歳児	18人	1．レインスティックの音を聴く	○		EP2-2
			2．フルーツマラカスを鳴らす		○	
			3．カスタネットで友達探し		○	
			4．太鼓を叩く		○	
			5．シンバルの余韻を聴く	○		
第2回	4歳児	21人	6．カスタネットで友達探し		○	
			7．グループ合奏	○	○	
			8．ゴム鈴を鳴らす		○	
第3回	5歳児	20人	9．グループ合奏	○	○	EP1-2
			10．トーンチャイムでキャッチボール	○	○	
			11．曲に合わせてリボンを回す		○	
			12．フィンガーシンバルを鳴らす	○		
第4回	3歳児	17人	13．ゴム鈴を鳴らす		○	EP3
			14．カスタネットで友達探し		○	
			15．太鼓を叩く		○	
第5回	4歳児	21人	16．カスタネットで友達探し		○	
			17．太鼓でおはなし		○	EP2-1
			18．シンバルを鳴らす	○		
			19．トーンチャイムでキャッチボール	○	○	EP1-1
第6回	5歳児	19人	20．太鼓でおはなし	○	○	
			21．グループ合奏	○	○	
第7回	1歳児	9人	22．フルーツマラカスを鳴らす		○	
			23．太鼓を叩く		○	
			24．シンバルをハンドルに見立てて	○		
			25．ツリーチャイムでさようなら	○		
第8回	2歳児	13人	26．ゴム鈴を鳴らす		○	
			27．フルーツマラカスを鳴らす		○	
			28．太鼓を叩く		○	
			29．シンバルの余韻を聴く	○		
第9回	3歳児	20人	30．カスタネットで友達探し		○	EP4
			31．グループ合奏	○	○	EP4

3. 事例の分析

(1) 4つの観点による事例の検討

　9事例を4つの観点（表現の読み取り、受容と応答、活動の方向性、「快」の感情）に照らし合わせたところ、一つの活動に対し、複数の要素が含まれていることが明らかになった（各エピソードの詳細については、資料3. の252〜255頁を参照のこと）。

①表現の読み取り

　次に示す活動が、「表現の読み取り」にカテゴライズされた。（例：1−2の場合、表にある第1回目、活動内容の2を指している）年齢による質の違いは見られず、使用楽器が同じ場合、同様の特徴がみられた。

　太鼓（1−4、4−15、5−17、6−20、7−23）

　シンバル（1−5、5−18、8−29）

　トーンチャイム（5−19、3−10）→ EP1-1、EP1-2

　フィンガーベル（5−12）

　ゴム鈴（8−26）

　上記の中から5−19の活動と3−10の活動を、エピソードEP1-1、EP1-2として取り上げる（表2-6）。この活動は7名が1グループになり、一人1音ずつトーンチャイムを担当し、音のキャッチボールをしながら音楽を創っていくものである。

表2-6. 「表現の読み取り」に関するエピソード

EP1-1	4歳児21名、保育士3名

　7名の子どもたちは円になって向かい合い、5音（C・D・E・G・A）のトーンチャイムを1音ずつ担当し、音のキャッチボールをする要領で相手に向かって音を鳴らす。鳴らし方には個人差があり、必ずしも同一のテンポで演奏されない。特に活動の初日ということもあり、一組の子ども同士が何度もやり取りをし、音が往復する様子が見られたり、順番ではなく同時に2人が鳴らしてしまったりする場面も見られた。その中で、セラピストは子どもたちが思い思いに発する音に対し、ピアノを即興的に弾き、音の断

片をつなぎながら音楽らしくなるように、ペンタトニックに合う音をつけていた。この活動は全体を通して即興的に進められ、音楽の終結が決められていない。セラピストはピアノのテンポとハーモニーによって終結を予期させるような音楽を演奏していたが、それに気づかない子どもたちに対して「はい、それではこの辺でおしまい」と声かけし、終わりを告げていた。

EP1-2　　　　　　　　　　　　　　　　　　　　　　　　5歳児20名、保育士2名

　3グループに分けC音から始める。グループによって演奏の質も異なり、子どもによって鳴らすタイミングが違う。回数を重ねているため、トーンチャイムがランダムに鳴るよう、様々な相手に向けられている。子どもによってタイミングが異なってもセラピストが一定の拍節を保ちながら、ゆったりした音楽で即興的に演奏する。そのため、子どもたちによって創り出される音楽は、一定のまとまりが保たれている。

　EP1-1 は、子どもにとってこの活動が初めての体験であり、EP1-2 は、この活動を何度か経験している子ども達の事例である。EP1-1 では、セラピストの終結を予期させる音楽に気づかずに活動を続けている様子が見られたが、EP-2 になると、音がスムーズに流れ、創られるメロディーにまとまりが出てきていることから、後者の方がこの活動の目的を達成していると判断し、双方のエピソードを併記した。

　この活動は子どもの発する音の断片を基に音楽づくりを行っており、子ども同士で創る音楽的空間を大切にした活動だと言える。「表現の読み取り」の視点から見た場合、セラピスト側が予め用意された曲を提示するのではなく、子ども側から発信される音がこの活動の中心になっているため、子どもの発信した音を読み取り、音を紡いでいくような作業を余儀なくされる。子どももセラピストも、音に対して即興的に反応し、お互いの創造性を充分に発揮できる場となりうるのである。つまり、これまで保育現場で長年行われてきた、既存の曲を練習し習得してから発表するというスタイルとは異なったタイプの音楽活動だと言える。この活動は子どもに読譜力がなくても、あるいは譜面通りに演奏ができなくても、トーンチャイムの基本的な奏法さえ習得すれば、すぐに参加できる。その反面、集団で音のキャッチボールを成立させるためには、相手のチャイムの先端がどこへ向いているのかしっかりと見つめ、音のしっぽをつかむようなイメージで、相手の音を聴く姿勢が求

められる点で、集中力や傾聴力を必要とする活動だといえる。

②－1 「表現の受容」にカテゴライズされた活動は、次の通りである。

太鼓（7－23、8－28、1－4、5－17、6－20）→ EP2-1

シンバル（8－29、1－5、5－18）

グループ合奏（2－7、6－21）

トーンチャイム（3－10、5－19）

この中から、5－17の活動をEP2-1として取り上げる（表2-7）。

　ここでは、保育者対子ども、子ども対子どもと対象を変えて2種類の活動を行っている。保育者対子どもの活動では、あるフレーズの後のポーズの間に子どもが自由に太鼓を叩く。子ども対子どもの活動では、1人が保育者の役割をし、もう1人が子どもの役割をし、曲に合わせて太鼓で会話をするという活動である。

表2-7. 「表現の受容」に関するエピソード

EP2-1	4歳児21名、保育士3名
子ども達は、〈太鼓をたたこう〉の歌に載せて、1フレーズの終わりに一人ずつ自由に太鼓を叩く。ある男児が太鼓の枠を叩くと、セラピストは「おもしろいね」と返す。ある男児は、バチの反対側で太鼓を叩いたが、セラピストはその行為を肯定的に受け止め、子どもの叩き終わるタイミングを見計らって、次のフレーズを弾いた。さらにある女児は優しく叩いたが、それに対しても大きく頷いた。 〈虹の向こうに〉の歌に合わせて、ある子どもが保育者役を担い、太鼓を持って他の子ども達に叩かせる。保育者役の子どもにセラピストが感想を聞く。「どうだった？」の問いに「ビリビリ来た」と答え、「どの人が一番強かった？」の問いに「○○君」と答え、「痛かった？」の問いに「うん」「こわかった」等の反応があった。	

　「表現の受容」という視点からみると、「子どもの表現を受容した」というサインを言語的な反応だけでなく、音楽的な反応によって伝えている。子どもの鳴らした太鼓の音に対し、保育者や子どもが即興的に反応し、音楽的に会話をしているようなやり取りを行っており、子どもが音楽に様々なイメージを投影しやすい活動になっている。あるフレーズの後にポーズ（間）を作

り、そこで自分らしい表現をしており、言葉による説明を行わずに遂行できる工夫がみられた。「太鼓を叩こう」という歌のフレーズを演奏している間は、目の前に太鼓を出さず、フレーズが終わる頃を見計らって太鼓を提示するという濃やかな工夫がなされている。この点に注意するか否かで、活動の質は明らかに変わっていた。これらの濃やかな工夫によって、子ども達がどのような表現をしても、それを受容してもらえたと感じることができるのである。

②－2　「表現への応答」にカテゴライズされた活動は、次の通りである。

レインスティック（1－1）

マラカス（1－2）→ EP2-2

カスタネット（1－3、2－6、4－14、5－16、9－30）

ゴム鈴（2－8）

トーンチャイム（3－10、5－19）

フィンガーベル（3－12）

シンバル（7－24）

ツリーチャイム（7－25）

太鼓（8－28）

この中から、1－2の活動を EP2-2 として取り上げる（表2-8）。

表 2-8.「表現の応答」に関するエピソード

EP2-2	3歳児18名、保育士3名
リーダー役の子どもがマラカスを自由に鳴らし、他の子ども達がそれを真似する。4名がリーダー役を順に務め、それぞれユニークな鳴らし方をする。真似する子ども達は集中しており、楽しそうに行っている。リーダー役の子どもの演奏が終わるたびに「あら、素敵。どうもありがとう」とセラピストが声をかける。セラピストは、リーダー役の女児の演奏に、高音でメロディーを弾き、低音でベース音を弾く。また、それぞれの子どもが振るマラカスのテンポに合わせて伴奏している。	

この活動は、曲に合わせてフルーツマラカスを鳴らすシンプルなスタイル

から、音楽に合わせて鳴らす、止める、速く振る、遅く振る等、集中力を要する段階に発展する。1人の子どもがリーダー役を担当し、他の子どもがリーダーの演奏を模倣することによって、全ての子どもたちが一体感を感じる活動になっている。

この活動では、子ども同士で音楽的なコミュニケーションがみられ、「保育者の演奏を聴き、それを子どもが模倣する」という保育によく見られる光景が、子ども同士で行われている点に特徴がある。「子どもの真似を子どもがする」というスタイルを下川は「逆模倣」と呼んでおり、重要視している。

「表現の応答」の視点からみると、音とそれに付随する動きを中心に応答している。リーダー役の子どもは、誰に指示されることなく、決まった奏法を強いられることもなく、自由な発想で表現することを許され、それが「模倣」という形でフィードバックされる。セラピストは、その演奏を包み込むようにピアノで伴奏をする。このように、子どもの斬新な発想が認められることで、自己肯定感が生まれる活動だといえる。

③「活動の方向性」にカテゴライズされた活動は、次の通りである。
フィンガーベル（3－12）
カスタネット（1－3、2－6、4－14、5－16、9－30）
グループ合奏（6－21、9－31）
マラカス（7－22、8－27）
ゴム鈴（4－13、8－26）→ EP3
この中から、4－13の活動を EP3 として取り上げる（表2-9）。

表2-9. 「活動の方向性」に関するエピソード

EP3	3歳児17名、保育士2名
円になって座り、ボタンと鈴の付いたゴムを皆で持って鳴らす。「雪はどうやって降るかな？」の問いかけに、子どもは思い思いに考えながら鳴らす。〈お耳の長いうさぎさん〉に合わせて、ゴム鈴を持ってその場で跳ねる。〈ぞうさん〉	

> に合わせて、輪を広げ左右に身体を揺らしながら鳴らす。「バンザイ」で上へ、「下」の
> 合図で腕を降ろす。〈Go-Stop〉に合わせて、ゴム鈴を回したり止めたりする。様々な動
> 物になりきって、輪を広げたり縮めたりする。この時セラピストは、即興的にピアノを
> 弾いている。「今度は何になろうかな？」の問いかけに、子どもから色々なアイディア
> が出る。〈ぐるぐる回そう〉に合わせてゴムを回す。「ロケットみたいに回そう」という
> 子どもの意見をもとに、腕をあげて頭上で回す。〈ぐるぐる回そう〉でゆっくり回した
> り、速く回したりする。

　この活動は、一定間隔にキャラクターボタンと鈴がついている長いゴムの輪（図2-2参照）を、皆で持って鳴らすというシンプルなものだが、活動に10種類ものバリエーションがあるため、子ども達は飽きることなく集中して参加していた。

　「活動の方向性」という点からみると、子どもの活動に方向性をもたせ、発展性のある工夫が見られ、バリエーションをもたせた活動だと言える。子どもの表現に発展の可能性があることを信じて、タイミングを見計らいながら、新たな音楽や活動を取り入れている。音楽に合わせて動物や乗り物になりきり、身体的な動きを伴いながらゴム鈴を鳴らしたり、ゴム鈴のボタンの種類に一喜一憂したりするなどの変化に富んだ仕掛けがあった。ゴム鈴には様々な種類のキャラクターボタンがついており、曲が止まったとき、どのボタンが自分のところに来るかが、子どもにとって重要な関心事である。ボタンがついていることにより、「回して止める」という単純な活動が、期待感を増す活動に変化している。「鈴を鳴らす」という行為が第一義的な活動で

図 2-2．ゴム鈴（下川，2009，p. 62より転載）[39]

はなく、結果的にゴムを共に回す時間空間の中で、「鈴の音が響いている」
という印象の濃い活動であった。

　また、子どもから出てくるアイディアにも敏感に反応し、それを取り入れ
ながら進めている。「ロケットみたいに回そう」というアイディアに対し、
「頭上に腕をあげながら回す」という方法も子どもが提案している。子ども
の意見に寄り添いながらも振り回されることなく、方向性をもって進めてお
り、一定の緊張感を持続したまま終わりを迎えている。

　④「子ども自身の『快』の感情」にカテゴライズされた活動は次の通りで
ある。

　リボン（3−11）
　ゴム鈴（4−13）
　カスタネット（1−3、2−6、4−14、5−16、9−30)→ EP4
　グループ合奏（9−30）
　子ども自身の「快」の感情は、多くの場面で複数の子どもに見られたが、
ここでは、集団による音楽活動の中で、個人の感情が「快」へと変化してい
く様子が読み取れる9−30の活動をEP4として取り上げ、A子の様子を中
心に記述する（表2-10）。

表2-10.「子ども自身の『快』の感情」に関するエピソード

EP4 3歳児20名、保育士2名
〈カスタネットで友達探し〉の活動では、友達を見つけて2人組になりカスタネット を叩くのだが、A子は全く叩こうとせず、その場を動かずに硬い表情をして座っている。 これに対しセラピストはA子に優しく参加を促す。徐々に叩き出すが、うまく仲間を見 つけられないと再び固まってしまう。男児の「やろう」という誘いにも応えない。A子 を含むグループを作り、セラピストも活動の輪の中へ入る。グループ合奏でも他のグル ープの演奏には無反応で、自分の番を待っている。グループ内の3人と話し合って自分 の担当楽器を決める。曲に合わせて自由に表現する。演奏が終わる頃になると、A子は 満面の笑みで楽しそうな表情を浮かべていた。

　この日は、友達を探してカスタネットを叩く活動と、グループを作って好

きな楽器を選び、好きな曲で即興的に演奏する活動（グループ合奏）を行っていた。開始直後、活動に参加しているとは言い難い状況で、硬い表情をしてその場に座っていた。男児やセラピストの声掛けに応じるものの、継続的な参加には至らない。鑑賞している時間も自発性は見られなかった。それが好きな楽器を決め、好きな曲を決める話し合いには参加するようになる。そして演奏時には、誰から促されることもなく、自発的に発表の場に立ち、最後まで演奏した。活動の終盤では、満面の笑みと満足そうな表情を浮かべ、表情も活動への参加度も初めの時とは全く異なっていた。

　この活動自体がもつ特性と、セラピストの動きに注目すると、前半では、A子は消極的な姿勢だったが、後半、自分達のグループ演奏が終了する頃には満足げな微笑みがこぼれていたことから、この活動で自己表現ができ、それを他の子どもたちに評価してもらえた喜びが、「快」の感情につながったものと考えられる。つまり、一つには「グループで音楽づくり」という活動がもつ特性が、A子の意欲や関心、態度などに変化をもたらしたと捉えられる。

　2つ目には、セラピストが前半のA子の様子をいち早くキャッチし、他の子どもにA子の存在に気付かせ、子どもでは力が及ばない部分は、セラピスト自身がさりげなく輪に入って参加を促し、援助していたことが挙げられる。参加を強制せず、自然に輪に入れるような濃やかな配慮が、徐々に彼女の心を開き、次の活動での積極的な参加につながったと捉えられる。

　この活動内でのA子の対人関係と参加度の変容を図 2-3 の①〜④に示す。

　①は、セラピストの声掛けに対し、一度は活動に参加するが、次のタイミングが見いだせないため、再び拒否反応を示している状態である。

　②は、B男が「やろう」と声掛けし、参加を促すが、やはりそれに応じることができず、グループの輪の中に入れずにいる状態である。

　③は、セラピストがC子、D男を呼び、A子を含むグループを作り、間接的に参加を促すと、それに消極的に反応し、何とか活動に参加している状態

第2章 クリニカル・ミュージシャンシップ援用に向けての枠組み　93

①

②

③消極的な参加
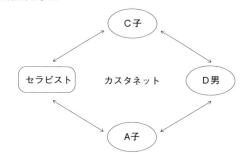

④積極的な参加
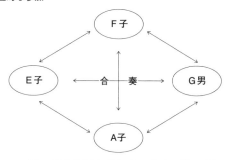

図2-3．A子の対人関係と参加度の変容（①〜④）

である。

④は、合奏の活動に移り、同じグループのE子、F子、G男と共に、好きな楽器を手に演奏している状態である。この時のA子は活動に対し、積極的な参加をしている状態である。

A子のような「快」の感情は、他の子ども達にも見られ、他の活動の中で、子どもの視線、表情、言動、音楽的行為（声や歌）、身体的な動き等を通して感じ取ることができた。

（2）セラピストが活用した技法の検討

もう一つの視点である「セラピストの技法」に着目した結果、各活動から表2-11に示すような技法が抽出された。

表2-11. 活動内にみられたセラピストの技法

セラピストの技法	活 動 事 例
即興的な対応	トーンチャイム（4、5歳）→ EP1-1、EP1-2 ゴム鈴（3歳）→ EP3
曲調の変化	ツリーチャイム（1歳）、リボン（5歳）マラカス（2歳）、レインスティック（3歳）、シンバル（2、3歳）
転調	フィンガーベル（5歳） 太鼓（1、3、5歳）
変奏	グループ合奏（2歳）
テンポの変化	トーンチャイム（4歳）→ EP1-1 マラカス（1、3歳）→ EP2-2 ゴム鈴（2歳）
曲のサイズの調節	カスタネット（3歳） グループ合奏（4、5歳）→ EP4
タイミング	カスタネット（3、4歳）、シンバル（1歳）、太鼓（4歳） → EP2-1
間の取り方	ゴム鈴（4歳）、カスタネット（3歳）、シンバル（4歳）、太鼓（2歳）

レパートリー使用	グループ合奏（3、4、5歳）

　1つ目は即興性が重視されている点である。活動のほとんどが即興演奏に
よって支えられている。ある時は間をつくって子どもが表現する時間を確保
し、ある時は子どもの表現をつなぐようにタイミングを見計らって音楽をつ
けている。このようなテクニックは、療法的アプローチの特徴の一つである。
活動がスムーズに進行していると、実践者の力量を見落としがちだが、実践
者が代わることによって活動の質が変化することから、即興演奏の能力は活
動の重要な核であるといえる。

　特に特徴的なのは、EP1-1、EP1-2の波線部分にあるように、トーンチャ
イムの音に即興的にピアノを入れる場面である。既存の曲は使わず、その場
で創り出された子どもの音楽に応じ、ペンタトニックの音階を使って伴奏が
奏でられていた。トーンチャイムとピアノの音量のバランスについても、ト
ーンチャイムが1音ずつ鳴ることに配慮し、その音をかき消さないよう、多
くの音を使わずに伴奏を入れていた。

　また「即興的な対応」にカテゴライズされていない活動でも、セラピスト
の直感的判断によるものが多く、曲調やテンポ、調性や曲の長さを即興的に
変化させていた。セラピストの歌やピアノは、活動全体を通して即興的に演
奏され、常にその場に応じて形を変えていたことになる。それは、規定の曲
の場合にもみられ、楽譜通り演奏することはほとんどなく、その場に応じて
音域やテンポ、曲の長さ等を調整して使用していた。

　2つ目は音・音楽に対して操作性がみられる点である。表2-11にある曲
調、転調、変奏、テンポ、サイズ、タイミング、間、レパートリー等がほと
んどの活動の中で操作されていた。（例として、EP1-1、EP2-1、EP2-2の波線部
分）一曲を繰り返し弾く場合でも、同じパターンを弾かず、曲調や調性に変
化をもたせる。これらの工夫は、言うまでもないが、セラピストの演奏能力
を誇示するためのものではなく、子どもの活動が停滞せず、常に前進し展開

していくようにするためのものである。また、テンポやタイミングを変化さ
せることで、常に活動に緊張感をもたせ、子ども達の集中力を喚起していた。

4．考察
（1）子どもの表現に対する肯定的な受容
　この活動において重要視されていたのは、子どもから発信される音や音楽
への注目である。保育者が提示するモデルを正確に模倣するような活動では、
子どもの発する音や音楽が正確であったかどうかに関心が向けられがちであ
る。だがこの活動では、子どもの出す音や音楽の正確性ではなく、子どもの
表現における創造性を重視している。これは、EP2-1にあるように、子ども
が太鼓の枠を叩いたり、バチの反対側で叩いたり、音が聞ききとれないほど
優しく叩いたりする等、本来の太鼓の叩き方を逸脱していても、セラピスト
がその行為を否定的に捉えず、肯定的に捉えている。
　そして、子どもから発信された音や音楽を丁寧に受容し、応答しようとし
ている。音楽的活動では、子どもの表現や演奏に対して、「良くできたね」
「上手だね」等、言語によって受容、応答をする光景をよく見かける。しか
し音楽表現活動では、子どもの表現に対する言語的な介入だけでなく、テン
ポ、タイミング、間をつくることで、音楽的な応答を多く取り入れていた。

（2）自己肯定感の促進
　EP2-2 に見られたように、保育者の模倣から子ども同士の模倣へ発展さ
せる技法を取り入れた活動は、音楽的なコミュニケーションを成立させる下
地ができ、自己肯定感が促進される活動だといえる。子どもの表現に発展の
可能性があることを信じ、タイミングを見計らいながら、新たな音楽や活動
を取り入れている点も特徴的である。
　また自己肯定感を裏付ける「快」の感情は、EP4 の例だけでなく、それ
以外の場面でも感じ取ることができた。例えば、太鼓の活動で関心をもって

第2章　クリニカル・ミュージシャンシップ援用に向けての枠組み　97

参加し、自分の番が来るのを楽しみにしながら待つ子どもがいたり、合奏の活動で、3番まである歌を時間の都合上2番で止めると、「もう、終わり？」と残念そうに言う子どもがいたり、次の活動が示される度に歓声をあげ、音楽に合わせて体を揺らしながら参加する子どもがいたりした。このことから、子ども自身が「快」の感情をもって活動に参加していたことがわかる。

（3）セラピストの応答的能力

　音楽表現活動の中で、セラピストは音楽の機能を用いて、その場をコントロールしていたことが明らかになった。セラピストが使っていたのは、その場で起こっている子どもの姿を瞬時に捉え、それに対して音や音楽で的確に応答する能力である。この応答的能力を使うことにより、子ども達は主体的に動き、創造的な表現を生み出す機会を得ていた。この技法は、予め練習したり準備したりするだけで習得できる能力ではないだけに、使いこなすまでに時間を要するが、楽譜通りに弾けること、手遊びや表現遊びのレパートリーをもつことと同様に大切な能力である。

5．まとめ

　音楽療法的なアプローチは、子どもの表現を肯定的に受容し丁寧に応答することで、自己肯定感を促進する活動であることを指摘した。この活動は、子どもの自己表現を喚起し、コミュニケーション力を育み、創造性と心身の成長を促すために非常に有効であるといえる。それは、この活動内に子どもの表現を尊重し、表現するための自由な時間と空間があり、選択した道を全うする責任をもたせる要素が含まれているからだといえる。

　「子どもの表現」を核にして音楽活動を展開するスタイルは、先に示した「ミュージック・チャイルド」の考え方にも重なる。下川自身は、音楽療法における様々なアプローチを学び、トレーニングを受けた上で、保育の場で独自のスタイルを確立している[40]。したがって、必ずしも創造的音楽療法の

概念に依拠して活動を行っているわけではないが、根底に流れるものには共通性が見られた。

このように、保育者側の提示する「モデル」を模倣することから始まる音楽活動とは別の、子どもから発信される音や音楽に耳を傾ける活動は、保育の中で大きな意味をもつといえる。

また、活動の中心に音や音楽を置き、セラピストが声を荒げて指示する場面は全くなく、活動自体に子ども達を能動的にさせる時間と空間が包含されていたことも重要な点である。これは音楽の構造性と関係しており、自由にして良い時間的空間を与えていたことになる。

さらに、保育の目的の達成のために、合図のように音楽を使うのではなく、音楽表現の経験そのものに意味を見出していた。これは、「音楽経験そのものに意味がある」とする「音楽中心音楽療法」の考え方に関連づけることができる。「音楽療法の実践における音楽的なプロセス、音楽的構造、音楽的経験に意味がある」とする考え方は、保育における音楽の位置づけを考える上で重要な示唆を与えてくれる。音楽による表現の活性化は、音によるコミュニケーションが可能になった状態から生まれる。また、音によるコミュニケーションがスムーズにかわされることにより、子どもたちは能動的に動き、ある一定の方向性をもった活動が保障されるのである。

保育における5領域が、「音楽リズム」から「表現」へ転換した1989年以降、しばらくの間、「表現」における音楽表現の存在意義が見いだせず迷走していた。そして、そのことが保育の場から音楽体験が減少した原因だともいわれている。

保育者が音楽表現の存在意義を再認識するためには、音や音楽を中心とした療法的アプローチを保育の場に導入することが有効であると考える。それにより、保育の中に音や音楽が積極的に取り入れられ、子どもの主体的で創造的な表現を可能にし、創造性を育成することができると考える。それと同時に、このような活動を導入にするには、保育者が鋭い観察力や即興性、創

造性をもち、子どもの表現に対して応答的能力が必要だということが明らかになった。

第4節　クリニカル・ミュージシャンシップ援用に向けての枠組みの構築

　前節では、セラピストが保育の場で行う「音楽表現活動」の事例を分析、検討した。その結果、セラピストが子どもの表現を肯定的に捉え、音による応答性を発揮するために様々な技法が使っていたことがわかった。そして、このような活動を保育の場に導入する具体像が示された。

　本節では、「創造的音楽療法」の中核的概念に基づいたセラピストの「クリニカル・ミュージシャンシップ」を援用するにあたり、その有用点を導き出し、保育者に必要な音楽性に関する枠組みを構築する。

　丸山（2000）は、音楽療法における理念と方法から音楽科教育へ多くの示唆が得られるとして、音楽療法的なアプローチを音楽教育へ導入することを提案している[41]。このような提言は、既に1970年代から言われており、シュワーベ（Schwabe, C.）は音楽療法を「音楽的治療教育」[42]と呼び、デュアクサン（Duerksen, G.）は音楽教育の新しい動向として、音楽教育分野への音楽療法的意義を唱えている[43]。また、山松（1976, 1984）は音楽療法を「治療的配慮をもった教育」[44]とし、桜林（1975, 1977, 1990）は一貫して「療法的音楽教育」[45]の考え方を提案している。

　しかし、音楽療法に携わる専門家から音楽教育へ示唆する動きは多くみられる反面、音楽教育に関わる専門家が音楽療法から示唆を得ようとする動きはほとんど見られない。この現象は、保育の分野においても同様である。音楽療法に携わる研究者、実践者が療法的アプローチの有効性を見出し、統合保育や療育の領域に導入している先行研究は存在するが、保育に携わる研究者、実践者が音楽療法の導入を試みる研究は、ほとんど存在しなかった。音楽療法的なアプローチを保育へ取り入れている例はあっても、保育者自身が

実践している例は、ほとんど報告されていない。

　したがって本節では、「創造的音楽療法」の概念と「クリニカル・ミュージシャンシップ」から示唆を得て、保育者に必要な音楽性についての枠組みを構築する。

1. 保育における子どもの捉え方との関連

　第1章で保育者には、子ども一人ひとりの存在を認め、各々の独自性や個性を大切にする姿勢が求められていると述べた。またその実現のためには、専門的な知識や知識に裏付けられた実践的な指導力をもち、「発信的能力」と「応答的能力」の両面を兼ね備えていることが必要である。その発信的・応答的能力とは、子どもの状況や個性に対応できるような柔軟性があり、あらゆる場面に応じて自在に組み合わせ、創造できる能力を指していることが示された。

　さらに、音楽的活動を含む子どもの表現の捉え方については、「自分なりの表現」を重視し、短期的なゴールとしての成果ばかりを追うことなく、「表現のプロセス」に着目し、その成長を見守る姿勢が求められていた。その上で他児の表現に触れる機会をつくり、表現を通して他者との関わりを深めていくことの必要性も謳われていた。

　このように、保育における子どもの捉え方には、子ども一人ひとりの人間としての尊厳を認め、その子どもがもつ潜在的な力を信じ、それを核として保育にあたる姿勢が求められているといえる。

　他方、「創造的音楽療法」における「ミュージック・チャイルド」の概念において、セラピストは、探索的な段階で子ども一人ひとりの内部に備わっている音楽的自己と出会うことから出発する。内部に備わっている音楽的自己とは、例えば鼓動や脈拍、呼吸、歩行等におけるリズムへの反応性、声による表現が挙げられる。さらに中間的な段階では、音楽を介して試行錯誤を繰り返し、調整やコントロール、促進や活気づけ等、様々なテクニックを使

いながら、発達を促していく。さらに自己実現の段階では、セラピストとの信頼関係の中で、情緒的な成熟と社会性の獲得に伴って、相互反応性が見られるようになる。セラピストには、子どもが音楽的スキルを使い、自由に表現できるよう、適切な音楽的支えを施すことが求められていた。

また、「創造的音楽療法」は音楽中心主義の先駆けであり、音楽体験そのものに価値を置くアプローチだといわれてきた。その点から、音楽すること、音楽的活動に身を置くこと自体に意味があると捉えられてきた。

保育と音楽療法における子どもの捉え方を比較してみると、いくつかの共通性がみられる。第1に、表現の主体が子ども自身であるという点である。両者とも子どもから発信される「表現」を出発点とし、それを保育者、あるいはセラピストが支えていくという構図が共通している。

第2に、表現の結果よりもプロセスを重視している点である。両者とも表現の結果を問題にするのではなく、表現するプロセスに着目し、自己実現を可能にするための通過点として位置づけている。この姿勢は、表現する過程で予想される子どもの困惑、葛藤、挫折等に寄り添い付き合っていくことを意味する。

第3に、表現のゴールは、作品を創りあげ完成させることに執着せず、子どもの自己表現を可能にするための体験自体に向け、そこに意味を見出している点である。

第4に、表現を通して、他者との関係性の拡大と深化を目指している点である。

したがって、保育における子どもの表現の捉える上で、「創造的音楽療法」における子どもの表現の捉え方は、多くの共通性をもち、さらにそれらを音楽体験の中で捉えていこうとする点に有用性を見出せる。

２．保育における音楽の捉え方との関連

意識調査の結果から、保育者は、保育における音楽について豊かな人間性

を育てるものと捉え、日常生活や子ども達の将来を見据えた連続性の中で、子どもの総体的な成長に欠かせないものとして位置づけていた。ここから、保育者が「歌を覚える」「リズムが叩けるようになる」等の音楽的な技能の習得だけを目的にしていないことが読み取れる。特に、音楽的な活動は、子どもの感性が豊かになることや自己表現ができるようになることを目的として行われていることが明らかになり、『保育所保育指針』や『幼稚園教育要領』にあるように、「豊かな感性と表現力を養い、創造性を豊かにすること」がねらいなのである。

　一方、「創造的音楽療法」においては、長期的には自由な表現力と創造性、疎通性と自信、独立性等を目指しており、音楽体験を通して自己実現を図るのが目標である。したがって音楽的な反応は、その人の心理的・発達的な状態を映し出すものであり、病理的な要因を探るための診断的な意味をもっている。

　両者を比較してみると、どちらも表現力を養い、創造性をもって自己表現できることを目指していることがわかる。この点において、両者には共通性がみられる。また、両者とも表現の手段として、声、ピアノ、楽器、身体等を使う点で類似している。

　だが、保育者の問題として、音楽的活動の場面で、言語的・身体的な応答を用いて子どもに関わっているという回答は多数みられたが、音楽的な応答を用いている例は、ほとんど見られなかった。その要因として、音楽的な応答に必要な音楽的資源が乏しいことが考えられる。

　一方、「創造的音楽療法」にみられる特徴として、「音楽による応答性」が挙げられる。子どもの表現を音楽によって受容し、音楽によって応答し、新しい自己を発見するきっかけを作っていく。つまり、表現の読み取り、受容、応答、方向性の見極めを全て音楽によって表現する点である。そして、音楽による応答性を十分に用いて活動を活性化させることにより、子ども自身の「快」の感情、つまり満足感や達成感を引き出していた。

第2章　クリニカル・ミュージシャンシップ援用に向けての枠組み　103

　保育において「音楽による応答性」があまり用いられていない一方で、「創造的音楽療法」では、むしろ「音楽による応答性」をセラピーの主軸に置き、音楽を介して子どもとコミュニケーションをとっていることが明らかになった。保育者が「音楽による応答性」を主軸に置いて、音楽的活動を行うことにより、子どもの表現をより豊かにできる可能性があるのではないかと考える。

　音楽的活動の場で「音楽による応答性」を発揮するためには、ノードフが講義録の中で述べていたように、まず音や音楽のもつ本来の力、様々な機能について体験的知識をもつことが求められる。

　保育の場では、音や音楽が活動の開始や終了を知らせる「合図」として使われたり、子どもの行動をコントロールするのに使われたりする光景を見かけることがある。音楽の諸機能を使った活動には違いないが、このような音楽の使用は、ボクシルが示す「集団組織化のため」に使われている可能性も考えられる。さらに、音楽が保育の流れを円滑にさせたり、子どもの注目を集めたり、集中を促したりすることを目的に使われるということは、保育者の回答にもみられたように「条件反射的な利用」ともとれる。

　このような音楽の使用は、子どもの主体性や子どもの感情を置き去りにした使用方法だと言わざるを得ない。保育の中で使われている音や音楽が、子どもにとってどのように機能し、どのような効果があるのかを保育者は改めて考える必要がある。その点において、「創造的音楽療法」におけるセラピストの治療過程では、音楽の様々な機能を的確に用いながら、子どもの自己成長を促していることから、何らかの示唆を得ることができるのではないかと考える。

　保育者の意識調査の結果では、即興的な活動をさせることへの保育者の意識と、即興的な活動をさせるための保育者の能力との間に、乖離が生じていた。それは、子ども達に即興的で創造的な活動をさせることには積極的だが、保育者自身がそれを即興的に支えるということにはやや消極的であったこと

に示されている。保育はいうまでもなく、音楽だけで成り立っているものではなく、遊びを中心とした総合的な活動の中で営まれる。このことから、保育者自身が即興的な能力の限界を感じた場合は、他の技術で補完する実態が明らかになった。

　保育者の抱えるこのような問題を改善するために、即興を中心に行う「創造的音楽療法」のアプローチを取り入れ、そこから示唆を得ることは有効ではないかと考える。セラピストは子どもの表現に対して即時性、柔軟性をもって対応し、その即興的な能力を発揮するために、豊かな音楽的資源を兼ね備えている。音楽的資源を獲得し、それを子どもの表現に対し音楽的に応答するために使えるようになることは、保育者の音楽的な応答力を高めることに繋がると考える。

　だが、この発想は、子どもの創造性が発揮された場面に遭遇し、その意味を感じることができなければ生まれてこない。このことは、下川の「音楽表現活動」を体験した保育者が、子どもの表現が明らかに変化し、子どもの生き生きとした表情を目の当たりにしたときに、音楽療法的なアプローチにおける有効性を実感し、自ら勉強するようになったことに裏付けられる（これらの保育者の発言内容は、資料4の256〜262頁を参照のこと）[46]。

　このように、両者とも豊かな感性をもって表現力を養い、創造性のある自己表現を目指している点では共通性がみられたが、音楽的活動の中で使う「音楽による応答性」については、創造的音楽療法に特有の側面である。したがって保育者が「音楽による応答性」に対して興味・関心をもち、そこに必然性が感じることによって、自ずとそれに必要な音楽的資源についても、関心を向けるようになるのではないかと考えられる。

3．保育者に必要な音楽性

　保育者に求められる音楽性とは、どのような音楽的能力を指すのだろうか。まず、子どもの表現に対する保育者の関わりについて、保育者の音楽性の側

面から考えてみる。

　子どもの自発的な表現は、時と場所を問わず保育のあらゆる場面でみられる。その一方で、活動の時間内に全く気分がのらない状態が続き、保育者の意図する活動に参加しない子どもも存在する。このような状況下で、保育者は子どもの表現をどのように捉え、どのように表現を活性化させていくべきなのだろうか。

　図2-4に示したのは、子どもの表現に対する保育者の関わりのプロセスを表したものである。実線で示した矢印は、保育者が子どもに向けて発信・応答している様子であり、関わりのプロセスを①〜⑤の順で示し、それが循環していることを示している。点線で示した矢印は、子どもの表現が外界に向けて発信されている様子であり、それに伴う子どもの感情や行為を円形で示している。また角形で表示した部分は、保育者の目的や意図を示している。④に継続、発展、転換、収束とあるが、子どもとのやりとりによって、継続や発展が見込まれる場合は、子どもにも快の感情が生まれ、表現の活性化につながる可能性もある。しかし、やりとりが思うように行かない場合は、転換、収束の可能性が考えられる。そして、この判断による選択が子どもにどのような変化を及ぼしたかを再度、観察することになる。

　保育者は第1段階として「臨床的かまえ」をもって子どもの表現を観察することが求められる。「臨床的かまえ」とは、目の前にいる子どもに対して先入観をもたずに、今、現在起きていることを素直に受け止める姿勢だと捉えられる。保育者のこのような姿勢は、子どもにとって「ありのままの自分を受け入れてもらえた」という安心感を与え、素直に自分を表現するような主体的な態度を引き出すことにつながる。「観察」には「観ること」と「聴くこと」を通して「感じ取ること」が求められる。表現を「観る」とは、子どもから発信される身体の動き、アイコンタクト、息づかい、雰囲気等を含んだ全体像を把握することを示している。また表現を「聴く」とは、子どもから発信された声や楽器音、それぞれのリズムやトーン、ダイナミクス等か

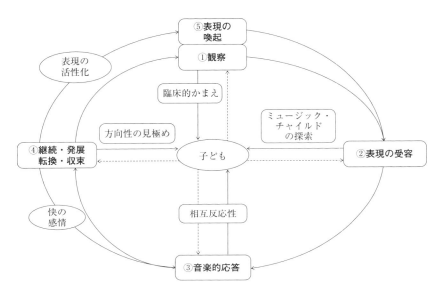

図2-4. 子どもの表現に対する保育者の関わりのプロセス

ら伝えようとしている事柄を感じ取ることを示している。この行為は、第1章第1節で示したように、母親が言語を話す前の乳児とコミュニケーションをとる時にみられる「代替コミュニケーション」と似ている。この段階で保育者に必要なのは、「自分自身の感性を研ぎ澄ませ、子どもを感じ取ろうとして聴く」ことである。

次の段階では、観察によって得られた子どもの表現の全体像を「受容」し、保育者の中で「読み取る」ことが求められる。これは瞬時に子どもの情報を収集し、把握し、それが何であるか判断することを迫られているようなプロセスである。この段階では、保育者に瞬間的に判断する直感力が求められる。

前の段階とほぼ同時に行われるのが、「音楽的応答」である。言い換えれば言葉を介さず音や音楽によって、子どもの表現に応える行為である。この応答が行き来するようになると、音楽的なコミュニケーションが成立する。

ただ、この応答をしようとする保育者の中で、葛藤が生まれる可能性が考えられる。子どもの表現は保育者にとって、「あって欲しい状況（理想）」と「あって欲しくない状況（現実）」の場合がある。「あって欲しくない状況」の場合とは、例えば子どもの興味と関心が、保育者の計画した活動の意図からそれてしまうような場合である。それを無理に保育計画に基づいて誘導しようとすれば、子どもの主体性は奪われ、表現が委縮してしまう可能性がある。保育者の音楽的応答の如何によって、その後の展開が異なってくるため、瞬間の反応が重要な意味をもつことになる。

　さらに、即時的に反応しながら、全体の方向性を見極めていく。「方向性の見極め」は、この段階に限らず、表現を感じ取りながら常に、保育者の中で行われている行為である。

　保育者は「継続する」、「方向転換する」、「発展させる」、「収束させる」等の選択と判断をその都度迫られることになる。この判断と方向性の見極めが、一瞬のうちに行われ、表現にその都度丁寧に関わっていくことによって、子どもの表現は、より主体的で創造的なものに変化していくのである。

　前述してきた各段階を繰り返しながら、お互いの表現に「相互反応性」が見られるようになることがある。これは保育者側からのアプローチが一方的なものに終わらず、子どもに伝わり、それに対して反応が見られるときに起こるものである。子どもからの応答は、模倣の場合もあれば、模倣から発展した形で表現される場合もある。また、今までの流れを覆すかのように、全く異質のものを表現する場合もある。これらが子どもからのメッセージだと受け取れば、保育者はこれに対して、メッセージを返さなければならない。この時、保育者がもっている音楽的能力の幅と深さが関係してくる。幅広い音楽的資源をもって対応すれば、音楽的な対話は弾むが、保育者にその蓄積がない場合は、音楽的に単調なやりとりが続くことになる。また保育者にとって、音や音楽が鳴り響いている時間を創りだすことも重要だが、音や音楽の鳴っていない「間」を創りだすことも忘れてはならない要素である。

このようなプロセスを経て、子どもに「快」の感情がもたらされると、表現は自ずと活性化し、保育者とのやり取りも生き生きしたものに変化していく。また、初めて行う活動と、既に体験した活動との間で、表現されるものに違いはあっても、セラピストの視点は、常に子どものその時の表現に向けられる。

以上のように、子どもの自分なりの表現を喚起し、創造性の育成を目指すためには、保育者がこのようなプロセスを通して、子どもの表現を支えることが有用だと考える。それでは、保育者には具体的にどのような音楽的能力が求められるのだろうか。前述してきた「創造的音楽療法」のセラピストに求められる「クリニカル・ミュージシャンシップ」を援用しながら考察する。

図 2-5 に示すのは、保育者に必要な音楽性の全体図である。保育の営みのうち、音楽的活動が占める割合はごく一部である。それゆえ保育者の資質・能力は、音楽的能力に限定されることなく、日常における保育に必要とされる豊かな人間性、子どもの発達過程に関する知識、言語的、身体的コミュニケーション能力、保育の意義や本質に関する知識、障害に関する知識、そしてこうした知識と能力が基にになって形成される保育観等が挙げられる。図の下部に示した項目は、そうした日々の保育を支える保育者の資質・能力である。これらが基盤となって音楽的活動も行われるはずだからである。

図の左手に並ぶ 3 項目（音楽的な基礎知識、音楽のレパートリー、ピアノ・歌・楽器の基礎的な演奏能力）は、これまで保育者養成機関で指導されてきた項目の代表的なものである。この 3 つを習得することにより、園で歌を歌ったり、楽器を演奏したり、手遊びをしたりすることが可能になる。これらの技能を使って、音楽的活動が十分に行われている実態は、保育者の意識調査の結果からもうかがえる。

しかし、これまで述べてきたように、子どもから出てくる表現に対する応答的な関わりをするためには、これらの技能の習得だけでは不十分である。保育との共通性を導き出しながら、「クリニカル・ミュージシャンシップ」

第2章　クリニカル・ミュージシャンシップ援用に向けての枠組み　109

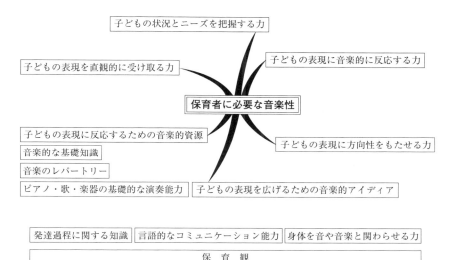

図2-5. 保育者に必要な音楽性

の援用を試みると、図2-5の上段に示した3項目が追加されることになる。

　上部3つの項目については、まず「子どもの状況とニーズを把握する力」である。観ることと聴くことを通して、子どもの「今」の状況を把握し、そのニーズを見極める力で、子どものありのままの受容が求められる。これは、先に示したプロセスの図（図2-4）でいえば、臨床的かまえをもった「①観察」から生まれるものであろう。

　次に「子どもの表現を直感的に受け取る力」である。保育者の豊かな感受性が求められ、直感を働かせることが必要である。これは、先に示したプロセスの図でいえば、「ミュージック・チャイルドの探索」にあたる。子どもの表現を受容しながら、その子どもの特性を見極め、音楽的にコンタクトをとろうと努めている段階だといえる。

　次に「子どもの表現に音楽的に反応する力」である。表現を直感的に受け止めたら、それを何らかの方法で「表現が伝わった」という合図を送る必要

がある。ここでは保育者の応答的能力の有無が試され、ひらめきや創造性を駆使して、子どもに音楽的に応答する力が求められる。これは、先に示したプロセスの図でいうと、「③音楽的応答」にあたる。

　上部３つの能力を生かすために、下部の３つの能力は欠かせない。特に「子どもの表現に反応するための音楽的資源」には、ノードフが提示していたような音階や音程等の知識や、音楽の様式や構成に関する知識、それらを使って演奏する能力等が含まれる。また、「子どもの表現を広げるための音楽的アイディア」は、音楽的資源を時と場合によって使い分けたり、アレンジを加えたりできる臨機応変な力を指している。

　さらに、子どもの表現を受容しているばかりでは、表現の発展性は見込めない。保育者には「子どもの表現に方向性をもたせる力」が必要である。これによって、音楽による軌道修正や方向転換を可能にし、目的を明確にすることができる。

　下部の３つの能力は、個人的な学習によって獲得が可能で、発信的能力の基盤となるものと考えられる。しかし、上部の３つの能力は、音楽的な知識や技能、ノウハウを習得しただけでは獲得できない。全て子どもと音楽の間に身を置き、その関わりに敏感になって反応する力であり、対人的なやり取りを通しての学習が必要になる上、獲得するには段階を経ることが必要だが、保育者に必要な応答的能力である。

　このように、保育者の音楽的活動における発信的・応答的能力とは、保育者の保育観を基盤に、音楽的知識や技能、音楽的アイディアを音楽的資源として、子どものニーズや状況を把握し、表現を直感的に受容し、音楽的に反応しながら方向性を見極められる力だといえよう。

　それにより、音楽的活動の中で、音や音楽が子どもに対して一方的に発信されるのではなく、保育者と子どもの音や音楽が互いに行きかうような展開が望めるのである。

注

1) ケネス・E・ブルーシア『即興音楽療法の諸理論上』（林庸二監訳、生野里花・岡崎香奈・八重田美衣訳）東京：人間と歴史社、1999年、30頁。

2) 本論文では、保育との関連、特に子どもの表現や創造的な音楽活動との関連において論述するにあたり、開発者の名前による名称ではなく、その内実を表現した「創造的音楽療法」の名称を使用することとした。

3) 安宅智子「米国の音楽療法士養成教育に関する研究——1960年第の音楽療法観およびNAMTの養成教育観に着目して——」『日本音楽教育学会第39回発表資料』2008年、9頁。

4) 同前、10頁。

5) 同前、11頁。

6) ニューヨーク大学で音楽療法を学んだ後、NYUノードフ・ロビンズ音楽療法センターで実践と研究を深め、1991年にNYUで音楽療法の博士号を取得。現在、同大学で教鞭をとっている。

7) Aigen, Kenneth. *Music-centered music therapy*. Barcelona Publishers, NH. 2005. p. 143.

8) Aigen, Kenneth『音楽中心音楽療法』（鈴木琴栄・鈴木大裕共訳）東京：春秋社、2013年、7頁。

9) 「音楽によるイメージ誘導法（GIM＝Guided Imagery and Music）」と呼ばれ、非臨床的目的のために創られた音楽を使用する。

10) AMT＝Analytical Music Therapyと呼ばれ、精神分析的な考え方に基づいて、音楽による即興演奏を導入している。

11) 同前、110頁。

12) E.H. Boxill., *Music Therapy for the Developmentally Disabled*, Aspen Systems Corp. Rockville: Maryland, 1985. p. 6.

13) ケネス・E・ブルーシア『即興音楽療法の諸理論上』（林庸二監訳　生野里花・岡崎香奈・八重田美衣訳）東京：人間と歴史社、1999年、40頁。

14) クライブ・ロビンズ『音楽する人間』（生野里花訳）東京：春秋社、2007年、106～107頁。

15) ケネス・E・ブルーシア『即興音楽療法の諸理論上』（林庸二監訳　生野里花・岡崎香奈・八重田美衣訳）東京：人間と歴史社、1999年、40～41頁。

16) 患者の症状・所見がどのような疾患に由来するのかを見極めようとする診断のこと。

17) 音楽療法の治療を始める最初の段階に行う診断的なセッションのこと。

18) 石村真紀「音から始まる——創造的音楽療法と表現——」『音楽による表現の教育——継承から創造へ——』（小島律子・澤田篤子編）京都：晃洋書房、1998年、21～36頁。

19) Nordoff, P and Robbins, C. *Therapy in music for Handicapped children*, London: Gollanz. 1971.

20) クライブ・ロビンズ『音楽する人間』（生野里花訳）東京：春秋社、2007年、34頁。

21) 同前、26頁。

22) わらべうたの音階、ペンタトニック、教会旋法、中東音階などを取り上げている。

23) Robbins, Clive and Robbins, Carol eds. *HealingHeritage: Paul Nordoff Exploring the Tonal Language of Music*. Barcelona Publishers, NH. 1998, p. 33.

24) 英国における近代音楽療法の創始者であるジュリエット・アルバンに直接指導を受け、1977年、音楽療法士となる。1985年、英国初の音楽療法分野での Ph.D を取得する。

25) レスリー・バント『音楽療法——ことばを超えた対話——』（稲田雅美訳）京都：ミネルヴァ書房、2006年、274頁。

26) Robbins, Clive and Robbins, Carol eds. *HealingHeritage: Paul Nordoff Exploring the Tonal Language of Music*. 1998, p. 203.

27) 若尾裕『音楽療法を考える』東京：音楽之友社、2006年、26～27頁、61頁。

28) 林庸二「音楽療法における『音楽すること（musicing）』の治療的意義」『日本大学芸術学部紀要』第51号、2010年、68頁。

29) クライブ・ロビンズ「ノードフ・ロビンズ音楽療法50年の軌跡」平成21年度洗足学園音楽大学音楽療法研究所研修講座資料、2010年。図中にある「Intuition」は「直感」と訳されているが、クライブ・ロビンズ『音楽する人間』（2007）では、「直観」と訳されている。

30) 日本音楽療法学会によれば、音楽療法とは「音楽のもつ生理的、心理的、社会的働きを用いて、心身の障害の回復、機能の維持改善、生活の質の向上、行動の変容等に向けて音楽を意図的、計画的に使用すること」と定義されている。本研究では「音楽療法的アプローチ」を「音楽療法」とは区別した上で、子どもとの表現のやり取りの中で音楽を中心に用いること、活動の中で音楽が臨床的、治療的な意味をもつアプローチをこう呼ぶこととする。

31) 障害をある子どもが社会的に自立することを目的として行われる医療と保育（デジタル大辞泉，2013）を指す。

32) 発達障害とは、学習障害（LD）、注意欠陥・多動性障害（ADHD）、高機能自閉症等の総称（文部科学省、『「発達障害」の用語の使用について』より）で、音楽療法によってこれらの障害の改善を図ることを指す。

33) 谷村宏子『音楽療法の視点に立った保育支援の試み』兵庫：関西学院大学出版会、2012年。

34) 高山仁『みんなで音楽——特別支援教育・保育・音楽療法のために——』東京：音楽之友社、2011年。

35) 「音楽表現活動」とは、セラピストである下川英子氏が、2005年から始めた活動を指す。下川は、A県内の療育園でセラピストとして音楽療法を実施していたが、2001年から育成保育事業の一環として、年1～2回、市内の保育園を巡回し、育成児の観察、相談を行うようになる。さらに2005年から巡回指導時に音楽活動を定着させるためのフォローアップとして始めたのがこの活動である。

36) 駒久美子『幼児の集団的・創造的音楽活動に関する研究——応答性に着目した即興の展開——』岡山：ふくろう出版、2013年。

37) 伊藤仁美「保育者に求められる音楽表現力の育成に関する一考察」『こども教育宝仙大学紀要』第1号、2010年、9～15頁。

38) 登啓子「乳幼児期における歌唱活動についての一考察——オルフの理念を取り入れた歌唱活動の事例による検討——」『帝京大学文学部教育学科紀要』第36号、2011年、43～51頁。

39) 下川英子『音楽療法・音あそび——統合保育・教育現場に応用する——』東京：音楽之友社、2009年、62頁。

40) 2012年の保育園での実践観察後、下川英子氏へのインタヴュー（2013年2月12日実施）の中で得たものである。「ご自身の実践は、ノードフ・ロビンズの『創造的音楽療法』から影響を受けていらっしゃいますか」との質問に対し、「このアプローチは学んだが、即興を活かす部分では影響を受けているが、自身の実践の全てではない」と答えている。

41) 丸山忠璋「音楽療法との比較による音楽科教育の課題」『音楽教育学研究3』東京：音楽之友社、2000年。

42) C, Schwabe *Mcthodik der MusikThrapic* Lipzig, 1987.

43) George L. Duerksen. 'Some Current Trends of Music Education: Implications for Music Therapy.' in Journal of Music Therapy, vol. 11, 1974, pp. 65-67. デュアクサン『音楽教育と音楽療法の類似点』（武蔵野音楽大学音楽療法研究会訳）、武蔵野音楽大学音楽療法研究会、1970年、51頁。

44）山松質文『臨床教育心理学』東京：大日本図書、1976年、150〜153頁。

45）桜林仁「音楽療法と音楽教育」『音楽療法研究年報』第4号、1975年、 1 〜10頁。桜林仁「音楽療法的音楽教育論」『音楽療法研究年報』第6号、1977年、17〜19頁。桜林仁『心をひらく音楽 療法的音楽教育論』東京：音楽之友社、1990年。

46）2012年 2 月15日に実施された「音楽表現勉強会」に筆者も参加した。参加者は、下川氏が「音楽表現活動」を実施している保育園の園長、職員、その他で構成され、一年間の活動報告と感想、改善点等を話し合う場として機能している。この研究会で保育者は「（太鼓の活動では）その時の子どもの気持ちに沿った表現になる。自分にとって大変勉強になる」、「（子どもの表現をみて）こんな表現もあるのだと勉強になった」「子どもの鳴らす音が（毎回違うため）新鮮で、同じ演奏を聴くことはできないので、練習も楽しみながら行っている」等の発言をしている。

第3章　保育者養成校における音楽性育成の可能性

第1節　保育者養成校における実践研究の背景

　本章では、第2章第4節で検討してきた「保育者に必要な音楽性」の全体図に基づいて、保育者養成校で音楽・表現系の授業実践を行う。筆者自身が授業を行い、その授業を分析、検討することで、保育者養成校における音楽性の育成がどの程度可能なのかについて考察する。

1．保育者養成校におけるカリキュラム

　2007年、文部科学省の教育課程部会で幼稚園教育の現状と課題、改善の方向性が審議された。音楽分野は、保育内容の5領域である「表現」に位置づけられており、「音楽、身体による表現、造形等に親しむことを通じて、豊かな感性と自分なりの表現を培うことが大切であることから、表現する過程など、表現に関する指導を充実する」との方向性が示された。

　また2010年、厚生労働省の第6回保育士養成課程等検討会で保育士養成課程等が改正され、「表現」や「音楽」の名称や取扱いが変更された。「基礎技能」という名称は「保育表現技術」となり、子どもの表現に関わる保育士の保育技術の修得科目として位置づけられた。この科目では、「子どもの表現を広く捉え、子ども自らの経験や周囲の環境との関わりを様々な表現活動や遊びをとして展開していくことが重要である」ことが強調された。「基礎技能」の内容に含まれている音楽、造形、体育を音楽表現、造形表現、身体表現、言語表現とそれぞれ名称変更し、「これらに関する表現技術を保育との関連で修得できるようにすることが必要である」としたのである。加えて、「保育内容（演習）」が「保育内容総論（演習）」と「保育内容演習（演習）」に

分けられ、「保育内容演習（演習）」の中に「表現」が位置づけられることに
なった。両者を分けた理由は、「保育内容の全体的な構造や総体を理解した
上で、養護と教育にかかる領域等について学ぶ必要があるため」だとしてい
る。

　「基礎技能」という名称から想起されるように、音楽分野では、長年にわ
たりピアノを主とする楽器の演奏技術や、歌唱のテクニック等の向上を目指
した指導が行われてきた。しかし、これらの技術・技能の向上だけを目指し、
それらのテクニックを保育の営みの中で、子どもの表現と関連性をもった使
い方をしてこなかったという反省から、今回の改訂では、「音楽表現」に音
や音楽を伴った様々な表現を含み、それらの技術が保育の中で充分機能する
ような指導が求められるようになった。同様に、「保育内容演習」も保育内
容や保育方法の延長線上に位置づけられ、保育方法や技術だけを単独に学ぶ
のではなく、保育の全体性の中で、個々の領域の位置づけを認識しながら習
得する必要があるとされたのである。このように、音楽における表現技術は、
「基礎技能」としてのピアノや歌の技術のみならず、音や音楽を伴った様々
な表現技術を保育との関連の中で機能させる力の育成が求められるようにな
ってきた。

　このことを受けて、筆者は保育者養成校において保育の中で充分機能する
音楽的知識と技術の習得を目指した授業実践を行ってきた。特に、創造的な
音楽活動の指導には、子どもの未分化な表現を読み取り、その表現に的確に
応答する力が要求される。

　保育者養成校における創造的な音楽活動に関する研究は、これまでにも小
池（2000, 2001）、冨田（2004）、上谷（2004）、薩摩林（2008）、福西・山本・三
宅（2009）、駒（2013）若菜（2014）等があるが、それ程多くない。

　駒（2013）は、創造的な音楽活動の授業事例として「手で感じる・手でつ
くる」活動をとりあげ、学生の作品分析を通して、音楽表現のあり方を考察
している[1]。ここでは、学生が活動自体を楽しむことに留まり、創造的な音

第3章　保育者養成校における音楽性育成の可能性　117

楽活動を行うための手立てが不明確で、それを具体的に生かす方策を見出せ
なかったとしている。

　他方、福西・山本・三宅（2009）は、子どもの創造的な音楽活動を支える
ために、保育者には基礎技能と創造性が求められるとしている[2]。子どもの
共鳴者となり、表現を敏感に感受して応答できる感性や能力をもち、豊かな
イマジネーションと創造性が必要だとしている。その上で、リズム曲を導入
した器楽法の授業事例を挙げ、学生の音楽的な基礎技能の習得の方策を模索
している。しかしこの事例でも、学生は楽譜の再現に終始し、音楽とイメー
ジの結びつきや音楽と動きが調和する重要性等は学べたものの、柔軟な演奏
と実践の力量が身につかなかったと報告されている。

　さらに若菜（2014）は、即興的音楽づくりの授業実践を通した学生の気づ
きと協働の重要性について触れ、実践を通して学生に「気づき」と「協働」
が見られたことを報告している[3]。しかし、「気づき」と「協働」の有無の
検証するに留まり、その内容や質については考察されていない。このように、
先行研究には創造的な音楽活動の実践例は多く見られるが、その一方で実践
によって確実な実践力を習得させる難しさが浮き彫りになった。

　次に示すのは、4年制の保育者養成校であるT大学における音楽系関連科
目のカリキュラムである（表3-1）。

表3-1.「表現」と「音楽」に関するカリキュラムの例

	1年次	2年次	3年次	4年次
保育表現技術	音楽	音楽Ⅱ		音楽Ⅲ
保育内容演習	保育内容（表現）			
その他（ゼミ）				保育総合演習（前期）・保育専門演習Ⅱ（後期）〔2014年「保育児童専門演習」に改名〕

　T大学では、1年次に「音楽」と「保育内容（表現）」が必修科目として

位置づけられている。「音楽」では基礎的な音楽理論とピアノの基礎的な技術の習得を目指す。また、「保育内容（表現）では、音楽表現を含む多様な表現についての理解と実践を目指す。2年次の「音楽Ⅱ」では、子どもの歌の歌唱と弾き歌い、幼児用楽器の扱いと奏法の習得を目指す。さらに4年次は2014年から「音楽Ⅲ」が必修となったため、ピアノの応用的な使用、現場に即した音楽的活動の立案と実践を目指している。そして「総合演習」、いわゆるゼミにおいては、学生の興味・関心に従い、音楽・表現に関するテーマを扱い、実践・探究を行っている。

　このような現状の中、筆者は可能な限り、音楽療法的なアプローチを授業カリキュラムの中に取り入れてきた。筆者がこれまでに実践した授業例を一覧表にして示す（表3-2）。

表 3-2. 療法的アプローチを取り入れた授業実践例

分類	活動	活動内容	実践の場	目的・意図
楽器を介した活動	①トーンチャイムで音のキャッチボール	トーンチャイム（5～7音）をランダムに鳴らして音楽を創る。ツリーチャイムやピアノを加えて演奏する	音楽Ⅲ 総合演習 公開講座	即興性 創造性 相互反応性
	②太鼓で音のやりとり	テーマ曲に沿って、各々が順番に即興的に叩く。叩くための充分な間がある	音楽Ⅲ	即興性、個人のための間 相互反応性
	③楽器でアンサンブル	打楽器類でアンサンブルを行う。リズムパターンと「入る」「抜ける」の順番とタイミングを決めて行う	音楽Ⅲ 公開講座	拍の保持、選択権、一体感・集団性
	④トンガトンの体験	民族楽器「トンガトン」の演奏法を学び、即興演奏を実践する	総合演習	即興性、奏法・音程の解放、一体感・集団性
他の表現媒体と共に	⑤「スイミー」に音響的効果	「スイミー」に音響的な効果を加え様々な表現媒体（読み聞かせ、紙芝居、劇、ペープサート）で表現する	表現（通学）表現（通信）公開講座	音の探求 音の割合 音の配置 タイミング 表現方法のアイディア
	⑥「大きなかぶ」に音響的効果	「大きなかぶ」に音響的な効果を加え様々な表現媒体（読み聞かせ、紙芝居、ペープサート、劇）で表現する	表現	

	⑦紙芝居、絵本に音響的効果	紙芝居や絵本を選択し、それに音響的効果を加えて表現する	音楽Ⅲ表現	表現媒体との関係性
言葉・身体との関係	⑧言葉によるリズムアンサンブル	柳沼（2003）の『リズムムービング』を基にし、言葉を使ったリズムアンサンブルを創り、身体的な動きを伴って表現する	表現	言葉の語感・リズム、重なり、反復、視覚的要素との連動
	⑨音のない世界	音や声を一切発せず、ある状況を説明する劇、パフォーマンスを創って表現する	表現	音・音楽のもつ意味、聴覚的要素の排除
伴奏の在り方	⑩シンプルな伴奏づけ	コードネームによる伴奏を考える際、シンプルにかつ弾きやすさを追求した形を考える	音楽	和音における音の機能
	⑪1つのメロディーに複数の伴奏づけ	シンプルなメロディーに何通りか和声づけし伴奏を創る。高山（2011）の「ドレミファソング」を演奏する	専門演習Ⅱ公開講座	和声づけの違いによるメロディーの聞こえ方
	⑫難易度の違いによる伴奏の違いと影響力	伴奏の難易度を3段階に設定し、それぞれの楽譜を比較し、その違いや子どもへの影響について考える	公開講座	保育者・子どものセットポイント
総合	⑬創造的な音楽活動	グループで創造的音楽活動の指導案を創らせ、実践する	音楽Ⅲ	創造性の理解・実践

　これらは、主に保育児童学科で開講された科目の中で実践してきたものである。またわずかだが、現職保育者向けの公開講座においても実践してきた。内容を分類すると、「楽器を介した活動」、他の表現媒体などと共に「ストーリーに音響的効果を加える活動」、「言葉・身体との関わりをもった活動」、「伴奏の在り方」、総合的な活動として「創造的な音楽活動の立案と実践」に分けられる。

　これらの授業実践における目的や意図を表の右側の欄に示した。コンセプトとして、先に示した創造的音楽療法の概念、つまり、「子どもの内部にある音楽性を出発点とすること」、「音楽の多用な機能を最大限使うこと」、「音楽を即興的、かつ創造的に使うことにより、応答的な対応をすること」等を念頭においている。

これらの授業の中で、特に「①トーンチャイムで音のキャッチボール」と「⑤スイミーに音響的効果」の授業を取り上げ、次節において詳細を分析、検討する。この2事例を抽出した理由は、①は既に音楽療法士が保育の現場で子どもを対象に行っている活動の一つであり、子どもの創造性を育むのに効果的だということ、⑤は保育には欠かせない「絵本の読み聞かせ」の経験を積みながら、同時に音楽療法的なアプローチについて考える機会を与えるのに適した活動だからである。

　以上のような理由からこの2つの活動を抽出し、次節において分析、検討を行う。

2．保育者養成校の学生の実態

　保育者養成校の学生は、どのような音楽的な背景を基盤にして保育者養成校で音楽表現の能力を身につけていくのであろうか。T大学の保育児童学科の1年次を対象に行った質問紙調査により、音楽的な背景の実態とそれに伴う問題点と課題を明らかにする。

（1）質問紙調査の概要

　第1章第3節において、保育者（保育士・幼稚園教諭）に対し、42項目の音楽的能力に関する記述式の質問紙調査を行った。同様の質問紙調査をT大学の保育児童学科1年次の学生に対し実施した。調査時期は、「表現」の授業を履修し、これから「音楽」の授業を受講する1年次の秋である。したがって回答の内容には、大学入学以前の個々の音楽体験が反映されているものと推察することができる。

　回答はKJ法を用いて分析した。記述内容を一文ごとにカードに記入し、類似した内容をまとめ、カテゴリー化した。それを小項目とし、さらにそれらを束ねて中項目・大項目としてネーミングし、表にまとめた。

　なお、分析結果の信頼性を保つため、保育者経験のある研究者に全項目の

約10％にあたる回答のカテゴリー化を依頼した。その結果、ネーミングのつけ方に差は出たものの、カテゴリー化の段階では大よその一致をみた。

学生の回答を保育者の回答と比較した結果、42項目の質問に対してほぼ同様の結果を得た。ただし16項目については、学生のみに見られる特徴的な回答があったため、そのキーワードと質問番号、質問内容を下記の表1-1に示す（A1～A42の質問事項と回答の分析結果については、資料5. 264～273頁を参照のこと）。

表 3-3. 学生の回答にみられた独自のキーワード

	学生の回答のみに出現したキーワード	質問内容
1	音楽教育の一環	Q1：音楽の生活化における意義 Q2：音楽活動の位置づけ Q28：歌唱指導の工夫
2	生活のリズム・挨拶・区切り	Q1：音楽の生活化における意義 Q2：音楽活動の位置づけ Q4：園独自の活動 Q5：園独自の活動の意義 Q6：子どもが感得するもの Q15：生活の歌の使用 Q39：ピアノの使用場面
3	簡単で単純な音楽	Q21：子どもに提供する音楽の質
4	人前での演奏に対する羞恥心	Q5：園独自の活動の意義 Q7：音楽的な未来像
5	自由にやらせる	Q10：自発的な表現に対する援助 Q11：表現の活性化に必要なもの
6	リクエストに応える	Q34：即興演奏の効用（ピアノ） Q35：即興演奏の効用（ピアノ以外） Q37：即興演奏技術の必要性
7	音を他の表現媒体に使う経験	Q41：他の表現媒体との併用

（2）問題と課題

　上記の表3-3に示されたキーワードを基に学生の実態を考察すると、以下のことが浮かび上がってきた。

　まず、保育における音楽の捉え方についてである。学生は3つの質問項目に対する回答で、保育における音楽活動を「音楽教育の一環」として捉えている傾向がみられた。保育者にはなかった回答が、少数の学生にみられたのは、学生自身が幼少期以後に受けた教育に、影響を受けている可能性が考えられる。

　次に、「おはようの歌」や「お帰りの歌」に代表されるようないわゆる「生活の歌」の捉え方についてである。

　保育者は、これらの歌を取り扱う際は、子どもの主体性を大事にし、保育がマンネリ化しないよう臨機応変に使うとの回答だったのに対し、学生はこれらを肯定的に捉え、挨拶や生活のリズムが身につくので使用するべきだと回答していた。この回答の根拠として、学生自身が使用する環境で育った、あるいは使用する環境を目にした等の理由から、「生活の歌」を合図として使用することに対し、疑念を抱かなかったことが考えられる。

　次に、子どもにとっての音楽の質についてである。「子どもに与える音楽は、簡単で単純なものが良いか」という問いに対し、「良い」とする回答が60％を占めた。保育者は、子どもが「聴く音楽」、子どもが「奏でる音楽」を分けて考え、それぞれ難易度やジャンルを考慮して与えるべきだと回答しているのに対し、学生は多様な活動にそれぞれ意図や目的があることを想定するまでに及ばず、「子どもに与える音楽＝簡単で単純な音楽」と断定してしまう傾向がみられた。また、子どもに音楽の機会を与えるのは、「将来的に、人前で恥ずかしがらずに演奏できるため」とする回答があった。これは、学生自身の成長過程で、人前での演奏に徐々に抵抗を覚え、その感情を幼少期に克服させようとする意図が感じられる回答である。

　さらに、「子どもが生き生きと表現するために保育者はどう援助するべき

か」という問いに対し、「自由にやらせる」と回答した学生がいた。「自由にやらせる」という言葉には、「子どもの気持ちや意見を尊重する」という意味と、「やりたいようにやらせる」という放任ともとれる意味が混在している可能性がある。実際の保育の場で、子どもの好きにさせる場合は、環境設定や声かけに充分な配慮が必要だが、その見通しが立たないためだと思われる。この回答は、「創造的な音楽活動」の授業[4]で、学生に模擬保育を体験させた際、「好きに動いて」、「好きに鳴らして」等の指示語が多く、保育者が活動の枠を決めずに、子どもの自由にさせることが創造的な活動だと勘違いしている学生が見られたことと無関係ではない。

　加えて、即興に対するイメージは「子どものリクエストに応えられる」とする回答が見られた。これはピアノの即興演奏の生かし方に対するコメントだが、「ピアノを即興的に演奏すること」と、「その場で即座に演奏できること」を混同しているように思われる。「子どものリクエスト」の内容によっても異なるが、子どものリクエストに応えるためには、保育者が様々なレパートリーをもち、それらのレパートリーをピアノで弾けることが要求されるが、必ずしも即興演奏ができることとは同一の意味ではない。

　最後に、音や音楽を他の表現媒体に取り入れた経験については、80％の学生が「ない」と回答している。つまり、歌を歌ったり楽器を演奏したりする活動は、経験があるものの、絵本や劇、紙芝居等に音や音楽を取り入れた経験はほとんどないといえる。

　以上の質問紙調査の結果から、学生が抱える問題点と課題について考察する。

　学生の保育観や音楽観には、自身の幼少期以降の経験が反映していると考えられる。それと同時に、質問紙調査の時期が1年次の秋だったことも考慮する必要がある。入学後まもない学生は、保育の目的や意義に関する知識が十分でない上に、保育関連科目の履修が始まったばかりである。このような状況を鑑みると、保育的な視点の欠如はある程度やむを得ないであろう。し

かし見方を変えれば、この時期の調査だからこそ、学生がこれから保育者養成校で学ぶべきことが、具体的に浮かび上がってきたともいえる。

このような結果を受け、保育者養成校では、近年の保育の動向を意識しながら、かつ学生が幼少期に経験してこなかった新しい保育観や音楽観を提示する必要がある。その上で一人ひとりが保育者として、独自の保育観や音楽観が形成できるよう指導していく必要がある。具体的には、保育における音楽の捉え方や、保育における音や音楽の使い方についてである。このような問題と課題を踏まえながら、第2節では即興性を重視する授業を、第3節では音による描写性を重視する授業を扱う。これらの詳細については、後の節で述べることとする。

第2節　即興性を重視した授業事例

1．授業分析の目的

第2章第3節では、療法的アプローチを保育の活動に導入している先行事例として、下川氏が保育園で実践している「音楽表現活動」を考察した。これらの活動では、セラピストが年齢と集団の状態を考慮しながら適切に介入することによって、子どもの主体的で創造的な表現を引き出している。

本節では、保育者養成校で下川氏の「音楽表現活動」の一つである「トーンチャイムで音のキャッチボール」という活動を実践し、分析・検討する。この活動を取り上げた理由は、第1にセラピストが保育の場で実践している活動で、既にその効果が実証されていること、第2にセラピストが実践していた「音楽表現活動」の中で、最も即興的で創造的な性格をもつものだからである。この活動を通して学生が療法的な活動の特性と意義について考え、そこから得る気付きや学びを分析・検討することを目的とする。

この活動における「療法的な視点」とは、第一に即興性を重視している点である。この活動自体も即興的であるが、活動をより音楽的にする保育者の介入方法も即興的である。第二に創造性を重視している点である。この活動

には、基盤となる楽譜もモティーフもオスティナートもない。5つの音をランダムに鳴らし、音を紡いでいく過程でメロディーのような音のつながりが生まれる。つまり、主体性をもって積極的にこの活動に関わらなければ、音も音楽も生まれない。自ら発信し、選択し、決定するサイクルを繰り返す過程で創造性を必要とする。第三に、自己と他者の相互反応を促す点である。この活動は5～7人で行うため、集団内における音楽的なコミュニケーションが求められる。また、この活動を支えるピアノやツリーチャイムの演奏者にも、トーンチャイムを奏する者との音楽的なコミュニケーションが要求される。音や音楽を介しながら、自己と他者を充分認識し、お互いが音楽の中で相互に関わり合う体験を促す。

　以上のような活動の特徴が、学生にどのように浸透し、影響を与えるのかについて、探究1、探究2を通して分析・検討する。

2．授業概要と分析方法
（1）授業概要
　対象となる事例は、2012年～2014年に、T大学S学部保育児童学科4年次生81名を対象に行った「音楽Ⅲ」、「保育総合演習」、「保育児童専門演習」の授業（全15時限）のうち、各3時限分に相当するものである。その詳細を表3-4に示す。

表 3-4．活動概要

実施時期	授業科目	学生数	分析
2012年5～6月	「保育総合演習」「音楽Ⅲ」	36名	探究1
2013年5～6月	「保育総合演習」「音楽Ⅲ」	39名	探究1
2014年4～5月	「保育児童専門演習」	6名	探究2

　活動の概要は、5～7人が円になって向かい合い、5音（C・D・E・G・A）のトーンチャイムを一本ずつ持ち、音のキャッチボールをする要領で、

相手に向かって音を鳴らして音楽を創っていくというものである。その際、ピアノやツリーチャイムは1名ずつ希望者を募り、即興的に入れながらトーンチャイムによる音の連続性を支え、より音楽的にしていく。授業は表 3-5 に示した要領に従い、実施した。

表 3-5. 活動内容

回	授業テーマ	授業内容	授業の意図・目的
1	・エア・キャッチボール ・楽器の認識と演奏	・楽器を持たずに身体的動作だけでキャッチボールを行う ・楽器を持って同様の動作を行う	・音を相手に届ける、音を相手から受け取る ・楽器の音色・奏法に慣れる
2	・体験から得られる心身の変化 ・活動の中で起きていること	・メンバー、担当の音、担当楽器、配置等を変えながら、同様の活動を数回行う	・自分自身の内的変化、自己と他者の間に起きる変化に気づく
3	・活動を通して感じたこと、学んだことの振り返り	・一連の活動を通して感じたこと、学んだことをワークシートにまとめる	・療法的な活動の特性と意義を感得する

（2）分析方法

　授業の分析は、先に示した表 3-4 にあるように、探究1は、2012年、2013年のワークシートと映像を基に分析し、探究2の分析は、2014年の事前・事後アンケートと映像を基に分析した。探究2を実施した理由は、1回目で得られた結果が学生の中でいつ身についたものなのか、活動前と活動後でどのような変化が起こっていたのかを、より明確にするためである。

　授業は全て筆者自身が行い、2012年、2013年の授業については、各グループの演奏の様子を録画により記録し、活動後に活動に対する発見や学びをワークシートに記入させた。その記述にあるキーワードを基にカテゴリー化した上で、学生が活動から感受したものを図にまとめ、検討した。また映像か

らは、即興的に創られた音の並び（メロディー）を記譜し、曲の長さや音の配列、即興を支える要素等について分析、検討した。

探究2の2014年の授業については、グループの演奏の様子を録画により記録し、活動の前後にアンケート調査を行い、その活動の前後で音や音楽的活動に対する意識や感覚がどのように変化したのかを分析、検討した。

3．結果と考察

（1）結果

探究1．1）ワークシートからみる学生の学び

2012年、2013年のワークシートの記述に基づき、多くの学生から共通して得られたカテゴリーを大枠に、少数意見として得られたカテゴリーを小枠にして示した。また互いに関連すると思われるカテゴリーを併記し、図3-1に示した（カテゴリー化した表については、資料6．274～281頁を参照のこと）。

大多数の意見のカテゴリーとして抽出された項目は、トーンチャイムとその周辺の楽器に関すること（音色や奏法、役割について）、活動の特質や構造に関すること、演奏から生まれる感情に関することに大別された。また、少数の意見のカテゴリーとして抽出された項目として、指導的な視点に立った記述がいくつか見られた。

ここから、ほとんどの学生がトーンチャイムという楽器に初めて出合い、この活動に没頭することにより新鮮な体験をし、それを心地良いと感じていたということがわかる。それは、楽器自体の音色や響きに魅了され、活動の印象を「楽しい」と記述していることからも明らかである。奏法については「簡単に操作できる」としながらも、音の配列、音と音の間隔、音色（ねいろ）、音価にこだわりながら演奏しており、同時にアイコンタクトの重要性や、コミュニケーションが成立する感覚を味わっていることがわかる。

活動の特質や構造についても、鳴らし方に順序はなく、ランダムに鳴らすことへの自由度や開放感を味わいながら、それによってできるメロディーが

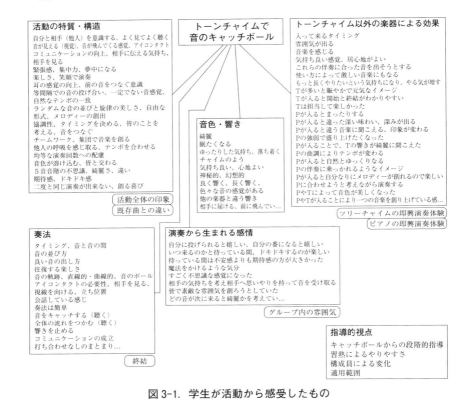

図 3-1. 学生が活動から感受したもの

美しいと感じていた。また、音の順序性だけでなく、音と音の間隔（間）を一定に保つことを強要しなかったが、活動を続けるうちに、徐々にテンポが一定になっていく自然発生的な現象についても気づいていた。

またこの活動を行うためには、視覚的・聴覚的な感覚を研ぎ澄ませる必要があり、相手の動きと音を視覚的に捉えること、音そのものと音と音の間隔を聴覚的に聴くことが要求される。その結果、緊張感をもち集中して臨む必要があると指摘していた。

さらに、即興性を重視した活動ゆえに、いつ自分の番が来るのか予想でき

ない不安感や期待感があり、それを十分に体感していた。

　特に、トーンチャイムの演奏にピアノとツリーチャイムを即興的に入れたことについて。多く触れていた。ほとんどの学生が、これらの楽器を導入することにより、音楽の質が向上したと捉えており、自分の楽器を鳴らすことに集中しながらも、これらの楽器の音への傾聴ができていたことを示している。これらの楽器が、ある時は主導的に、ある時は補佐的な役割を担っていたことにも、ある程度気づいていたことが窺える。

　また、個人の役割はシンプルだが、個人の1音が音楽の一端を担っていることから、集団への意識が高まり、そこで音楽がどう創るべきかを考えるようになり、その意識が集団としての一体感や充実感へつながっているように読み取れた。

探究1．2）映像からみる音楽的コミュニケーションの様相

　活動は何通りか試み、トーンチャイムのみで行う場合、それにピアノを即興的に加える場合、またツリーチャイムを即興的に加える場合等を実施した。ピアノはほとんど筆者が担当したが、時によって希望する学生に担当させ、ツリーチャイムも希望者に担当させた。これらの楽器を担当した学生によって、一回一回違った曲調の音楽に仕上がった。なお、ツリーチャイムは、下川氏の実践では使用していなかったが、筆者がトーンチャイムの音を支える重要な役割を担うものとして取り入れた。

　次に示すのは、使用楽器と創造した音楽の小節数、音同士の往復回数についてである。2012年は計5回の実施のうち、3回は筆者がピアノを演奏し、2回は学生が学生がツリーチャイムを担当して演奏を行っている。また、2013年5月20日の2回目と2013年5月31日の2回目は、学生がピアノを演奏している。

表 3-6. 使用楽器、小節数、音の往復回数

実施日		トーンチャイム	ピアノ	ツリーチャイム	小節数	音の往復回数
2012.5.7.	①	○			14	7
	②		○		14	3
	③		○		19	8
	④			○	20	10
	⑤		○	○	15	5
2012.5.28.	①				18	4
2013.5.20.	①			○	16	3
	②		○（学生）	○	12	1
	③		○	○	12	2
2013.5.31.	①		○	○	20	1
	②		○（学生）	○	22	4
	③		○	○	25	5

　表 3-6 に示した小節数は、拍節的に演奏したと想定して、大よその小節数を表したものである。12～25小節の長さがあり、日時、回によってばらつきが見られた。この活動を行う際、曲の長さについて、「いつ、どのような形で終わるように」との指示を出していないため、このような結果が得られたのではないかと推察する。

　曲の長さを決定づける要因として、第1にピアノの伴奏が考えられる。ピアノの担当者が、トーンチャイムを演奏している学生に、曲の終わりを感じさせるように、伴奏のテンポを遅くする等、誘導的に弾いていたからである。第2に、この演奏行為、つまり「相手から受け取った音を他者に向けて投げる」という行為に飽きてくる集中力の限界と関係しているのではないかと推察される。第3に、曲の長さが決まっていないため、メンバーの一人ひとりに終結のタイミングを考える機会を与えており、メンバーの各々の思惑が関係していると思われる。メンバーのうちの誰かに、終わろうとする気持ちが

芽生えると、その意志をジェスチャーで表していたことから推察できる。

次に、表に示した音の往復回数についてである。「音の往復」とは、一人一音を担当しているため、「自分に向かって音を投げてきた相手に対して、再度音を投げ返した」ことを意味する。

譜例3-1は、2012年5月の第4回目の演奏を音に示したものである。ただし、必ずしも拍節感をもって演奏されたものではないため、拍子はつけず全音符で4拍ずつ示している。この回の演奏では、二音間の往復が10箇所みられた。他のケースではこれほど二音間を往復する箇所が多くなかったため、極めて多い例だといえる（その他の事例の譜例については、資料7．282〜285頁参照のこと）。

ワークシートに、「二音間で往復させる」行為を「面白かった」との記述があり、ある特定の相手に対し、意図的に音を投げていたことがわかった。また、次の相手を決める要因には「親しさが関係している」と記述していることから、メンバー相互の関係性の上に成り立っていることに気づいていた。往復回数が他の回より多くなったのは、メンバー相互の親密度と、活動を反復していくうちに要領を覚え、別の楽しさを見出そうとする心理的欲求によ

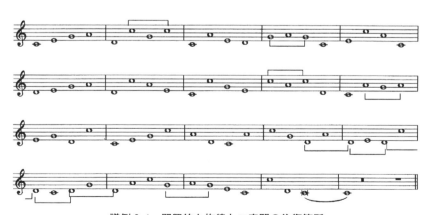

譜例3-1．即興的な旋律と二音間の往復箇所

るものと推察できる。また、この活動が「音を奏でる」以外の要素、つまり自己と他者をつなぐ音楽的コミュニケーションを誘発する要素を包含していることとも深く関係している。それは、音楽的コミュニケーションが活発に行われる過程で、集団内の人間関係に変化が見られたことから明らかである。この活動は、表面的にはランダムに音を投げあっているだけのシンプルな活動にみえるが、次に鳴らす人が決められていないため、相手を選択し決定するのは、メンバー個人の判断に委ねられる。「この活動に参加しているうちに、相手への思いやりや気づかい等の感情が芽生えた」との記述にあるように、音を介して活動に参加している間に、学生間に信頼感が芽生え、それが集団内の人間関係を変化させ、最終的に音楽的コミュニケーションを円滑にさせていたと考えられる。

　以上のように、音楽的コミュニケーションの様相は、小節数を分析した結果、「集団内のメンバー」、「ピアノの伴奏」、「終結を意識する人の行動」との関係が明らかになり、音の往復回数を分析した結果、「集団内の人間関係」「信頼度」「音楽的コミュニケーションを誘発する要素」等が関係していることが明らかになった。

　探究2．活動の前後による意識の変化

　2014年の実践では、活動前と活動後にアンケート調査を実施し、学生の意識の変化を調査した。その結果が図3-2である（事前・事後アンケート結果のカテゴリー化については、資料6．274〜281頁を参照のこと）。

　探究2の実践では、6名の学生がこの活動に携わったが、6名全員がトーンチャイムへの認識があり、楽器そのものに新鮮味は感じていなかった。ただ活動後には、鳴らし方の違いによって音の強弱も表現できることを4名の学生が体感している（トーンチャイムの実践記録は、資料8．286〜291頁を参照のこと）。

　活動前は楽器演奏に対するイメージとして、幼児用楽器や鍵盤ハーモニカ

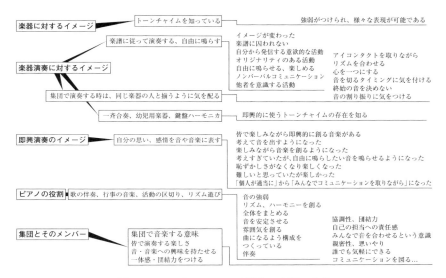

図 3-2. アンケートにみる学生の意識の変化

等を用いた一斉合奏を思い浮かべたようだが、活動後にはトーンチャイムを即興的に用いた活動の存在を知り、明らかに「イメージが変わった」と回答している。また楽器を用いた活動の方法も、「楽譜に従って一斉に鳴らす」、あるいは「個人個人が好きなように鳴らす」というイメージをもっていたようだが、活動後は「楽譜に囚われない」、「主体的に関われる」、「オリジナリティ溢れる音楽ができあがる」、「コミュニケーションが図れるもの」と変化している。

さらに楽器を集団で演奏する際の注意点として、どのような点に気を付けるかという問いに対し、「同じ楽器同士が揃うよう気を配る」としていたのが、ただ揃えようとするのではなく、「一人ひとりの音に耳を傾け」「（お互いを）尊重しながら」、なお「集団として一つの音楽になるよう」気を配るとの回答になり、確実に意識の変化がみられた。

即興演奏については、「個々がそれぞれの思いを音楽に託す」イメージを

もっていたが、活動後は、「恥ずかしいと思っていたが楽しくなった」や「難しいものだと思っていたが、楽しくできるものだと思えるようになった」と記述にあるように、「皆で楽しみながら行えるもの」というイメージに変化している。

ピアノの役割については、それまでは「日常歌う歌」、「行事における音楽」、「活動の区切りとしての曲」、「リズム遊びの曲」に対して使用するものとして認識していたようだが、活動後は、「即興的な音のつながりを音楽的にするため」、あるいは「リズムやハーモニーを補強する」「全体をまとめていく」、「（音楽を）構成していく」役割を担えることに気づいていた。

さらに、集団で音楽をする意義についても、「音や音楽への興味をもたせ」、「皆で音楽する楽しみを味わわせること」としていたが、活動後には、楽しさの質に具体性が増し、「自己責任をもちながら」「コミュニケーションをとる」中で、「仲良くなり思いやりの心をもつ」ようになり、「協調性や団結力が生まれる」という回答に変化している。このように、学生の意識は、即興性を重視したこの活動を通して、明らかに変化したといえる。

（2）考察

探究1と探究2の分析結果を、療法的視点を導入する観点から考察すると、次のようなことがいえる。

1）学生の内的変化

今回取り上げた「音楽表現活動」の一つである「トーンチャイムで音のキャッチボール」では、この活動自体がもっている療法的側面が、学生の意識や感覚に刺激を与え、内的変化をもたらしたと考えられる。

内的変化は、「楽器に対する気づき」、「『音楽の創造』に対する概念の広がり」、「集団での音楽活動によるコミュニケーションの芽生え」、「音や音楽を支えるために使う楽器の機能」の面についてみられた。

その理由として考えられるのは、「音楽表現活動」の一つである「トーンチャイムで音のキャッチボール」の活動自体が包含している特質である。この特質が、学生の意識や感覚に刺激を与えたと考えられる。特に考えられるのが「活動における即興性」である。その場その場で音を鳴らしていくため即興性が非常に高く、二度と同じ演奏はできない。それゆえに、自分達だけのオリジナリティ溢れる音楽を創造していく喜びを体験していた。これによって、質問紙調査結果にあった「子どもからのリクエスト曲を、ピアノで弾いてあげること」とする「即興演奏」のイメージは、より身近なものとして受け止められるようになったと捉えられる。また、即興的に演奏するということには、楽譜に頼らずに視覚や聴覚を覚醒させる効果があった。譜例3－1でも示したように、音の並びはランダムで、音楽に不可欠な「拍に対する概念」が覆されるような仕組みが隠されていた。このような形式の音楽や活動に触れることで、探究2における活動前のアンケート調査結果にみられた「既存の曲を楽譜通りに演奏する」という楽器演奏に対する先入観が払拭されたといえる。

　次に考えられるのが、「楽器の機能」である。トーンチャイムのみの場合と、それにピアノやツリーチャイムを加えた場合を比較すると、ピアノやツリーチャイムが加わることで音楽の質が豊かになることを感じ取っていた。それは、楽器数の増加により音色が多彩になったこととも関係しているが、ピアノは和声的・拍節的な支えとして機能し、ツリーチャイムはフレーズを区切ったり、終結を印象づけたりする合図として機能していたことが関係している。楽器を使うことだけに囚われず、「取捨選択する」という試みが、楽器の機能に気づく引き金になったと考えられる。この点について、2012年、2013年の学生は、楽器の機能や役割を考えるまで至っていなかったが、2014年の学生は、ある程度踏み込んだ考察ができていた。同時に、質問紙調査の結果や模擬授業では、創造的な活動において子どもが生き生きと表現する為には、「自由にやらせる」、「やりたいようにやらせる」と回答していたが、

この活動後には、創造的な活動においてはリズムやハーモニーを補強したり、全体をまとめたりするためにピアノの役割が重要であることに気づいている。つまり、子どもたちの創造性を音楽の形に近づけるためには、保育者の音楽的な支えが必要であることを感じ取っているといえよう。

　さらに考えられるのは、「子どもの創造性」についてである。この活動は子どもの創造性を促す仕掛けも包含している。学生がごく自然に、主体性をもって参加していたのは、この活動が「自分で選択して判断する」という行為の連続性によるものだと考えられる。自分が相手から音を受け取り、瞬時に次の相手を選択し、相手に向かって音を投げるという判断を下して行動に移していた。また、音楽の開始や終結も自分達に委ねられることにより、音楽の構造に対する意識の覚醒がみられた。日常、「音や音楽を自分でコントロールする」という場面はそう多くはない。選択の自由と判断する勇気、そしてそれに対する責任が伴うことが、音楽活動を主体的に捉えることにつながり、共創する喜びを感じる結果になったのではないかと推察される。

　最後に考えられるのは、「自己と他者の相互反応性」についてである。一人が１本ずつ担当し、ランダムに音を鳴らしていくという演奏形式自体が、学生にとって新鮮な体験であった。この形式は、通常の合奏の場面以上に自己と他者を意識させた。音楽を創造していくためには、常にアイコンタクトをとり、耳と目を鋭敏にしておく必要があった。緊張感の中で、集中力をもって行うため、いつしか活動に夢中になっていく。それと同時に、メンバーに対する感情が変化していき、言語を介さずに音楽的なコミュニケーションが深まっていった。この過程は、子どもと保育者の関係に置き換えることができる。子どもは保育者と音楽的なやり取りをする中で、相手との心理的な距離感が縮まるにつれて、音楽表現にも積極性がみられるようになる。また、相手への信頼感も生まれ、活動への参加度があがるにしたがって、退行性や反抗性が減少するのである。学生もこの体験を重ねるごとに、メンバーへの信頼関係が深まっていき、思いやりの心が芽生えたと回答していたことから、

この活動を行う子どもの心情を疑似体験できたのではないかと推察される。

第二に、この活動は学生の個人内にある音楽的な背景による既成概念を払拭する役割も担うことができた。1年次の段階で実施した質問紙調査の結果と照らし合わせると、音楽活動の捉え方や器楽演奏のイメージ、即興やピアノに対する思いも実施後には明確な違いが見られる。同様に、探究2の結果においても実施前後の変化は顕著である。こうした結果から、学生が即興的で創造的な音楽活動を経験することは、学生が幼少期に形成された音楽観を払拭し、新たな音楽観を形成する一助になったといえよう。

2）学びの階層レベル

探究1、探究2を通して、保育者としての学生の学びには、階層レベルがあることが導き出された。保育者養成校の学生が、将来、保育者として現場で保育を営むと仮定すると、授業で学生が学んだ内容が、保育現場で生きてこなければならない。この授業での学生の学びは、次のような階層レベルが考えられる（図3-3）。

この活動を体験した学生の多くが、「楽しい」、「音がきれい」、「ワクワク、

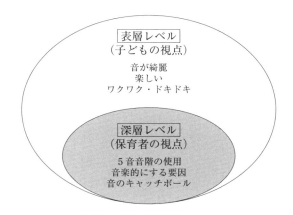

図 3-3．学びの階層レベル

ドキドキした」等、子どもがこの活動を体験した時と同じか、あるいは類似した感覚を得ている。この体験は、表層レベルでの「子どもの視点」による体験であるといえる。この「子どもの視点」にみられる特徴として、活動に素直な気持ちで参加し、それによって感受される感覚や感情を率直に述べている点が挙げられる。

　また、音のキャッチボールを成立させるための条件や、音の繋がりをより音楽的にするためピアノの役割等に気づいていた学生もわずかだがいた。この発見は深層レベルでの「保育者の視点」による体験で、保育者がこの活動を実践する際に配慮すべき点を認識できるレベルだといえる。この「保育者の視点」にみられる特徴は、活動に参加し、そこから得られる様々な感覚や感情を味わうだけでなく、活動全体を俯瞰し、なぜそう感じるのか、どうすればそう感じられるのかについて考え、気づいて適切な配慮ができることである。

　探究1では、ほとんどの学生が表層レベルの学びにとどまり、ごく少数の学生が深層レベルの学びに到達していた。このことを考えると、短期間での授業における学びには限界があると共に、学生自身がもつ音楽的知識や技能、音楽経験等も影響していると考えられる。

　ただし探究2においては、事前に活動の意図や目的について説明をした後、アンケート調査を行い、学生自身に活動の前後に考えさせる機会を与えたことにより、学びの質は確実に深まったといえる。それは、探究2の事後アンケートに、深層レベルに関する記述がみられたことから、明らかである。

　先行研究では、「創造的な音楽活動を実践する手立てが不明確で、具体的な方策を見出せなかった」（駒，2013）、「楽譜の再現に終始し表現が二の次になる問題点の改善策として試みた実践で、音楽とイメージの結びつき、音楽と動きが調和する重要性等は学べたが、創造的で躍動感あふれる体験は得られなかった」（福西・山本・三宅，2009）としていた。これらは、限られた時間の中で、学生自身の資質、音楽的知識、技能、保育の中でそれらを生かせ

る実践力等を向上させるのには限界があることを示している。

しかし今回の実践において、即興的で創造的な音楽活動に触れさせることにより、音や音楽に対する認識、楽器演奏に対する先入観、即興や創造することへの関心は明らかに高まった。ただし、この活動を保育者として実践していくための能力は、すぐに得られるものではなく、まず子どもの立場に立って「子どもの視点」で感じ、それから「保育者の視点」に立って、この活動の特性を生かすために音楽的な要素をどのようにコントロールすれば良いのかを考えられるような力を段階的に習得していく必要がある。

また、指導者側もこの活動の意義や目的を明確に示し、包括的な体験と共に、特定の部分については「保育者の視点」をもたせながら、学生の気づきを促すよう指導していく必要がある。

4．まとめ

保育者養成校において、療法的色彩の濃い活動、つまり即興性を重視した活動を実践し、分析、検討を行った結果、次のような点において、学生の気づきや学びがみられた。

①楽器や楽器の機能に対する意識の覚醒

②音楽の創造過程における概念の広がり

③集団内における自己と他者との相互反応

特に即興性を重視した活動であったため、楽譜にとらわれず、自ら選択し決定することを繰り返すことで音楽を創っていく過程は、斬新であり刺激的だったようである。この活動が、音や音楽の様々な機能を使いながら、自己と他者をつなぎ、充実感と達成感をもたらす効果があるということが明らかになった。

さらに、学生が柔軟で即興的な実践力を習得する過程においては、「子どもの視点」での体験に終わらずに、この活動を俯瞰する「保育者の視点」での体験を重ねる重要性が示唆された。それは探究1の結果から、活動そのも

のを体験する段階では、子どもの内部に起こる現象は類似体験できていたが、保育者の視点に立って創造的な活動を支える要素が何であるかを考える視点が欠落してしまうことが分かったからである。保育者として創造的な活動を実践するためには、一つの活動を「子どもの視点」と「保育者の視点」の双方から見られる眼をもつことが求められ、「保育者の視点」で再現できる実践力こそが、この活動を通して習得すべき力であることが示唆された。その上で、音や音楽で応答する力を養っていく必要があろう。同時に、指導の際には、探究2で試みたように、これらの気づきを促すための教員の工夫が必要不可欠であることが示唆された。

第3節　音による描写性を重視した授業事例

1．授業事例に関する背景

（1）先行研究の検討

　本節では、第2節に引き続き、保育者養成校において実施した授業の分析と考察を行う。保育者養成校では、音楽の表現技術の向上を目指した様々な授業が実践されている。特に、絵本のストーリーに音響的効果を加える実践は、先行研究にも多くの事例がある。例えば、小島（2007）は7冊の絵本に音楽をつけた学生の発表を紹介しており[5]、薩摩林（2008）は、日本の昔話を題材に効果音をつける音楽創作活動を試みている[6]。

　また倉持（1987）は、ある情景やストーリーに合った音をつけて表現させる実践を紹介し、そこで創作した音楽を再現できる記譜法の開発を提言している[7]。

　永岡（2003）はある絵本を題材に、そこからイメージされる音を探し、音楽づくりの実践を行っている。創造的思考や芸術的な創作と「アナロジー」の概念には深い関わりがあり、アナロジー的思考が表現教育に有効なコンセプトになるとしている[8]。この考え方は、絵本から受け取るイメージを音楽へ変換させる過程で起こる内的変化を表しており、非常に興味深い。

他方、竹内ら（2007）は、絵本の中にすでに音楽性が存在するとして、媒体そのものの画、言葉、テーマがもつ音楽性と読み聞かせの際の音声がもつ音楽性について論じている[9]。確かに、これらの要素は全体の印象を左右する大事なファクターである。

また、小島（2009）は、絵本から音楽作品を創る過程を着想、イメージのはたらき、吟味、音楽的アイディアの観点で論じ、音楽を聴くことの重要性を指摘している。豊富な音楽的アイディアをもつためには、他者の様々な作品を聴くことが重要だと指摘している[10]。

これらの先行研究は、イメージを音に表現する過程やその方法、成果等には触れているが、表現を発信する側の視点だけでなく、受け取る側の視点に立って考察していない。それは、保育者がどう発信するかという点が重要視され、その表現が子どもにどう受信されているのかという点が軽視されていることを意味する。この点に問題意識を持ち、本稿では、絵本のストーリーに音響的効果を加える実践を、次の点に基づいて実施する。

（2）療法的視点の導入

今回、筆者が実践した授業は、療法的な視点に立って実践し考察する点で他の先行研究と異なる。この授業を療法的視点で実施し考察することにより、音や音楽に対する意識改革が生まれ、音を柔軟に扱える方法と内容を習得できるのではないかと考える。

療法的視点に立つとは、第一に、セラピストが音楽療法のセッションでクライエントに対して行っている過程を体験することを指す。セラピストは、セッションの中でクライエントの表情や雰囲気、体の動き等から感じられたことを音の言葉で応答することで、コミュニケーションを図っている。この過程を類似体験するために、絵本のストーリーからイメージされる世界を音や音楽で描写し、一つの作品に作り上げる過程を体験させる。

第二に、セラピストはクライエントに対し、楽器だけでなく、声や身体を

使ってコミュニケーションを図っている。場合によっては、楽器以外のモノを音楽的に使用することもある。音響的効果を加える過程で、楽器以外のモノにも、音や音楽を奏する可能性があることを体験させる。

　第三に、セラピストは、クライエントのイメージや精神性、具体的な手がかり等を総合した全体像を表す手段として音や音楽を用いている。つまり、クライエントに対し、「今、あなたの状態は、このような感じですか？」というメッセージを音楽によって伝えるのである。このように、音や音楽を楽譜に記譜したものや既存の音楽を再現する等とは違う方法を用いているのである。音響的効果を考えるとき、音や音楽で何を描写できるのかについて考える機会を与える。

（3）二者（保育者・子ども）の立場から観る

　小島は、絵本を用いた音楽づくりの活動において、音楽を聴くことの重要性を指摘している。つまり、自己の作品創りに終始せず、他者の作品に触れ、様々な音や音楽を聴くことが、新たな表現を生むことにつながるとしている（小島，2009）。

　筆者は他者の作品を鑑賞し合うだけでなく、音や音楽による創作は保育者の視点で行い、音響的効果を伴ったお話の鑑賞は、保育者と子どもの視点、つまり二者の立場で観るという方法を試みる。それにより、保育者が「保育者の意図が子どもに伝わっているかどうか」に意識が向いているか、また「子どもが表現をどう感じているか」について、想像が及ぶのかを確認できると考える。

2．授業分析の目的

　前述したような研究の背景を踏まえ、本節では、保育者に必要とされる「音楽における表現技術」の向上を目指した授業事例を通して、学生が獲得したものを検証する。

第3章 保育者養成校における音楽性育成の可能性 143

　先稿で指摘したように、保育者には子どもの表現を読み取り、その表現に的確に応答する力が要求される（田﨑，2017）。しかし、保育者へのアンケート調査で、保育者には子どもの表現に対する「音による応答力」が欠如しているという結果が出た。ここから、子どもの表現は、保育者が音を操る力をもつことによって、さらに広がり深まるのではないかという方向性を示した（田﨑，2014）。

　本節では、音の描写性を重視した授業事例を取りあげるが、「絵本を読む」活動と「音楽を奏でる」活動を単に融合したものとして捉えるのではなく、絵本から想起されたイメージを、どうやって音や音楽に表現していくのか、そこにはどんな力が必要なのかに焦点をあてて分析・考察する。そこから、保育者が子どもの表現を的確に読み取り、音や音楽を使って即興的に応答できるような柔軟な実践力に結び付くような指導方法を模索する。

３．授業概要と分析方法
（１）授業の目的
　この授業では、保育の中で日常的に行われる「絵本の読み聞かせ」を取り上げ、絵本のストーリーから想起されるイメージをもとに、音響的な効果をつけ、作品を創る。その作品を保育者と子どもの視点に立って鑑賞させる。授業の目的は、以下の5点である。

1）ストーリーから想起されるイメージを、音や音楽で表現する過程を体験する
2）楽器以外のモノの役割や機能について探究する
3）音や音楽に、鳴っている音を再現・模倣する以外の機能があることに気づく
4）情景や心情を表現するのに適したモノについて考える
5）音や音楽による表現の際、音色、音価（音の長さ）、タイミング、重なり等を吟味することによって、表現内容が変化することを体験する

（2）授業の手続き

　この授業は、2011年8月14日、15日に、T大学通信教育学部37名を対象として実施した。「表現」の授業（全12回）のうち、5時限分を対象とした。授業内容は、4グループに分かれ、絵本「スイミー」のストーリー[11]に、音響的効果を加えた作品を創り、他の学生の前で発表するというものである。主な活動は15日の5時限で行い、前日の14日に事前の準備として、ストーリーを読み、物語の流れを把握してくること、ストーリーに見合った「音の鳴るモノ（楽器、楽器以外のモノを含む）」を探してくるように伝えた。授業概要は、表3-7の通りである。学生には、ワークシートに作品の特徴と鑑賞した後の

表 3-7.　授業概要

回	授業テーマ		授業内容	授業の意図・目的
事前 8/14	表現活動の準備 ・ストーリーの把握 ・音の鳴るモノを探索		各々が絵本を読みストーリーを把握する。各場面において音を入れると効果的だと思われる箇所を考え、その音を表現するモノを持参する	ストーリーのもつイメージを浮かべる。そのイメージを表現する音・音楽を連想し、表現するモノを考える。
1 8/15	音楽的表現を伴った表現活動〜ストーリーに音響的効果を伴って〜		絵本のストーリーを読み、話の内容を把握、音を入れる場面を抽出する	ストーリーのイメージとそれに見合う音を出し合い、イメージを共有しながらグループとしての方向性を模索する。
2			各場面に音を入れる 何をどのように使うかを決める	グループのイメージに従って、各場面に音を加えていく。
3			ナレーター、音響の担当を決め、それぞれを合わせて吟味する	アイディアを実践に移す。音を出し朗読部分を合わせ、全体のバランスをみる。
4			全体を通して合わせてみる	グループのチームワークを大事にしながら語りと音を作品として完成させる。
5			グループ発表、鑑賞と総括	互いに発表を観賞し、保育者、子どもそれぞれの視点から考察したことを発表する。

考察を記述させた。また、朗読部分と音響部分の関わりについては、台本を作成させ提出させた。

（3）分析方法

授業は筆者自身が行い、各グループの発表の様子を録音により記録した。

分析の手順は、ワークシートによる回答をグループ毎にまとめ、保育者、子どものそれぞれの観点からみた考察を分類した。そこから作品における音の重要度や、発信と受信の関係について分析した。

次に、朗読部分と音響部分の関係が示された台本に、音声録音から聴き取った授業者の解釈を加えまとめた。このデータを基に、作品に使われていた音楽的資源とその描写性について分析、検討した（各グループの台本は、資料9．292〜298頁を参照のこと）。

4．結果

発表の様子と音声記録、ワークシートの記述、台本を整理した結果、①発表形態と特徴、②発信と受信の関係、③音楽的資源とその描写性の3点に集約された。

（1）発表形態と特徴

4グループがそれぞれに話し合いを重ねながら課題に取り組んだ結果、各グループが異なった形態を選択することになり、発表内容に多様性が見られた。各グループの発表形態と特徴は、表3-8に示す通りである。

表 3-8. 発表形態と特徴

グループ	発表形態	特　　　　徴
第1	音と朗読	視覚的な刺激を排除し、音と朗読によりイメージを喚起させた。
第2	音と朗読と劇	動きを中心に据え、動きに合う音をつけていく手法をとった。
第3	音と劇	劇を中心に据え、クライマックスを意識した音づくりをした。
第4	音と絵本	絵本を紙芝居風にし、音の鳴るモノを使って音づくりをした。

　ストーリーを忠実に再現している点では、どのグループも共通しているが、「本を持って読む」という読み聞かせの基本的なスタイル以外の表現方法を選択したため、発表形態の多様性につながった。

　第1グループは音と声以外は使わず、視覚的な刺激を一切排除した。聴覚的な感覚を研ぎ澄ませて、耳による情報からストーリーを理解させることを目指していた。このグループは、発表の際、鑑賞者に目を閉じて音に傾聴するよう促していたことから、音を最も重視しており、音や音楽から想起されるイメージを大事にしながら、作品創りを行っていた。

　また、第2グループと第3グループは、音と声以外に身体的な動きを入れることで、演劇的な要素を取り入れ、視覚的にも楽しめる工夫をしていた。第2グループは、身体的な動きを軸にして、動きに合う音や音楽を模索していた。したがって音の重要度は、比較的低いといえる。また観る側も、身体的な劇的表現に強烈な印象を受け、音や音楽が果たした役割よりも、劇的表現によるインパクトの方が強く、印象に残ったため、その重要度が高かったようだ。第3グループも身体的な動きを伴っていたが、ストーリーのクライマックスシーンに効果的にピアノを入れることによって、劇的効果を生むよう工夫していた。そのため、第2グループよりも音の重要度は高かったといえる。

さらに第4グループは、カラーコピーした絵本を紙芝居のように持ち、絵による情報と音による情報をうまく融合させていた。このグループは、視覚的な要素と聴覚的な要素をバランスよく使っていたため、音や音楽がナレーションやその他の声の表現とうまく融合し合い、溶け込んでいた。この現象は、竹内ら（2007）の研究で指摘されていた「声のもつ音楽性」と音響的効果がうまく溶け合った例と捉えられる。加えて、このグループは音を一種の合図として使用した点が、特徴的であった。

（2）発信と受信の関係

発表後に記述するワークシートには、次の3点を記述するよう指示した。

⑴音楽的表現の面でどのような工夫をしたのか

⑵保育者の立場でそれぞれのグループの作品を鑑賞した場合、どのようにその表現を受容し、共感することができたか

⑶子どもの立場で他のグループの作品を鑑賞した場合、子どもに伝わるような配慮がある表現だったか

つまり、⑴の質問では、表現を発信する側としてどのような意図のもとで工夫をしたかについて問い、⑵の質問では、表現を受容し応答する保育者の立場として、何に気づき、どのように感じるかを問い、⑶の質問では、子どもの立場で鑑賞した場合、保育者に求められている表現力とは何かを問うている。

その結果、表現に対する発信者（発表者）と、受信者（鑑賞者）との関係が明らかになった。発表者のコンセプトが、鑑賞者に的確に伝わっているかという視点で分析する。

第1グループでは、「朗読と音楽のみで表現する」という表現方法が、鑑賞者の聴覚を刺激し、耳から聞こえてくる声と音だけで、ストーリーの展開や情景をイメージさせることに成功していた。ただ、子どもの視点で鑑賞した場合、声や音に引き込まれるとする一方で、「長時間目を閉じた状態で

話を聞くのは難しい」との指摘もあった。

発表者の意図と鑑賞者の受容の関係を図にすると、次のようになる（図3-4）。

第2グループでは、「音と朗読と動き」を表現方法とし、登場人物の動きや各場面に適した音をつけながら全体を作っていた。強調したい部分を全員の声によって表現する等、声のバリエーションが豊富であった。その結果、鑑賞者にはナレーションの表現力と動きによるダイナミックさが伝わり、「わかりやすく視覚的に楽しめた」との回答が多く見られた。身体の動きによる演技は、聴覚的な刺激よりもインパクトがあり、視覚的な刺激となって受け取られていることがわかる。

一方で、音として人の声を効果的に使っている点も評価されており、ナレーションの声の使い方や、全員の声を合わせて表現する場面等は印象的だったようである。

また、子どもの視点で鑑賞した学生からは、圧倒的に「面白い」とする記述が多く、表現されたものが確実に相手に届いていたが、その一方で「音よりも演技が気になる」とする見方もあった。これは、スイミーや魚たち、海の生き物を動きや表情をつけて表現し、それを補助する形で音や音楽を使用していたことに起因すると思われる。それは一方で、発表者の意図である

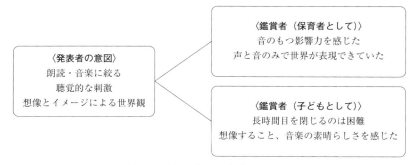

図3-4．第1グループ「音と朗読」

「動きを中心に据え、それに見合う音をつける」という方法が、鑑賞者側に的確に伝わったという見方もできる。

発表者の意図と鑑賞者の受容の関係を図にすると、次のようになる（図3-5）。

第3グループでは、劇を中心とした作品創りを行い、ストーリーのクライマックスシーンにこだわって、そこをうまく表現するための工夫をしていた。

このグループも、ピアノを効果的に使うことによって、様々な場面の感情や情景を表現しようとしたことが、鑑賞者に確実に伝わっていた。それは、楽器ではないモノの使い方にも表れており、これらの的確な使い方によって、単一的な音使いにならずに、鑑賞者の耳を楽しませることに成功していた。

また、子どもの視点で観た場合、小道具として用いた紙の魚が、目を楽しませてくれる一方で、音楽によって情景や感情をしっかりと描写しているため、ストーリーの中に入り込んで鑑賞することができたようだ。また、楽器でないモノから出る意外性のある音を「面白い」と感じ、「参加したい」という気持ちになったようである。音と朗読と劇がバランスよく入っており、

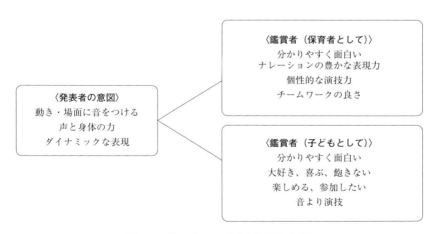

図3-5. 第2グループ「音と朗読と劇」

それぞれが相乗的な効果をもたらした発表だった。

　発表者の意図と鑑賞者の受容の関係は、図3-6のようになる。

　第4グループは、絵本を一ページごとにカラーコピーし紙芝居風にして見せたが、「観る」よりも「聴く」ことを主体に表現することを狙っていた。音響役は、鑑賞者から見えない位置で鳴らす等の配慮があり、その効果が鑑賞者にも伝わっていた。

　保育者として鑑賞した場合、紙芝居よりも音・音楽の表現に引き込まれていることがわかる。発表者の意図通り、情景や感情を巧みに音や音楽で表現し、音色や奏法にこだわった結果、作品が思惑通りに伝わっていたと解釈できる。また、ナレーションとのバランスや、音量や音の配分についても「配慮されていて良い」と評価されていた。

　また、子どもとして鑑賞した場合の回答として、「絵本より楽しかった」とあったのは、紙芝居風な絵本に、音響的効果が加わったことにより、ストーリーをよりわかりやすく表現できたという証であろう。そして、「静かにじっくり聞けた」のは、音や声の使い方に息使いや間があり、全体的に穏や

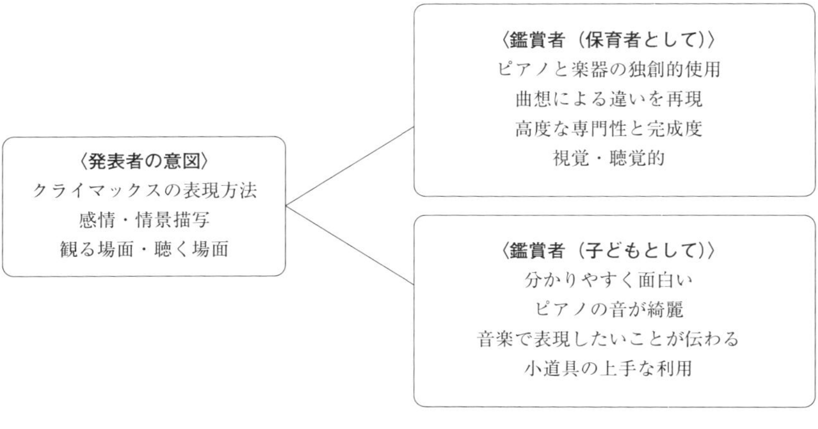

〈発表者の意図〉
クライマックスの表現方法
感情・情景描写
観る場面・聴く場面

〈鑑賞者（保育者として）〉
ピアノと楽器の独創的使用
曲想による違いを再現
高度な専門性と完成度
視覚・聴覚的

〈鑑賞者（子どもとして）〉
分かりやすく面白い
ピアノの音が綺麗
音楽で表現したいことが伝わる
小道具の上手な利用

図3-6. 第3グループ「音と劇」

第3章　保育者養成校における音楽性育成の可能性　151

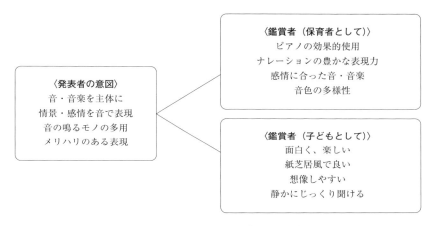

図3-7．第4グループ「音と絵本」

かな時間が流れていたことに起因すると思われる。
　発表者の意図と鑑賞者の受容の関係は、図3-7に示す通りである。

(3) 音楽的資源とその描写性
　音声録音と台本を分析した結果、各グループの描写に使用した音楽的資源とその描写性について、次のような点が導き出された。
　表3-9は、各グループが音楽的資源として使用した楽器、楽器以外のモノ、身体の一部を示したものである（各グループの台本とそれに対する授業者の解釈については、資料9．の292〜298頁を参照のこと）。
　全グループが共通して使用していたのは、トーンチャイム、ツリーチャイム、鈴、下敷きであった。これらが海や水を描写するのに適していると判断したためだと解釈できる。

表 3-9. 描写に使用した音楽的資源

	1グループ （音、朗読）	2グループ （音、朗読、劇）	3グループ （音、朗読、劇）	4グループ （音、絵本）
楽器	ピアノ		ピアノ	ピアノ
	トーンチャイム	トーンチャイム	トーンチャイム	トーンチャイム
	ツリーチャイム	ツリーチャイム	ツリーチャイム	ツリーチャイム
	大太鼓	大太鼓		大太鼓
	鈴	鈴	鈴	鈴
	マリンバ	マリンバ	マリンバ	
	マラカス	マラカス		
	ウッドブロック		ウッドブロック	
		鉄琴		鉄琴
	トライアングル		トライアングル	
		タンバリン		タンバリン
	ギロ			ギロ
	ウクレレ レインスティック 小木琴		ヒューポン 黒い笛	コーラス・エレク トリック（電子ピ アノ） カスタネット カバサ
楽器以外	下敷き	下敷き	下敷き	下敷き
	ビンで創ったマラ カス 風鈴 ビーズ	ビー玉を入れたマ ラカスのような缶	袋にビーズ ビンビーズ ぶんぶんゴマ 段ボール 大きなカエルのお もちゃ 塩・こしょうの入 れもの 音の鳴るおもちゃ	箱にビーズを入れ たモノ ビニール袋 空気入れ ラケット カタカタ押し車 紙、鈴、 キーホルダー
身体の一部	全員の声	全員の声	全員の声	
	足音 手を叩く	特殊な声		

第3章 保育者養成校における音楽性育成の可能性 153

　各グループの特徴は、次に示す通りである。

　第1グループは、ボディ・パーカッションのように身体の一部を鳴らし、手を叩く、足音を出す、全員で声を出すなどして音を出した。また、自宅からウクレレ、レインスティック、小木琴等を持ち寄った楽器を使っていた。

　第2グループは、ピアノは使用せず、人間の様々な声色を使っていた。

　また、第3グループは、ピアノを効果的に用いると同時に、自宅から持ち寄った楽器や、楽器以外のおもちゃ、段ボール等、音楽的資源が豊富でバリエーションがあった。

　第4グループは、自宅から持ち寄った楽器以外のモノも豊富だったが、電子ピアノに内蔵されている様々な音色を利用し、コーラスの声やエレクトリックピアノの音色を用いていた。

　これらの楽器は、「楽器としての機能」を考えると、ある程度限界がある。予め授業用に用意した楽器は、ほとんど子どもが簡単に容易に操作できるような打楽器類であった。また、自宅から持ち寄った楽器以外のモノは、音色に独自性はあっても、旋律を奏でるのには不適切であった。

　そうなると、旋律や和声を表現できる楽器は、ピアノ、電子ピアノ、マリンバ、鉄琴、ウクレレに限られてくる。各グループとも、これらの楽器のいずれかを使用していたことを考えると、楽器の種類と音や音楽が表現し得る領域との間には、何らかの関係があることがわかる。

　次に、本文と音の関係を記述した台本から、音楽的資源と音楽の描写性を探る。

154

表3-10. 第3グループ「朗読と音楽と劇」の台本と授業者の解釈

第3グループ 「スイミー」本文（朗読部分）	音響的効果	授業者の解釈
ひろい うみの どこかに、ちいさな さかなの きょうだいたちが たのしく くらしていた。★ みんな あかいのに、一ぴきだけは からすがいよりも まっくろ、でも およぐのはだれよりも はやかった。 なまえは スイミー。	トーンチャイム（A音を3回鳴らす） ★ピアノ（和音を分散させて弾く） ぶんぶんゴマ ツリーチャイム （低音から高音へ） ↓	・物語の開始を知らせる合図 ・長三和音を分散させて弾くことで、明るく平和な海の中を表現 ・「スイミー」という登場人物を印象づける音
ところが あるひ、おそろしい まぐろが、おなか すかせて すごい はやさで ミサイルみたいに つっこんで きた。 ひとくちで、まぐろは ちいさな あかいさかなたちを、一ぴきのこらず のみこんだ。 にげたのは、スイミーだけ。	___の部分でダンボールを激しく叩く 袋にビーズを入れて鳴らす ___の部分は無音	・突進してくるスピード感、獰猛さ、恐怖感を表現。ビーズは小さな魚たちが逃げ惑う様 ・静寂・間を効果的に使い、スイミーの孤独感を表現
スイミーは およいだ、くらい うみのそこを。 こわかった、さびしかった、とてもかなしかった。	ピアノ（短調の和音を分散させて弾く）	・スイミーの恐怖、孤独、悲しみ等の心情を表現
けれど うみには、すばらしい ものが いっぱい あった。 おもしろい ものを みる たびに、スイミーは だんだん げんきを とりもどした。 にじいろの ゼリーのような くらげ……	ピアノ（高音域で明るい曲調の旋律） 下敷き、黒い笛	・海の中のすばらしい魚たち、海のきらめきを表現 ・くらげがふわふわうかぶ様
すいちゅうブルドーザーみたいな いせえび……	大きなカエルのおもちゃ（穴をおさえ、机の上で強く鳴らす）	・「ブルドーザーみたいな」を表現
みたこともない さかなたち、みえない いとで ひっぱられてる……	マリンバ （グリサンド）	・不思議な感覚と、「ひっぱられてる」に触発される伸縮性のある感覚
ドロップみたいな いわから はえてる、こんぶや わかめのはやし…	袋にビーズを入れたモノ 瓶ビーズ ↓	・「はやし」に触発され、木々がサワサワなっている感覚
うなぎ。かおを みる ころには、しっぽをわすれてるほど ながい……	ヒューポン	・うなぎの体長を表現
そして、かぜに ゆれる ももいろの やし	鈴（控えめに）	・「かぜにゆれる」に

		対応した音
のきみたいな　いそぎんちゃく そのとき、いわかげに、スイミーは　みつけた。		
スイミーのと　そっくりの、ちいさな　さかなの　きょうだいたち。	音の鳴るおもちゃ（話している感じで）	・魚の兄弟たちが話している様
「でて　こいよ、みんなで　あそぼう。おもしろい　ものが　いっぱいだよ！」		
「だめだよ。」ちいさな　あかい　さかなたちは　こたえた。	声を重ねる（何名か同時に言う）	・「さかなたち」が口々に言う様子
「おおきな　さかなに　たべられて　しまうよ。」		
「だけど、いつまでも　そこに　じっと　しているわけには　いかないよ。なんとか　かんがえなくちゃ。」		・考えている様子
スイミーは　かんがえた。いろいろ　かんがえた。うんと　かんがえた。	ウッドブロック	
それから　とつぜん　スイミーは　さけんだ。		・アイディアが浮かんだ瞬間
★「そうだ！」	★トライアングル	
「みんな　いっしょに　およぐんだ。うみでいちばん　おおきな　さかなの　ふりして！」		・アイディアを実行し、それが問題解決へと向かおうとしているクライマックスを演出
スイミーは　おしえた。 けっして　はなればなれに　ならない　こと。 みんな　もちばを　まもる　こと。	ピアノ（「もののけ姫」より）	
みんなが、一ぴきの　おおきな　さかなみたいに　およげるように　なった　とき、スイミーは　いった。「ぼくが、めに　なろう。」	セリフの終わりと共に終わるように曲の長さを調整 ▼ 袋にビーズを入れたものを振る	・セリフの終わりと曲の長さを合わせ音楽とセリフが一体化している
あさの　つめたい　みずの　なかを、ひるのかがやく　ひかりの　なかを、みんなは　およぎ、おおきな　さかなを　おいだした。★	★トーンチャイム（Db、Ab、Db） ツリーチャイムで声を重ねる	・小さな魚たちがたくさんいる様 ・問題が解決した安堵感 ・話の終結を知らせる合図

　例として表3-10に示したのは、第3グループの台本の内容と授業者による解釈である。音や音楽が表現するものを分類すると、次の3つに大別することができる。

　①ストーリーから想起されるそのモノの音

　②登場人物の感情やその場面の情景を示す音や音楽

③場面転換、行動、存在を示す音

この分類にしたがって第3グループの作品を例に取り上げ分析してみると、表3-11のようになる。

表3-11. 音や音楽が描写するもの

楽器・楽器になるモノ	描写するもの	音の表現	種別 ①	②	③
トーンチャイム	物語の開始を知らせる	A音を3回鳴らす			○
ピアノ	海の様子を表わす	長三和音の分散		○	
ぶんぶんゴマ	速く泳ぐスイミー	ブンブン鳴らす			○
ツリーチャイム	スイミーのキャラクター	低音から高音へ			○
段ボール	突進する、飲み込む、恐怖	力強く叩く	○		○
袋にビーズ	逃げ惑う魚たち	激しく振る			○
（無音）	スイミーの孤独、悲しみ	間			○
ピアノ	スイミーの感情	短三和音の分散		○	
ピアノ	海の素晴らしさ、面白さ	長三和音の分散		○	
下敷き、黒い笛	くらげ	パコパコさせる、ピーと吹く			○
大きなカエルのおもちゃ	いせえび	穴をおさえて強く鳴らす			○
マリンバ	見たこともない魚たち	グリサンド			○
袋にビーズ、瓶にビーズ	こんぶ、わかめ	小刻みに振る			○
ヒューポン	うなぎ	音程を変えて吹く			○
鈴	いそぎんちゃく	控えめに鳴らす			○
音の鳴るおもちゃ	魚が話している様子	小刻みに振る	○		
ウッドブロック	考える様子	一定のテンポで刻む			○
トライアングル	ひらめく様子	一回だけ鳴らす			○
ピアノ	アイディアを実行に移し、問題解決する	〈もののけ姫〉の一部を弾く		○	

| 袋にビーズ | 小さな魚たち | 小刻みに振る | | ○ | ○ |
| トーンチャイム
ツリーチャイム | 物語の終わりを告げる | Ｄ♭、Ａ♭、Ｄ♭を順にゆっくり鳴らす | | | ○ |

　表3-11から、③場面転換、行動、存在を示す音が圧倒的に多かった。その理由として、登場人物が多く、それぞれのキャラクターを際立たせるために、それぞれ異なる音色を選んだのではないかと推察できる。

　また、②登場人物の感情やその場面の情景を示す音や音楽の多くは、ピアノによって表現されている。ピアノは単音だけでなく、旋律や和声も表現することができるため、単なる効果音としてだけでなく、その場の雰囲気や情景、感情等を表現するのに適した楽器だということがいえる。全グループが使用していたのも、その適用範囲の広さからだと推察する。

5．考察

（1）発表形態の多様性と音の重要度

　発表形態に多様性が見られたこと、そして音の重要度にも違いが見られた要因として、次のことが考えられる。

　筆者が授業者として、学生の出すアイディアを作品に結びつけるような指導を心掛けた点である。各グループが異なる発表形態を選択したのも、学生達の意見やアイディアを尊重し、その方向に沿って進むよう、その都度アドバイスした結果ともいえる。

　授業者の実践したこの指導法は、セラピストがクライエントに対して行う手法の一つである。つまり、セラピストはクライエントから出されるアイディアや要求に応えながら、それらが音楽的に形作られるようセッションを方向付けていく。この過程を客観的に見極めるには、スーパーバイザーのような力が必要だが、セラピストはクライエントとの音楽的な関わりの中で、状況に応じて受容したり喚起したり、刺激したりするのである。

このように、学生自身の中にある本来の「絵本の読み聞かせ」という既存の概念を一旦壊し、「音響的効果を伴った読み聞かせ」を新たに構築するプロセスの中で、表現方法における様々な可能性を感じる経験になったのではないだろうか。そして、それが発表形態に多様性を生む結果になったのではないだろうか。

　他のグループの発表を鑑賞した後、「こんな形もあったのかと驚いた」という感想にあるように、新たな発見をすると共に、他者のアイディアを認めたり受け入れたりする能力が培われたと考えられる。自己と他者の違い、表現の多様さから、表現方法は一つではないことを感じ取ったのではないかと思われる。

　これは、子どもの表現を受容し応答する保育者として大切な考え方である。一つのテーマに対する表現の多様性は、保育者の感性や感覚を開き、子どもの表現に対する許容範囲を広げることに繋がったと考えられる。

　以上の体験から、音や音楽が他の表現媒体とどのような割合で関わるのか、その可能性や重要性、さらにその限界について理解できたのではないかと思われる。

（2）発信と受信の関係性

　次に、二者の立場に立って鑑賞した結果、発信者（発表者）と受信者（鑑賞者）との関係について、明らかになったことを挙げる。

　第1に、発信する側には、明確な意図やコンセプトが必要である。意図やコンセプトがあることによって、受信する側により伝わりやすくなる。今回の授業では、どのグループも何を使って（表現の道具）、どう表現するのか（表現の内容と方法）が明確であったため、受信する側に表現意図が伝わっていたと解釈できる。しかし過去に実施した授業[12]では、発信者の表現の道具とその方法にバリエーションがなかったことから、鑑賞者は何を表現しようとしているのか理解できなかったケースがあった。この事例と比較すると、

その差は歴然としている。

　第2に、発信する側（発表者）は、受信する側（鑑賞者）にどのように届いているかということに、常に敏感でいるべきである。この点が欠落すれば、発信する側の自己満足に陥る可能性も出てくる。その点では、どのグループもどのようにすれば、鑑賞者に伝わるのかを試行錯誤し、グループ内でイメージを共有できるよう努めていた。その結果、鑑賞する側にもある程度の共感を得ることができた。

　第3に、子どもが表現を受信するとき、その受け取り方は、保育者の受け取り方とは異なる場合があるということである。今回は、一つの作品を保育者と子どもの二者の視点で鑑賞するよう指示したため、学生は意識の切り替えが難しかったと思われる。その中で、子どもの立場で鑑賞した記述には、保育者のそれと明らかに差異がみられた。保育者として作品を評価する場合は、音楽的表現や劇的表現のクオリティに向きがちであるが、子どもの視点で観た場合、「面白かった」「楽しい」「わかりやすい」という記述が多く見られた。つまり、子どもにとって重要なことは、その表現が受け入れやすく楽しめるものかどうかにあると考えられる。したがって、保育者は常に子どもへの伝わりやすさに配慮するとともに、子どものその場の反応に応じて発信することが求められる。

（3）表現のための音楽的資源とその描写性

　さらに、各グループの発表から、音楽的資源の種類とその描写性について考察する。

　第1に、音や音楽を表現するモノは、いわゆる「楽器」と呼ばれるものだけでなく、楽器以外のモノや身体の部分も考えられる。どのグループもイメージに合った音を探究し、表現の道具に対する柔軟な捉え方ができており、この点に関しては、保育者にとって欠かせない資質を備えていたといえる。

　第2に、的確な表現に近づけるためには、表現するための音楽的資源に多

様性が求められる。打楽器類、楽器以外のモノ、有鍵楽器（ピアノ）、身体の一部等の中から、場面に最も合致する音色を求めて選択し使用することにより、描写性が高められるのである。

　第3に、表現するための道具は、場面や状況に応じて、的確に使いこなすことが求められる。目の前に同じ道具があっても、その使い方によっては、表現の幅や深さに差が生まれる。今回の授業実践では、常識の範囲を超えるような楽器の奏法は見られなかった。その点ではまだ探究の余地を残している。楽器以外のモノの中には、文房具やおもちゃ等、音を鳴らすものとして機能しないモノが含まれており、それらから出る音に耳を澄ませ、ストーリーから想起される音のイメージと照らし合わせ、場面に適した形で使用したことで、それらしい音を再現できたと捉えられる。

　この実践により、学生は様々な音楽的資源に触れ、それを的確に用いることにより音楽のもつ描写性に気づくことができた。この体験は、セラピストがクライエントと言葉を介さずに音や音楽を使って非言語的なコミュニケーションをとっている療法的なアプローチと類似しており、イメージをより的確に伝えるための手段として音楽を使い、その手法を学んだということになる。

6．まとめ

　絵本のストーリーに音響的効果を加える授業実践において、学生が保育者と子どもの二者の立場で鑑賞し、療法的視点に立って授業を分析、考察した結果、次のことがいえる。

（1）音に対する認識の拡大

　この授業を通して、学生の音に対する認識を拡大させることができた。学生の音そのものへの興味・関心が増し、音への探究心が芽生えた。その結果、「楽器」本来の奏法とは違う奏法の可能性を探ったり、楽器以外のモノを

「楽器」として利用したり、自分自身の身体を「楽器」と見立てる等の行動につながった。

　楽器だけでなく、声や身体を使ってコミュニケーションを図る療法的なアプローチを体験させることにより、楽器以外のモノに音や音楽を奏する可能性のあることを学生に認識させることができた。

　このように、学生自身が「楽器」の音色を探究することや「楽器」以外のモノに「音」を感じるようになること、つまり、音に対する認識の拡大は、音を柔軟に捉える姿勢を育み、音や音楽を使ったコミュニケーションの機会を増やすことにつながる。そして、子どもの表現に対する反応にも直接的な影響を及ぼすことになる。子ども達の出す多様な音は、必ずしも楽器から発せられるわけではない。「楽器」以外の音にも音や音楽を感じられるようになれば、子ども達の断片的で未分化な表現を見過ごさずに、応答できるようになるはずである。

　保育者を目指す学生にとって、音に対する認識の拡大は、音楽における表現技術の向上の第一歩になるといえよう。

（2）音で描写することへの関心

　次にこの授業では、音への興味が増しただけでなく、音で描写することへの関心も深まったといえる。

　表情や雰囲気、体の動きを音の言葉で表現する療法的なアプローチを取り入れることにより、学生は場面や状況に応じて音を入れる楽しみや喜びを感じていた。各場面において、どの音にするか（音色）、どの位の長さにするのか（音価）、どのように奏でるのか（奏法）、どの音と組み合わせるのか（音のコントラスト）について吟味していた。また、どのぐらいの音量で奏でるのか、意図的にコントロールしていたグループもあり、声と音のコントラストを繊細な感覚を用いて表現していた。

　その場に適した音量を考えることは、保育の場でも重要な観点であり、配

慮に欠けた現場は、ともすると音の洪水を招くことになる。ただ音が鳴り響いていれば、音楽活動をしているものと捉えるのは危険であり、常に音質や音量に配慮することは大切である。この点においても、音質や音量に配慮できることは、音楽における表現技術の向上につながったといえる。

（3）音がもつ機能への認識

　さらにこの授業では、音や音楽がストーリーにどう貢献するかという観点に沿って行われたが、音が表せるものは、①擬音、擬態、擬声、②感情、情景、③場面転換、場面設定の３つに大別することができた。

　さらに、楽器によって描写できる場面が異なることも感じ取っていた。つまり、①擬音、擬態、犠牲や③場面転換を表現するときには、打楽器類のように旋律を奏でることができないモノでも可能だが、②感情や状況を表現するのには、旋律や和声を表現できる有鍵楽器類が適していることを学んでいた。

　つまり、療法的視点を導入し、音や音楽で何を描写できるのかを考えさせることにより、物語のイメージや精神性、全体像を音や音楽で表現できることを体験できたといえる。

　このように、保育者が音のもつ機能とそれを表現する楽器との関係を充分知ることにより、子どもの表現に寄り添い、音や音楽で的確に応答できるようになるはずである。また、音や音楽がある時は言葉を補い、ある時は言葉以上のものを表わせることを知ることは、療法的な音楽の使い方を知ることでもある。音で何を描写し得えるのかを知り、その描写方法を知ることは、音楽における表現技術の向上に貢献することになる。

（4）視点の逆転による相互反応性

　この授業では、もう一つの観点である、二者（保育者と子ども）の立場に立って、お互いの作品を鑑賞しあうことで、表現は一方通行ではなく、必ず発

信する側と受信する側がいること、また自己表現することだけに囚われず、他者の表現を受け止める感覚を養うことができた。発信する側は、相手にどう届いているかについて敏感であり、受信する側は、相手の意図していることが的確に読み取れているかについて敏感であるべきである。お互いが一方通行の表現にならずに、お互いに相手の表現に真摯に向き合うことで、発信したり受信したりする相互反応性が生まれるのである。

　音で描写するには、イメージに合った音を探す力とそれを音で表現する力が必要である。この力をつけるためには、様々な音に出合い、試行錯誤を繰り返し、実践してみることが大切である。また、保育者自身が「イメージから音や音楽への描写」と「音や音からのイメージの想起」を繰り返すことにより、音や音楽が表現するモノへの意識化が図られる。さらに、それを他者に向けて表現し、お互いに共有、共感する経験を繰り返すことにより、自分自身の感性や感覚に自信がもてるようになるのである。

　したがって、これらの経験を蓄積していくことで、「音楽における表現技術」は向上できると結論付けた。

第4節　養成段階における音楽性の育成

　これまで、保育者における音楽性において、どのような能力が必要とされているかを検討し、その育成のために、保育者養成校ではどのような指導が可能なのか、事例を通して検証してきた。

　学生への意識調査では、入学して間もない学生は、保育における意義や目的に関する基礎知識が不充分なため、幼少期以降の経験が保育観や音楽観に大きな影響を及ぼしているという結果がみられた。それだけに、保育者養成校において、何をどのように指導していくべきなのかを検討する必要がある。

　本節では、先に示した「即興性を重視した活動」と「音による描写性を重視した活動」における指導が、学生の音楽的能力の育成にどのように貢献したかについて述べる。

1．主観的に捉える体験

　第2節で検討してきた即興性を重視した事例は、セラピストの手によって、既に保育の場で実践されている活動である。この実績に裏付けられた意味は非常に大きい。それは、第1に、この活動自体が保育の場で実践可能なこと、第2に、この活動をサポートする保育者に支持されていること、第3に、この活動を楽しむ子ども達が現実的に存在することが実証されていたからである。セラピストにおけるミュージシャンシップを、保育者に対して援用しようとするとき、保育の場での適用が実証されている活動を授業に取り入れられたことは、大きな意味があった。

　学生はこの事例を体験することにより、今まで自身の中にあった音楽や楽器、演奏に対する固定観念を払拭することができた。それは、即興に対するイメージ、器楽演奏におけるスタイル、楽譜による拍節的な音楽等についてである。また、音をコントロールする体験、相互に反応し合う体験を通して、自分自身の中に芽生える感情を捉えることができた。

　ただし、この授業を通して学生が獲得したものは、「保育に必要な音楽性」の全体からいうと、根幹となるべき部分であり、指導の過程でいえば初歩の段階といえる。

　保育に必要な音楽性を考える場合、3つのファクターの関係性が重要である。最初に子ども、次に音楽、最後に保育者である。

　トーンチャイムの活動では、本来子どもが行う活動を学生が実践していた。つまり、子どもになりきって「子ども体験」をすることにより、子どもの内側に起こる様々な感情や思惑を疑似体験していたのである。このような体験をすることにより、自己を発見し、認識し、自己表現していく過程で自分自身が開かれていく。そして自分自身の中に起こった経験を「子ども理解」につなげていくのである。子どもの内側に起こっていることを自らの体験を通して知る「主観的な体験」ができたことは、大きな意味があったといえる。

　次に、筆者が2007年に考案した「表現指導のためのステップ」に加筆・修

正を加えたものを表 3-12 に示す。

表 3-12. 表現指導のためのステップ

第1段階：ブレーンストーミングの段階〔表現の理念・目的・内容の理解〕
第2段階：学生自身を発見し認識する………………自己発見・自己認識
第3段階：学生自身の感性や創造性を伸ばす………自己表現
第4段階：子どもの表現に対する発見………………子ども発見
第5段階：子どもの表現に対する理解………………子ども理解
第6段階：子どもの表現に対する指導………………子ども指導

（田﨑，2007を基に加筆・修正）

　これは筆者が保育者養成校において、表現の指導を始めて間もない頃、授業実践を通して考案した指導のための諸段階である。この表に当てはめて考えると、この授業では、第2段階と第3段階の体験を経て、第5段階への発展を予感させる力がついたといえる。

　しかし、この活動を客観的に眺める保育者としての経験としては、ごく一部の学生にしか経験の機会が与えられなかったため、不十分だったといわざるを得ない。ツリーチャイムやピアノによって、音楽全体の行方をコントロールする力は、保育者に必要な音楽性の一つであるため、より多くの学生に経験と学びの機会を与えることが必要である。

　また、音楽についての学びには階層があると指摘した。「音楽の理解」についても、まず子どもの視点で活動自体の楽しさ、面白さを感じる「子ども体験」としての学びと、保育者の視点で、音や音楽をどのように使うと効果的なのか、また活動が活性化するのかという点に着目し、活動を客観的に捉え、吟味するのが「保育者体験」だといえる。

　つまり、保育者養成校における学生の学びは、常に「子ども体験」と「保育者体験」を行ったり来たりしながら、両者の受け止め方の違いを感得することが大切である。一つの活動の同じ場面に対して、どちらの立場にもなり変われる柔軟な思考と感覚が求められる。この両者の視点をもって表現を見つめることは、応答的な能力の育成にとって欠かせないものなのである。

2．客観的に捉える体験

　第3節で検討してきた音による描写性を重視した事例は、先行研究においても多くの例が報告されている。その中で筆者が行った事例では、作品創りにおいては保育者の視点で、作品鑑賞においては保育者・子どもの両方の視点で捉えるよう指導した。

　物語のもつ全体的な雰囲気、登場人物やモノの特徴、各場面の状況、登場人物の心情等を直感的に捉え、それらを音や音楽によって表現するという作業は、セラピストが子どもの印象を音楽で表現する作業と似ている。セラピストは、これをセラピーの中で瞬時に行う。今回の授業では、セラピストのように即興的に表現するのではなく、グループで話し合う時間をとり、十分に試行錯誤を繰り返した上で表現させた。それは、子どもの印象を直感的に捉え、それを音や音楽で描写する能力を育成するためには、段階的な指導が必要だと感じたためである。したがって今回の授業では、物語から受け取った印象を音や音楽で描写していく作業を、数名のグループにより時間をかけて創るというスタイルで実践した。

　その結果、保育者は表現の発信者として明確な意図やコンセプトをもつこと、また、受信者に確かに届いているかという点に敏感でいる必要があることが導き出された。加えて、受信者が保育者か子どもかで、受け取り方が異なるため、「伝わりやすさ」、「伝え方」、「伝わったという実感」に考慮しながら、客観的な視点で音創りをする重要性が見い出せた。

　楽器以外のモノを音素材として捉えられたことは、自分自身の表現の幅が広がると共に、子どもの表現を捉える視点の広がりにもつながる。今回は、グループ学習の形態をとったため、役割の分業化がみられた。個人の音楽的能力を伸ばすためには、グループ学習における成果を個人の力に還元していくことが望まれる。

　先程の表3-12に示したステップに当てはめて考えると、この授業は、学生自身の感性や創造性を伸ばす（第3段階）と同時に、そこにある状況や心

情、イメージを音にするという点で、第4段階と第5段階における力の育成に貢献したのではないかと考えられる。

この授業においても、先に示した即興性重視の授業と同様、保育者の視点、子どもの視点をもつことが、保育者の応答的能力を高めることにつながることが明らかになった。

さらに、保育者に必要な音楽性の全体図に照らし合わせると、「子どもの表現に反応するための音楽的資源」を探究する機会になり、表現の工夫をする上で「音楽的アイディア」の創出にもつながったと思われる。また、「その場の状況（子どもの表現）を直感的に感じ取る力」や、それに対して「音楽的に反応する力」の育成につながったといえる。

3. 保育者養成校における音楽性育成の展望

保育者における音楽性の育成を目的とした授業実践を通して、保育者養成校での育成がどの程度、実現可能であるか検討してきた。

本研究で取り上げた2つの授業事例における成果は、音楽性の育成の面において、全体図の一部の能力の養成に貢献できたと思われる。これまで「表現」や「音楽」の授業で重点的に指導してきた、音楽の基礎知識とピアノや歌、楽器の基礎的な演奏能力の育成だけにとどまらず、音や音楽を子どもとの関係において、即興的、かつ創造的に用いる重要性について様々な角度から学んだ点で、この指導の意味は大きいといえる。しかし、音や音楽を時間的・空間的に自由に操れるような総合的な力がつくまでには、指導者側のなお一層の工夫が必要であり、継続的な指導が求められる。

その一方で、指導に困難を極めた授業事例もいくつかあった。第1節の表3-2に示した授業実践例にある、⑩シンプルな伴奏づけ、⑪1つのメロディーに複数の伴奏づけ、⑫難易度の違いによる伴奏の違いと影響力の3事例である。

「⑩シンプルな伴奏づけ」では、C音、G音の2音から成るシンプルなメ

ロディーに多彩な和声をつけ、伴奏を作成した。また「⑪1つのメロディーに複数の伴奏づけ」では、シンプルなメロディー（C・D・E・F・Gの5音を上行形、下行形で複数回繰り返す）に対し、和声づけを行った。「⑫難易度の違いによる伴奏の違いと影響力」では、同じ曲の伴奏譜を初級用、中級用、上級用の3種類用意し、子どもにとって適当だと思われるもの、保育者にとって弾きやすいものについて考えさせた。

　これらは、音楽の専門知識と演奏技能を必要とし、学生のそれまでの音楽学習歴が大きく影響し困難を極めた。授業ではピアノを使用したが、ギター等の他の楽器を使う場合でも、和声、コードネーム、和音進行等の知識は必要である。その基礎的な知識の基盤がないままこの課題を行うことは、困難であり限界があった。加えて、自身が創作した伴奏の出来栄えを判断する音楽的な感性も求められるため、音楽的な判断基準をもたないと難しいことがわかった。

　この例を「保育者に必要な音楽性」の全体図にあてはめると、音楽の専門知識と演奏技能に関わる力は、下部項目の「音楽的資源」に分類される。そして、音楽的資源を使って作曲したり創作したりした作品が、子どもにとって適切なものかを吟味する力は、上部項目の「音楽的に反応する力」に分類される。なぜなら、音楽的に反応するとき、どのような音や音楽を選択するか、一瞬のうちに判断を迫られるからである。

　授業事例の⑩、⑪、⑫を有益なものに改善するためには、「音楽的資源」の習得と「音楽的に反応する力」の育成が不可欠である。体系図の上部3項目は、保育者の感受性に関連する力を示しており、「音楽的に反応する力」はその中に分類される。また「音楽的資源」は、下部3項目に分類される。「音楽的資源」の習得に程度の差はあっても、これまでの養成校における指導の状況を鑑みると、ある程度可能だと判断できる。しかし、「音楽的に反応する力」に代表されるような保育者の感受性を育成するには、「表現」の分野を超える新たな指導内容の枠組みが必要である。

第3章　保育者養成校における音楽性育成の可能性　169

　保育者には「モデル」としての役割だけでなく、人、モノ、時間、空間等を調整する「コーディネーター」、「演出者」、「援助者」としての役割と、子どもの気持ちや言動、行動を受容して共感する「共感者」としての役割が求められる。「モデル」として発信し、「共感者、援助者」として応答できる能力を兼ね備えた保育者が、子どもの創造的な表現を支え育むことを可能にする。したがって、保育者の発信的・応答的能力をバランスよく育成するためには、感受性の育成が欠かせないのである。

　学生における感受性のトレーニングは、音楽療法の分野ですでに行われており、岡崎（2000）が、ニューヨーク大学における音楽療法の教育現場で行われている「感性化トレーニング」を紹介している[13]。その重要性は、2002年イギリスで開催された世界音楽療法会議においても、議論されていることから明らかである[14]。そして岡崎自身も、日本において音楽療法研修生を対象とした「感性化トレーニング」を行っている[15]。

　「感性化トレーニング」とは、音楽療法士養成教育のプロセス上、最も重要な位置づけをもつものとし、臨床家としての感覚・感性を磨く教育方法であるとしている。岡崎の実践では、即興やセッション体験を中心として、自分自身の音楽史について語ったり絵を描いたり詩を読んだりと多彩な活動を行い、それについてディスカッションを重ねている。このトレーニングを受けた研修生は、トレーニングにより「技術が身についた」だけでなく、「音・音楽のもつ力を実感したこと」「自己認識は深まった」と述べている[16]。

　このことから、音楽的な感受性の育成は、子どもの状況とニーズを把握し、子どもの表現を直感的に受け取り、その表現に対し音楽的に反応する力の基盤となり、応答的能力の育成の可能性を開くことになると考えられる。保育者における音楽性の育成は、音楽的な知識や技能の習得と共に、音楽的な感受性を磨くことで、発信的能力だけでなく応答的能力の育成も可能にする。

　以上のことから、保育者養成校における音楽性の育成の展望として、次のことがいえる。

第1に、これまで保育者養成校で育成されてきた「音楽的な基礎知識」や「音楽のレパートリー」、「ピアノ・歌・楽器の基礎的な演奏能力」は、保育者が音楽的活動を行う際に欠かせない音楽的能力である。なぜならこれらをなくして、音楽的アイディアを提示して発展させたり、方向性をもたせて収束させたりすることはできないからである。

第2に、上記のような音楽的な基礎知識や基礎技能の習得を単独に目的化するのではなく、その能力を子どもの表現と関連づけて使えるようになるための指導が必要である。そのためには、音楽の諸機能が子どもにどう影響するのか、また音や音楽を意図的に使うとどのような効果があるのか考えさせる体験が必要である。

第3に、学生の音楽体験には「子ども体験」と「保育者体験」が必要である。子どもの内側に入って「子ども体験」をすることにより、子どもの視点で音や音楽を感じ、「どうして欲しいか」を発見することができる。また「保育者体験」をすることにより、子どもと一緒に活動の楽しさに浸るだけでなく、活動を客観的に眺めることで、方向性や意図をもった活動に発展させる力がつく。

第4に、「子どもの状況とニーズを把握する力」、「表現を直感的に受け取る力」は、音楽以外の分野でも必要とされる感受性に関わる力である。「表現に対して音楽的に反応する力」は、音楽的な表現力と創造力が必要とされる。この力の習得には長期的な学習が必要だが、養成校の集団で行う授業では、様々なアイディアや方法に出合い、お互いに触発されながら、それを自己の音楽的資源として蓄積していくことが効果的な習得方法だと考える。

第5に、養成校の教員が、学生の体験的理解を促す指導を模索することが重要である。学生の感受性が理論と実践に結びつき、その音楽性が子どもの表現との関わりの中で発揮できるようになるために、学生が感受して体得する経験や探索して発見する経験を提供することが求められる。

注

1）駒　久美子『幼児の終端的・創造的音楽活動に関する研究――応答性に着目した即興の展開――』岡山：ふくろう出版、2013年、65頁。

2）福西朋子・山本敦子・三宅啓子「保育現場と連動した養成校の音楽教育内容・方法のあり方（2）――子どもの創造的な音楽活動を支える基礎技能習得をめざして――」『高田短期大学紀要』第27号、2009年、83頁。

3）若菜直美「保育者養成における『音楽表現』のプレイフル・アプローチ」『帯広大谷短期大学紀要』第51号、2014年、35〜46頁。

4）表3-2に示した「⑬創造的な音楽活動」の授業実践を指す。

5）小島千か「絵本と音楽――子ども図書室での学生による発表を通して――」『山梨大学教育学部附属実践研究センター研究紀要』第12号、2007年、1〜12頁。

6）薩摩林淑子「保育者養成校における創造的な音楽表現力の育みに関する一考察――鎌倉女子大学専攻科学生による音楽創作活動を通して――」『鎌倉女子大学紀要』第15号、2008年、75〜84頁。

7）倉持洋子「『音による音の表現』の試み――音楽創作活動の一環として――」『茨城女子短期大学紀要』No.14、1987年、4〜10頁。

8）永岡　都「保育者養成における〈表現〉教育の方法に関する一考察――「アナロジー」をキーワードにした音楽づくりの試みから――」『日本保育学会第56回大会発表論文集』2003年、205頁。

9）竹内　唯・奥　忍「絵本の中の音楽――画・言葉・テーマとの関連に着目して――」『岡山大学教育実践総合センター紀要』第7巻、2007年、27〜37頁。

10）小島千か「絵本を用いた音楽づくりにおけるイメージのはたらき」『山梨大学教育人間科学部紀要』第11巻、2009年、115〜125頁。

11）絵本「スイミー」は小さな魚の物語である。ある日、きょうだいたちが大きなマグロに飲み込まれてしまい、一人ぼっちのスイミーは、赤い魚たちと協力して、海で一番大きな魚のふりをして泳ぎ、海から大きな魚を追い出す物語である。

12）筆者が2011年に実践した「表現」の授業内容を指している。同様に「スイミー」のストーリーに音響的効果を加えた授業で、楽器として使用したのは打楽器のみで、ピアノの使用はほとんどみられなかった。また、楽器以外のモノを利用した際も、音量が大きすぎて物語を描写する役割を果たせていなかった。

13）岡崎香奈「音楽療法士養成教育における感性化トレーニング」『音楽療法研究』第5号、2000年、12〜18頁。

14）岡崎香奈「音楽療法研修生のための感性化トレーニング体験――体験記をもとに

した一考察――」『国立音楽大学音楽研究所年報』第17集、2004年、59頁。

15）同前、47頁。

16）同前、59頁。

終章　総括的考察と今後の課題

　本研究は、音楽的活動における保育者の発信的能力・応答的能力の必要性を論じ、その能力が、保育者養成校においてどの程度育成可能なのかを探ることを目的とするものである。その背景として、保育者の専門性には発信的能力だけでなく、応答的能力も求められていること、保育における音楽的活動の場で、音楽の位置づけと音楽的な関わりに問題があること、音楽療法分野の保育への導入が進んでいることが挙げられる。これらの状況を踏まえた上で、ノードフ・ロビンズの「創造的音楽療法」の概念とセラピストに求められる「クリニカル・ミュージシャンシップ」を援用しながら、保育者に必要な音楽性について検討した。

　本章では結論に先立ち、まずは第1章から第3章までの内容を振り返っておきたい。

第1節　総括的考察

　第1章では、保育者の専門性が音楽的活動の場でどのように機能するのか、また保育者の保育観や音楽観は、音楽的活動の実践にどのような影響を及ぼしているかという問いに対し、関連文献と保育者への質問紙調査に基づいて考察した。

　その結果、保育者の専門性として、第1に子どもの独自性や個性を尊重することを保育の出発点にすること、第2に柔軟で豊かな発想をもつことが示された。そこから、保育者が豊かな基盤をもって子どもの個性を育てるためには、発信的かつ応答的能力が必要であることが示された。それは音楽的側面においても同様で、保育者養成校がこれまで力を入れてきた発信的な音楽的能力ばかりでなく、子どもの表現との間で発揮する応答的な音楽的能力の

育成が望まれることが導き出された。しかしその一方で、現職の保育者による意識調査結果からは、子どもの表現に対する「音による応答性の欠如」と、応答するための「音楽的資源の乏しさ」が導き出された。

　このことから、本研究の課題を4つ挙げた。第1に、保育における「音楽による応答性」を具体的に示すこと、第2に、保育者の音楽的資源を具体化すること、第3に、前述した両者を含めた全体像を示すこと、第4に、保育者養成校での音楽性育成の可能性を考察することである。

　第2章では、「音楽に特有の応答性」を重視する「創造的音楽療法」を援用し、このアプローチの概念とセラピストに求められている「クリニカル・ミュージシャンシップ」が、保育者の音楽性を考える上で有用なのではないかという仮説のもと、先行事例を考察し、保育者の音楽的能力と関連づけて検討を行った。

　その結果、第1節では保育者の専門性を考察する際に、「創造的音楽療法」を援用する利点として、第1に音楽中心性、第2に音楽の様々な機能を的確に用いてクライエントの自己成長を促そうとしている点を挙げた。特に、「創造的音楽療法」の中核的概念である「ミュージック・チャイルド」における子どもの表現の捉え方は、「子ども自身が感じることを重視すること」、「子どもなりの表現を大切にすること」等の保育の子ども観との間に共通性がみられた。

　第2節では、セラピストは音楽的資源をどのように用いて「音による応答性」を可能にしているのかという問いのもと、ポール・ノードフの音楽観を探り、「クリニカル・ミュージシャンシップ」の全体図を概観することによって考察した。その結果、ポール・ノードフの音楽観として、①音や音楽のもつ本来の力を体験的知識として感じること、②①の体験的知識を自身の音楽的資源にし、臨床場面に持ち込んで効果的に用いること、③用いた音楽が、常に新鮮な音楽であること、それが子どもとの創造的な行為の中で生まれること、④セラピスト自身の表現におけるレベルアップを目指すことの4点が

終章　総括的考察と今後の課題　175

示された。

第3節では、音楽療法士である下川英子氏が保育の場で実践している「音楽表現活動」の先行事例を考察した。ここでは、セラピストの子ども達に対する具体的な関わりが明らかになり、即興性と創造性を帯びたセラピストの応答的な関わりがみられた。事例の考察から、第1節、第2節で言及してきた療法的アプローチを、保育の場に導入するための具体像を示すことができた。セラピストと保育者が双方への理解を示すことで、療法的な活動を保育へ導入する可能性が導き出された。ただし、セラピストのもつ技法を保育者へどのように伝授するのか、また保育者が自立的に活動を行うためにどのような手立てが必要なのかという点が課題として残った。

第4節では、「創造的音楽療法」の援用をめぐって、保育における子どもの表現や音楽の捉え方と比較し、保育者に必要な音楽性を全体図にして示した。子どもの表現の捉え方における共通性として、第1に表現の主体が子どもであること、第2に表現のプロセスを重視していること、第3に表現のゴールは自己表現のための体験にあること、第4に表現を通して他者との関係の拡大と深化を目指していることの4点が導き出された。また、音楽の捉え方の共通性は、表現力と創造性を養い、自己表現を目指している点と、表現手段として声、ピアノ、楽器、身体等を用いる点が挙げられた。子どもの表現に対する保育者の関わりのプロセスは、①臨床的かまえをもって観察する、②子どもの表現を受容し、読み取る、③子どもの表現に対し音楽的応答をする、④①～③の段階を繰り返しながら相互反応性を促す、⑤状況をみて方向性を見極める、⑥これらのプロセスを経て、子どもに「快」の感情が生まれるように関わることであることを示した。保育者の応答的能力の育成のために特に必要であると捉え、新たに追加したのは、「子どもの状況とニーズの把握」、「直感的な表現の受容」、「音楽的な反応」、「方向性をもった活動」である。また、以前から保育者養成校で指導されている内容として、「表現に反応するための音楽的資源」、「音楽的アイディア」を挙げた。

第3章では、保育者養成校において、保育者に必要な音楽性がどの程度習得可能なのかという問いのもと、保育者養成校の学生に対して、質問紙調査と授業実践を通して考察した。

その結果、第1節では、保育者養成校の学生による意識調査から、学生が保育の音楽的活動に抱くイメージは、本人の幼少期以降の経験が反映している可能性が高いことがわかった。そのため保育者養成校では、学生の音楽的活動に対する意識改革を目指し、音楽の捉え方や音楽の使用方法について新しい音楽観を提示していく必要性を述べた。

第2節では、即興性を重視した授業の中で、「トーンチャイムで音のキャッチボール」という活動を実践し、分析、検討を行った。学生の意識と行動は、①即興演奏に対するイメージ、②それぞれの楽器の機能、③創造性を生む構造、「音や音楽を自分でコントロールする」仕掛け、④自己と他者による相互反応性の過程で起こる音楽的なコミュニケーションの面で変容した。

さらにこの活動を通して、学生の学びに階層レベルがあることが明らかになった。表層レベルは、「子ども体験」としての学びであり、深層レベルは、「保育者体験」としての学びである。学びの質を深化させるためには、指導者が事前に活動の意図や目的を説明することと、学生自身の十分な考察が不可欠である。また、それと同時に、子ども体験、保育者体験の両方を段階的に体験する中で、保育者に必要な音楽的能力の習得に結び付いていくことが明らかになった。

第3節では、音による描写性を重視した授業の中で、「ストーリーに音響的効果を伴って」という活動を実践し分析、検討を行った。この事例の独自性は、セラピストの視点で音創りをし、創られた作品を保育者・子どもの両視点から鑑賞するという点である。

その結果、学生は、①音に対する認識の拡大、②音で描写することへの関心、③音の様々な機能についての理解、④相互反応性の重要性の4点で気づきと学びがあった。子どもと音を介してやり取りをしながら、表現を深めて

いくためには「観る」「観られる」の両方の視点が必要であり、相手への「伝わりやすさ」と、相手からありのままを「受け入れる」ことが求められることが明らかになった。

第4節では、保育者養成校における音楽性の育成について言及した。即興性を重視した事例は、子どもの内側に起こる様々な感情や思惑を疑似体験するのにふさわしい「主観的な体験」として意味があったといえる。また、音による描写性を重視した事例では、作品創りは保育者の視点で、作品鑑賞は保育者・子どもの両方の視点で捉えることで、学生自身の感性や創造性を伸ばすと共に、子どもの表現をどう発見し、どのように理解するかという点において、観る目を養うことができ、「客観的な体験」として意味があった。

以上のことから、保育者における音楽性の育成は、音楽的知識や技能の習得と共に、音楽的な感受性を豊かにするためのトレーニングが必要であり、それらがバランスよく育成されてはじめて、発信的能力と応答的能力を兼ね備えた保育者の育成が可能になることが明らかになった。

第2節　結論

本研究における結論は、次の2点である。

１．保育者の音楽的活動における発信的・応答的能力の向上には、クリニカル・ミュージシャンシップの援用が効果的である。

特に、「表現の読み取り」、「表現の受容・応答」、「活動の方向性」、「子ども自身の『快』の感情」の面において、有用な示唆を得た。

保育者の音楽性における「音による応答性」とは、「子どもの状況とニーズを把握する力」、「子どもの表現を受容する力」、「子どもの表現に音楽的に応答する力」であり、同時に「活動に方向性をもたせる力」が必要であることが明らかになった。

つまり、保育者が子どもの音楽的な表現に応答する際は、臨床的な構えをもって子どもと向き合い、1人の人間として尊重しながら表現を的確に見取って受容する姿勢が求められる。それと同時に、この表現に対しどのように応答するか自分の「音楽的資源」の中から選択し、即興的に応答し、応答的なやりとり自体に一定の方向性をもたせながら進行させる力が求められる。このようなプロセスを繰り返しながら音楽的活動を実践することにより、クリニカル・ミュージシャンシップ援用の効果が徐々に可視化されるだろう。

2. 保育者養成校における「応答的能力」の育成は、音楽的な基礎知識や基礎技能を基盤とし、感受性を刺激する体験的な授業を継続的に行うことで可能となる。ただし、これまでのように、音楽的な基礎知識や基礎技能の習得を目的化せず、その能力を子どもの表現と関連づけて活動の中で使えるよう指導する必要がある。

保育者養成校でこれまで指導してきた音楽的な基礎知識や基礎技能は、活動の中で子どもの表現に応答するために生かされてこなかった。だが、クリニカル・ミュージシャンシップを援用することにより、音楽的な基礎知識や基礎技能を「音楽的資源」や「音楽的アイディア」に結び付ける視点を与え、これらを自由自在に駆使することにより「音による応答性」を可能にするはずである。

本研究では、保育者養成校の授業において、音や音楽に対する認識の拡大、即興に対するイメージの転換、音楽の様々な機能についての理解等の面で、育成の可能性を見出した。その一方で、音を選ぶこと、活動の方向性を見極めること、発展させたり収束させたりすること等の面を育成するまでには及ばなかった。これは長期的な計画のもとで、段階を追って育成することが望まれる。

さらに、「応答的能力」の育成には、音楽的活動における「子ども体験」

と「保育者体験」が必要であることも示した。学生が活動に対して、主観的に関わる体験と客観的に眺める体験をすることは、音楽的活動に方向性をもたせることに通じる。加えて、「イメージから音や音楽への描写」、「音や音楽からのイメージの想起」を繰り返すことにより、音や音楽が表現するモノへの意識化が図られ、音によって応答していく力を育むことに繋がる。

第3節　今後の課題

　保育者には、音楽的活動の場面で子どもの表現に対し「音による応答性」を発揮しながら、即興的・創造的な活動にしていくことが望まれる。そのためには、保育者自身が音による応答的能力を身につけなければならない。現在のところ、下川の例にみられるように、保育の現場にセラピストが入り、保育者との協働によって音楽療法的な活動を行う形式が一般的である。しかし将来的には、保育者自身がその応答的能力を身につけ、日常の保育の何気ない場面において発揮できるようになることが望まれる。そこには保育者の自立を援助する仕組みが必要である。

　そのためにまず、保育者養成校において、基礎的な音楽的知識や技能の学習と感受性を豊かにするための応用的な学習を有機的に結びつけながら、保育者の発信的・応答的能力の双方を高めていく必要がある。

　また、子どもとの関係において音楽を扱えるようになる力の育成は、保育者養成校では限界がある。したがって、保育の場と養成校との連携を強化し、保育者と養成校の教員が協働で行う制度を構築する必要がある。学生が子ども役になり実際の保育を想定して行う授業では、疑似体験はできても、予想をはるかに超える子どもの創造性を再現することはできない。保育者に必要な音楽性の養成は、養成校の指導だけでは不十分である。実習のプログラムの中で、手遊びと弾き歌いを経験するだけでなく、創造的な活動を行い、自分自身の力を試す機会をつくっていく必要がある。ノードフも述べていたように、その体験の蓄積によって、理論的知識が体験的知識へ変わる可能性が

あるからである。

　音楽や表現の枠を超えたところでは、保育者養成校におけるカリキュラムの再考が考えられる。保育における臨床的なスキルを学ぶ科目の新設が望まれる。臨床的な構えで子どもを観ること、感じ取ること、そして応答すること全般にわたったトレーニングをする科目が必要だと思われる。その基盤があってこそ、音や音楽を使って子どもの表現を支える音楽性の育成をすることが可能になる。

　また今回、詳細に取り挙げる機会がなかったが、音楽的資源の一つとして保育者の「声」の可能性について探究する価値がある。声は楽器演奏や身体的な動きを伴いながら発することのできる、人間にとって一番身近な楽器である。声の可能性を探究し、応答的能力に生かすことにより、音楽的コミュニケーションを豊かなものにし、楽器のない環境下でも音楽的活動が展開できると考える。

　さらに、保育の場でよく使用される既成曲の役割についても、音楽療法的視点から論じることで新たな知見が見いだせると思われる。音楽療法のセッションでも、既成曲が即興的、かつ効果的に使用され、活動の軸として機能している例がある。このような例に従って、この分野についても機会を改め、探究していきたい。

引用・参考文献

1．和書

（1）単行本

網野武博・無藤隆・増田まゆみ・柏女霊峰『これからの保育者にもとめられること』
　　　大阪：ひかりのくに株式会社、2006年。

荒木柴乃編『音・音楽の表現力を探る──保育園・幼稚園から小学校へ──』東京：
　　　文化書房博文社、2003年。

石村真紀「音から始まる──創造的音楽療法と表現──」『音楽による表現の教育
　　　──継承から創造へ──』小島律子・澤田篤子編、京都：晃洋書房、1998年、21
　　　～36頁。

石村真紀・高島恭子『即興による音楽療法の実際』東京：音楽之友社、2001年。

石村真紀『音楽療法のエッセンス──生きたセッションを体験するために──』東
　　　京：音楽之友社、2006年。

石橋裕子・吉津晶子・西海聡子編『新保育者・小学校教員のためのわかりやすい音楽
　　　表現入門』京都：北大路書房、2009年。

稲田雅美『音楽が創る治療空間──精神分析の関係理論とミュージックセラピー
　　　──』京都：ナカニシヤ出版、2012年。

今川恭子・宇佐美明子・志民一成編『子どもの表現を見る、育てる──音楽と造形の
　　　視点から──』東京：文化書房博文社、2005年。

今川恭子「乳幼児と音楽教育」『音楽教育学の未来』日本音楽教育学会編、東京：音
　　　楽之友社、2009年。

入江礼子・榎沢良彦編『保育内容表現』第2版、東京：建帛社、2011年。

越後哲治・田中亨胤・中島千恵編『保育・教育を考える──保育者論から教論論へ
　　　──』京都：あいり出版、2011年。

大畑祥子編『保育内容音楽表現の探究』東京：相川書房、1999年。

大畑祥子編『保育内容音楽表現〔第2版〕』東京：建帛社、1999年。

大場幸夫『こどもの傍らに在ることの意味──保育臨床論考──』東京：萌文書林、
　　　2007年。

大場幸夫（企画）・阿部和子・梅田優子・久富陽子・前原寛共著『保育者論』東京：
　　　萌文書林、2012年。

岡健・金澤妙子編『演習保育内容表現』東京：建帛社、2009年。

岡本拡子編『感性をひらく表現遊び――実習に役立つ活動例と指導案――』京都：北
　大路書房、2013年。

小川昌文「第3回音楽教育哲学シンポジウムにみる Aesthetic と Praxis の対立」、
　『音楽教育の研究――理論と実践の統一をめざして――』（浜野政雄監修）東京芸
　術大学音楽教育研究室創立30周年記念論文集編集委員会編、東京：音楽之友社、
　1999年。

小川博久『保育者育成論』東京：萌文書林、2013年。

乙訓　稔『西洋近代幼児教育思想史――コメニウスからフレーベル――』（第2版）
　東京：東信堂、2010年。

垣内国光・東社協保育士会編『保育者の現在――専門性と労働環境――』京都：ミネ
　ルヴァ書房、2007年。

垣内国光『保育に生きる人びと――調査に見る保育者の実態と専門性――』東京：ひ
　となる書房、2011年。

金子智栄子『保育者の力量形成に関する実践的研究――有効な保育者養成と現職研修
　のあり方を求めて――』東京：風間書房、2013年。

金田利子・諏訪きぬ・土田弘子編『「保育の質」の探究』京都：ミネルヴァ書房、
　2000年。

川喜田二郎『発想法――創造性開発のために――』東京：中央公論社、1967年。

川喜田二郎『続・発想法―― KJ 法の展開と応用――』東京：中央公論社、1970年。

河口道朗『音楽教育の理論と歴史』東京：音楽之友社、1991年。

神原雅之・鈴木恵津子監修・編『幼児のための音楽教育』東京：教育芸術社、2010年。

クライブ・ロビンズ、キャロル・ロビンズ編『ポール・ノードフ音楽療法講義――音
　楽から学ぶこと――』（若尾裕・進士和恵訳）東京：音楽之友社、2003年。

クライブ・ロビンズ『音楽する人間』（生野里花訳）東京：春秋社、2007年。

クラウス・モレンハウアー『子どもは美をどう経験するか――美的人間形成の根本問
　題――』真壁宏幹・今井康雄・野平慎二訳、東京：玉川大学出版部、2001年。

クリストファー・スモール『ミュージッキング』（野澤豊一、西島千尋訳）東京：水
　声社、2011年。

黒川健一編『保育内容「表現」』京都：ミネルヴァ書房、2004年。

黒川健一・小林美実編『保育内容表現〔第2版〕』東京：建帛社、1999年。

ケネス・E・ブルーシア『即興音楽療法の諸理論上』（林庸二監訳　生野里花・岡崎
　香奈・八重田美衣訳）東京：人間と歴史社、1999年。

ケネス・エイギン『障害児の音楽療法』（中河豊訳）京都：ミネルヴァ書房、2002年。

ケネス・エイゲン『音楽中心音楽療法』（鈴木琴栄・鈴木大裕共訳）東京：春秋社、
　　2013年。

厚生労働省『保育所保育指針〈平成20年告示〉』東京：フレーベル館、2008年。

駒久美子『幼児の集団的・創造的音楽活動に関する研究――応答性に着目した即興の
　　展開――』岡山：ふくろう出版、2013年。

佐伯胖・大豆生田啓友・渡辺英則・三谷大紀・高嶋景子・汐見稔幸『子どもを「人間
　　としてみる」ということ』京都：ミネルヴァ書房、2013年。

佐伯胖『幼児教育へのいざない――円熟した保育者になるために――』増補改訂版、
　　東京：東京大学出版会、2014年。

桜林仁『心をひらく音楽 療法的音楽教育論』東京：音楽之友社、1990年。

佐藤公治『音を創る、音を聴く――音楽の協同的生成――』東京：新曜社、2012年。

汐見稔幸・大豆生田啓友編『保育者論』京都：ミネルヴァ書房、2010年。

下出美智子『知的障害のある青年たちの音楽行為――曲づくり・歌づくりの事例分析
　　による――』東京：風間書房、2011年。

下川英子『音楽療法・音あそび――統合保育・教育現場に応用する――』東京：音楽
　　之友社、2009年。

ジョン・マクレオッド『臨床実践のための質的研究法入門』（下山晴彦監修、谷口明
　　子・原田杏子訳）東京：金剛出版、2007年。

鈴木みゆき・藪中征代編『保育内容「表現」乳幼児の音楽』東京：樹村房、2004年。

全国大学音楽教育学会中・四国地区学会編『歌う、弾く、表現する保育者になろう
　　――保育士・幼稚園教諭養成テキスト――』東京：音楽之友社、2006年。

角尾和子・角尾稔編『表現』東京：川島書店、1999年。

高橋健三『フレームワーク思考法』東京：中経出版、2013年。

高濱裕子『保育者としての成長プロセス――幼児との関係を視点とした長期的・短期
　　的発達――』東京：風間書房、2001年。

高御堂愛子・植田光子・木許隆編『楽しい音楽表現』東京：圭文社、2009年。

高山仁『みんなで音楽――特別支援教育・保育・音楽療法のために――』東京：音楽
　　之友社、2011年。

田中亨胤・尾島重明・佐藤和順編『保育者の職能論』京都：ミネルヴァ書房、2006年。

谷口高士『音は心の中で音楽になる――音楽心理学への招待――』京都：北大路書房、
　　2000年。

谷村宏子『音楽療法の視点に立った保育支援の試み――実践記録の分析と新たな提案
　　――』兵庫：関西学院大学出版会、2012年。

民秋言編『改訂保育者論〔第2版〕』東京：建帛社、2009年。

田村和紀夫『名曲に何を聴くか』東京：音楽之友社、2004年。

永山嘉昭『図表のつくり方が身につく本』東京：高橋書店、2012年。

永岡都「保育領域〈表現〉における音楽の意義と課題」『音楽教育学研究2〈音楽教育の実践研究〉』2000年、205〜217頁。

名須川知子・高橋敏之編『保育内容「表現」論』京都：ミネルヴァ書房、2006年。

浜口順子『「育ち」観からの保育者論』東京：風間書房、2008年。

平田智久・小林紀子・砂上史子編『保育内容「表現」』京都：ミネルヴァ書房、2010年。

ブリュンユルフ・スティーゲ『文化中心音楽療法』阪上正巳監訳、井上勢津・岡崎香奈・馬場存・山下晃弘共訳、東京：音楽之友社、2008年。

ポール・ノードフ、クライブ・ロビンズ『心身障害児の音楽療法』（桜林仁・山田和子訳）東京：日本文化科学社、1973年。

丸山忠璋「音楽療法との比較による音楽科教育の課題」『音楽教育学研究3』東京：音楽之友社、2000年。

三森桂子編『音楽表現』東京：一藝社、2010年。

宮原英種・宮原和子『応答的保育の研究』京都：ナカニシヤ出版、2002年。

宮原和子・宮原英種『知的好奇心を育てる応答的保育』京都：ナカニシヤ出版、2004年。

無藤隆（監修）・浜口順子編『事例で学ぶ保育内容領域表現』東京：萌文書林、2008年。

森上史朗・岸井慶子編『保育者論の探求』京都：ミネルヴァ書房、2001年。

文部科学省『幼稚園教育要領〈平成20年告示〉』東京：フレーベル館、2008年。

文部科学省『幼稚園教育要領解説』東京：フレーベル館、2008年。

梁島章子・倉持洋子・小林洋子・大森幹子・島地美子『改訂新版感性と表現のための音楽』東京：学術図書出版社、1999年。

やまだようこ編『質的心理学の方法――語りをきく――』東京：新曜社、2007年。

山松質文『臨床教育心理学』東京：大日本図書、1976年。

ルードルフ・E・ラドシー、J・デーヴィッド・ボイル『音楽行動の心理学』（徳丸吉彦他訳）東京：音楽之友社、1986年。

レオ・レオニ『スイミー』谷川俊太郎訳、東京：好学社、1969年。

レオ・レオニ『スイミー　ちいさなかしこいさかなのはなし』谷川俊太郎訳、東京：日本パブリッシング、1969年。

レスリー・バント『音楽療法——ことばを超えた対話——』稲田雅美訳、京都：ミネルヴァ書房、2006年。

若尾裕編『子どもの音楽療法ハンドブック』東京：音楽之友社、1992年。

若尾裕・岡崎香奈『音楽療法のための即興演奏ハンドブック』東京：音楽之友社、1996年。

若尾裕『奏でることの力』東京：春秋社、2000年。

若尾裕『音楽療法を考える』東京：音楽之友社、2006年。

（2）雑誌論文

飯田大輔・大里美保子・飯田恵津子「ビデオによる『応答的保育』の学習モデルを使っての検証①」『日本保育学会第66回大会発表要旨集』2013年、757頁。

石田清子「幼児音楽教材における旋律と和声の関係——童謡の伴奏における和音の非利用による効果について——」『愛知江南短期大学紀要』32号、2003年、93〜108頁。

石村真紀「音楽療法の歴史と用語」『the ミュージックセラピー』Vol. 1、東京：音楽之友社、2003年、70〜73頁。

石村真紀「音楽療法の音楽」『the ミュージックセラピー』Vol. 2、東京：音楽之友社、2003年、78〜81頁。

石村真紀「音楽療法のスピリット」『the ミュージックセラピー』Vol. 3、東京：音楽之友社、2004年、86〜89頁。

石村真紀「音楽療法のスピリット〈その２〉」『the ミュージックセラピー』Vol. 4、東京：音楽之友社、2004年、52〜55頁。

石村真紀「音楽療法の〈間〉」『the ミュージックセラピー』Vol. 5、東京：音楽之友社、2004年、78〜80頁。

石村真紀「『観る』ということ／セラピーの枠の話」『the ミュージックセラピー』Vol. 6、東京：音楽之友社、2005年、81〜83頁。

石村真紀「セラピーの枠の話〈その２〉セラピーに使う楽器」『the ミュージックセラピー』Vol. 7、東京：音楽之友社、2005年、76〜78頁。

伊藤仁美「保育者に求められる音楽表現力の育成に関する一考察」『こども教育宝仙大学紀要』第１号、2010年、９〜15頁。

今村方子「保育者養成の新たな視点——ある音楽作品創作のための保育実践を通して——」『音楽教育実践ジャーナル』Vol. 1　No. 2、2004年、28〜37頁。

内田礼子・鈴木素子「保育現場における音楽療法的活動導入についての一考察」『日

本保育学会第67回大会発表要旨集』東京印書館、2014年、879頁。

馬立明美「保育者養成校におけるこども音楽療育ワークショップの意味Ⅰ——参加親子の変容を視点に——」『日本保育学会田67回大会発表要旨集』東京印書館、2014年、498頁。

大里美保子・飯田大輔・飯田恵津子「言語的応答性に関する実証的研究——『受容』に含む非承認の意味——」『日本保育学会第67回大会発表要旨集』2014年、546頁。

大山美和子「幼児の音楽表現に関する保育的意味について」『清和女子短期大学紀要』第25号、1996年、103～110頁。

岡崎香奈「音楽療法士養成教育における感性化トレーニング」『音楽療法研究』第5号、2000年、12～18頁。

岡崎香奈「音楽療法研修生のための感性化トレーニング体験——体験記をもとにした一考察——」『国立音楽大学音楽研究所年報』第17集、2004年、47～64頁。

小川博久「『保育』の専門性」『保育学研究』第49巻第1号、2011年、100～110頁。

奥村正子・山根直人・志村洋子「教員養成における領域『表現』の音楽側面の検討（1）——幼稚園及び小学校の教師の意識比較——」『埼玉大学紀要』第56-1号、2007年、69～82頁。

上谷裕子「創造的音楽活動の試み——音のイメージからの展開——」『全国大学音楽教育学会研究紀要』第15号、2004年、63～72頁。

河口道朗「音楽と人格形成の試論ールソー、ダルクローズ、オルフ、マーセル、プロイスナーの所論をもとに」『季刊音楽教育研究』No.33秋号、1982年、121～130頁。

桐原礼「幼稚園教諭・保育士養成課程学生の『音楽表現指導法』における学び」『千葉経済大学短期大学研究紀要』第7号、2011年、111～120頁。

キャロライン・ケニー「The Field of Play ～音楽療法と審美性（2006年度音楽研究所連続講演会第1回記録）」『国立音楽大学音楽研究所年報』第20号、2006年、111～124頁。

倉掛妙子「保育者養成大学に音楽療育を（1）——幼稚園教育要領・保育所保育指針の改正をふまえて——」『日本保育学会第64回大会発表要旨集』東京印書館、2011年、814頁。

倉持洋子「『音による音の表現』の試み——音楽創作活動の一環として——」『茨城女子短期大学紀要』No.14、1987年、4～10頁。

ケネス・E・ブルーシア「音楽療法とは何か」『国立音楽大学音楽研究所年報』第14集、国立音楽大学音楽研究所、2001年、63～74頁。

引用・参考文献　187

小池美知子「保育者養成における創造的音楽活動の一考察——授業実践を通して」
　　『全国大学音楽教育学会』第11号、2000年、58～69頁

小池美知子「保育者養成における創造的音楽表現活動に関する研究」『今治明徳短期
　　大学研究紀要』第25号、2001年、13～23頁。

小池美知子「保育者の音楽的感受性が幼児の音楽表現に及ぼす影響」『保育学研究』
　　第47巻第2号、2009年、60～69頁。

小島千か「絵本と音楽——子ども図書室での学生による発表を通して——」『山梨大
　　学教育学部附属実践研究センター研究紀要』第12号、2007年、1～12頁。

小島千か「絵本を用いた音楽づくりにおけるイメージのはたらき」『山梨大学教育人
　　間科学部紀要』第11巻、2009年、115～125頁。

後藤紀子「保育者養成校におけるピア指導研究」『日本保育学会第60回大会発表論文
　　集』東京印書館、2007年、824～825頁。

後藤紀子「保育者養成校におけるピアノ指導研究その2」『日本保育学会第61回大会
　　発表論文集』東京印書館、2008年、264頁。

後藤紀子「保育者養成校におけるピアノ指導研究③——絵本からのイメージ——」
　　『日本保育学会第63回大会発表論文集』東京印書館、2010年、515頁。

駒久美子「幼稚園における創造的な音楽活動に対する保育者の意識——保育者を対象
　　とした質問紙調査の分析を通して——」『音楽教育研究ジャーナル』第33号、
　　2010年、1～14頁。

駒久美子「幼児の集団的・創造的音楽活動に関する研究——応答性に着目した即興の
　　展開——」日本女子大学博士論文、2011年。

阪上正巳・岡崎香奈・井上勢津・中野万里子・屋部操・羽田喜子「音楽療法の教育シ
　　ステムに関する研究（最終報告）」『国立音楽大学　音楽研究所年報』第20集
　　（2006年度）、2007年、21～48頁。

坂田直子・山根直人・伊藤　誠「保育者養成における音楽的専門性の育成——幼稚園
　　教諭へのピアノ等鍵盤楽器に関する質問紙調査を手がかりに——」『埼玉大学紀
　　要』第58-1号、2009年、15～30頁。

桜林仁「音楽療法と音楽教育」『音楽療法研究年報』第4号、1975年、1～10頁。

薩摩林淑子「保育者養成校における創造的な音楽表現力の育みに関する一考察——鎌
　　倉女子大学専攻科学生による音楽創作活動を通して——」『鎌倉女子大学紀要』
　　第15号、2008年、75～84頁。

嶋田由美・久留島太郎・志民一成・水戸博道・今村方子・今川恭子「『そこにピアノ
　　があるから』ですか——子どもたちの表現を支えるために——」『日本保育学会

第63回大会発表論文集（共同企画）』東京印書館、2010年、119頁。

嶋田由美「保育者のピアノ演奏に関する意識調査——リカレント教育構築に向けての
　　基礎的資料として——」『日本保育学会第62回大会発表論文集』東京印書館、
　　2009年、353頁。

志村洋子・志民一成・藪中征代・奥村正子・小畑千尋・嶋田由美・今川恭子「保育者
　　養成校において学生に『表現』をどのように指導するか（4）——なぜ、なんのた
　　めに、どう歌うのか——」『日本保育学会第61回大会発表論文集（共同企画）』東
　　京印書館、2008年、116頁。

志村洋子・嶋田由美・水戸博道・今川恭子・奥村正子・小畑千尋「保育者養成におい
　　て学生に『表現』」をどのように指導するか——そこにピアノがあるからですか
　　——」『日本保育学会第62回大会発表論文集（共同企画）』東京印書館、2009年、
　　113頁。

下川英子「音楽を生かす要素——バスライン、オスティナート」『The ミュージック
　　セラピー』Vol. 11、2007年、42〜55頁。

下川英子・田坂和子「まず伝えたい気持ちを育む」『The ミュージックセラピー』
　　Vol. 18、2010年、8〜11頁。

関田良「保育においてピアノがもたらす環境」『頌栄短期大学研究紀要』32号、2001
　　年、17〜40頁。

芹澤一美「特集1．行政と音楽療法」『The ミュージックセラピー』Vol. 14、2009年、
　　25〜33頁。

芹澤一美「『未来ちゃんの音』どれにする？」『The ミュージックセラピー』Vol. 6、
　　2005年、6〜17頁。

千成俊夫「米国における音楽教育カリキュラム改革（I）——60年代以降の動向をめぐ
　　って——」『奈良教育大学紀要』第33巻第1号、Vol. 1、1984年、87〜107頁。

竹内唯・奥忍「絵本の中の音楽——画・言葉・テーマとの関連に着目して——」『岡
　　山大学教育実践総合センター紀要』第7巻、2007年、27〜37頁。

竹岡真知子「保育者養成における『保育内容　音楽表現』指導の方法について」『富
　　山短期大学紀要』第43号、2008年、11〜19頁。

田﨑教子「“*Healing Heritage*”——ポール・ノードフによる『音楽的語法』の探求
　　——」『研究と評論』第69号、2004年、58〜79頁。

田﨑教子「保育者養成における『表現』の指導のあり方——「Music Child」の概念
　　との互換性について——」『全日本音楽研究会（大学部会）会誌』2006年、48〜
　　55頁。

引用・参考文献　　189

田﨑教子「保育内容『表現』で学ぶべきもの――‘Music Child’の概念との互換性について――」『音楽教育』第3号、2007年、10～15頁。

田﨑教子「保育におけるピアノ演奏に必要な専門的技術―― Nordoffの“Healing Heritage”の観点から見る――」『東京福祉大学・大学院紀要』第2巻第1号、2011年、31～41頁。

田﨑教子「保育内容『表現』と『音楽療法』における音楽的表現――‘Music Child’の概念に基づく比較――」『音楽教育学研究ジャーナル』第38号、2012年、13～25頁。

田﨑教子「音楽療法的アプローチの保育への導入――セラピストが行う『音楽表現活動』――」『音楽教育研究ジャーナル』第40号、2013年、13～25頁。

田﨑教子「『表現（音楽)』に対する保育者の保育観と音楽観」『東京福祉大学・大学院紀要』第4巻第1号、2014年、43～54頁。

田﨑教子「音楽的活動における保育者の発信的・応答的能力の向上――クリニカル・ミュージシャンシップ援用の可能性――」『東京藝術大学大学院博士論文』2015年、181頁（別冊資料120頁付き)。

田﨑教子「集団による創造的な音楽活動から得るもの」『帝京大学教育学部紀要』第5号、2017年、35～46頁。

田﨑教子「音楽の表現技術向上のための授業実践――音の描写性を重視した活度を通して――」『帝京大学教育学部紀要』第6号、2018年、25～35頁。

多田羅康恵「他者とのかかわりに困難をかかえた子どもを支援できる音楽科の教師力――音楽療法の視点から――」『音楽教育実践ジャーナル』Vol. 15. No. 2、2008年、103～111頁。

田中 博晃「KJ法入門：質的データ分析法としてKJ法を行う前に」『より良い外国語教育研究のための方法――外国語教育メディア学会（LET）関西支部メソドロジー研究部会2010年度部会報告論集17――』2011年、17～29頁。

谷村宏子「自閉症児に見られる音楽行動の変容――乳幼児音楽行動のプロセススケールの作成を通して――」『保育学研究』第48巻第1号、2010年、10～22頁。

谷村宏子「自閉症児における音楽療法の視点による音楽活動」『日本保育学会第64回大会発表旨集』東京印書館、2011年、273頁。

デュアクサン「音楽教育と音楽療法の類似点」『武蔵野音楽大学音楽療法研究会』（武蔵野音楽大学音楽療法研究会訳）1970年、51頁。

遠山文吉「子どもと音楽療法～音楽療法と音楽教育の接点～」『音楽教育学』第38巻第2号、2008年、11～12頁。

冨田英子「創造性を養う授業展開についての一考察——グループ学習活動を通して
　　——」『全国大学音楽教育学会』第15号、2004年、53〜62頁。

永岡都「保育領域〈表現〉における音楽の意義と課題」『音楽教育学研究2〈音楽教
　　育の実践研究〉』2000年、205頁。

永岡都「保育者養成における〈表現〉教育の方法に関する一考察——「アナロジー」
　　をキーワードにした音楽づくりの試みから——」『日本保育学会第56回大会発表
　　論文集』東京印書館、2003年、114〜115頁。

長野麻子「音楽の言葉で表現すること——保育者養成における『表現』の取り組みか
　　ら——」『立教女学院短期大学紀要』第42号、2010年、83〜99頁。

西海聡子・笹井邦彦・細田淳子「保育者養成教育における弾き歌い——コード伴奏へ
　　のメソッド——」『日本保育学会第64回大会発表論文集』東京印書館、2011年、
　　209頁。

登啓子「乳幼児期における歌唱活動についての一考察——オルフの理念を取り入れた
　　歌唱活動の事例による検討——」『帝京大学文学部教育学科紀要』第36号、2011
　　年、43〜51頁。

林庸二「Kenneth Aigen による音楽中心主義音楽療法について（2006年度音楽療法
　　連続講演会第3回記録)」『国立音楽大学音楽研究所年報』第20号、2006年、125
　　〜141頁。

林庸二「音楽療法における『音楽すること（musicing)』の治療的意義」『日本大学
　　芸術学部紀要』第51号、2010年、63〜69頁。

平井信義編「特集保育内容としての『表現』」『保育研究』38号、Vol. 10、No. 2、東
　　京：建帛社、1989年、2〜29頁。

福西朋子・山本敦子・三宅啓子「保育現場と連動した養成校の音楽教育内容・方法の
　　あり方(2)——子どもの創造的な音楽活動を支える基礎技能習得をめざして
　　——」『高田短期大学紀要』第27号、2009年、83〜96頁。

ブリュンユルフ・スティーゲ「コミュニティ音楽療法と文化の変化」『日本音楽療法
　　学会誌』第4巻、2004年、136〜146頁。

前田真由美「子どもの音楽表現とその意味——年長児クラスでの実践の分析を通して
　　——」『音楽教育実践ジャーナル』Vol. 1.No. 2、2004年、52〜58頁。

松本晴子「『保育所保育指針』と『幼稚園教育要領』にみる表現（音楽）の考察」『宮
　　城女子大学発達科学研究（10)、2010年、9〜17頁。

三井教子「ノードフ・ロビンズの創造的音楽療法における『音楽』の意味」『啓明学
　　園研究紀要』第2号、1994年、3〜43頁。

三井教子「即興に内包されるミュージシャンシップ──ノードフ・ロビンズの創造的
　　音楽療法より探る──」『啓明学園研究紀要』第 4 号、1996年。 7 ～15頁。

三宅啓子・福西朋子・山本敦子「保育者に求められる音楽的専門力量形成について
　　（Ⅴ）──基礎技能──」『日本保育学会第62回大会発表論文集』東京印書館、
　　2009年、223頁。

宮脇長谷子「保育者養成におけるピアノ指導の現状と課題──養成校へのアンケート
　　調査を通して──」『静岡県立大学短期大学部研究紀要』第15-W1号、2001年、
　　1 ～11頁。

山岸敦子「アメリカの音楽教科書」『季刊音楽教育研究』No. 26冬号、1981年、34～
　　43頁。

山西博之「教育・研究のための自由記述アンケートデータ分析入門：SPSS　Text
　　Analytics for Surveys を用いて」『より良い外国語教育研究のための方法──外
　　国語教育メディア学会（LET）関西支部メソドロジー研究部会2010年度部会報
　　告論集17──』2011年、110～124頁。

山本敦子「保育に生かす創造的な音楽活動の試み（2）──『カール・オルフ夏期特別
　　研修』から幼児のための歌唱指導を中心に──」『高田短期大学育児文化研究』
　　第 4 号、33～46頁。

若菜直美「保育者養成における『音楽表現』のプレイフル・アプローチ」『帯広大谷
　　短期大学紀要』第51号、2014年、35～46頁。

2 ．洋書
（1）単行本
Aigen, Kenneth, *Music-centered music therapy*. Barcelona Publishers, NH. 2005.

C, Schwabe *Mcthodik der MusikThrapic* Lipzig, 1987.

David.J.Elliot, *Music Matters* Oxford, 1995.

E.H.Boxill., *Music Therapy for the Developmentally Disabled*, Aspen Systems Corp.
　　Rockville: Maryland, 1985.

Malloch, S., & Trevearthen, C. *Communicative musicality. Exploring the basis of
　　human companionship*. Oxford University Press, 2009.

Nordoff, P and Robbins, C. *Therapy in music for Handicapped children*, London:
　　Gollanz, 1971.

Rudolf Steiner, Lecture Two in *"Eurythmy as Visible music"* 2nd ed. Rudolf Steiner
　　Press, London, 1977.

（2）事典・辞典項目

「音楽の概念」『音楽療法辞典』東京：人間と歴史社、1999年、41〜43頁。

「音楽の構成要素」『音楽療法辞典』東京：人間と歴史社、1999年、44〜57頁。

「音楽療法における『注意』のコントロール」『音楽療法辞典』東京：人間と歴史社、
　　1999年、57〜59頁。

「ノードフ・ロビンズ音楽療法（創造的音楽療法）」『音楽療法辞典』東京：人間と歴
　　史社、1999年、445〜449頁。

「ノードフ・ロビンズ音楽療法（創造的音楽療法）」『音楽療法辞典』東京：人間と歴
　　史社、2004年、287〜290頁。

「musicianship」『新英和中辞典』第7版、東京：研究社、2003年。

「musicianship」『ランダムハウス英和大辞典』第2版、東京：小学館、2003年。

「musicianship」『ラミナス英和辞典』第2版、東京：研究社、2005年。

「musicianship」『Weblio 英和対訳辞書』Weblio、2011年。

「musicianship」「『日本語 WordNet（英和）』NICT、2011年。

「療育」『デジタル大辞泉』東京：小学館、2013年。

3．配付資料

クライブ・ロビンズ「ノードフ・ロビンズ音楽療法50年の軌跡」『平成21年度洗足学
　　園音楽大学音楽療法研究所研修講座資料』2010年、1〜8頁。

安宅智子「米国の音楽療法士養成教育に関する研究——1960年代の音楽療法観および
　　NAMT の養成教育観に着目して——」『日本音楽教育学会第39回発表資料』
　　2008年、9頁。

森薫「創造的な行為としての『わかる』とそこで生成されるもの——音楽における理
　　論的側面の指導に向けて——」『日本音楽教育学会第42回大会発表資料』2011年、
　　1頁。

4．オンライン資料

厚生労働省「保育士養成課程の改正」
　　http://www.mhlw.go.jp/shingi/2010/03/s0324-6.html.（アクセス日：2014.
　　9.13.）

厚生労働省「子ども・子育て新システム検討会議」
　　http://www8.cao.go.jp/shoushi/shoushika/meeting/measures/kettei12.html.
　　（アクセス日：2014.9.13.）

引用・参考文献　　193

厚生労働省「保育士養成課程等検討会中間まとめ」
　　http://www.mhlw.go.jp/shingi/2010/03/s0324-6.html.（アクセス日：2014.9.8.）
厚生労働省『保育所保育指針解説』2009年、91～96頁。
　　http://www.mhlw.go.jp/bunya/kodomo/hoiku04/pdf/hoiku04b.pdf.（アクセス
　　日：2014.9.8.）
日本保育学会「教職生活全体を通じた教員の資質能力の総合的な向上方策について
　　（審議のまとめ）（照会）」についての意見提出」http://jsrec.or.jp/pdf/singi_
　　iken.pdf.（アクセス日：2014.9.8.）
日本保育学会「教職生活全体を通じた教員の資質能力の総合的な向上方策について
　　（審議のまとめ）（照会）」についての意見提出」http://jsrec.or.jp/pdf/singi_
　　iken.pdf.（アクセス日：2014.9.8.）
文部科学省「教職生活全体を通じた教員の資質能力の総合的な向上方策について（審
　　議のまとめ）」
　　http://www.mext.go.jp/b_menu/shingi/chukyo/chukyo11/sonota/1321079.htm.
　　（アクセス日：2014.9.8.）

資　　料

目　　次

資料1．第1章　保育者への質問紙調査の分析結果（A1〜A42）･･････････････ 197
　　　　第3章　学生への質問紙調査の分析結果（A1〜A42）

資料2．第2章　「音楽表現活動」の概要と活動記録（9事例）･････････････････ 229

資料3．第2章　「音楽表現活動」のエピソードの詳細（6事例）･･･････････････ 251

資料4．第2章　「音楽表現勉強会」の記録 ･･････････････････････････････････ 256

資料5．第3章　ワークシートの記述のカテゴリー化（2012〜1014年）･･････････ 264

資料6．第3章　事前・事後アンケートのカテゴリー化･････････････････････････ 274

資料7．第3章　即興的に創造された旋律の譜例（12例）･･････････････････････ 282

資料8．第3章　トーンチャイムの実践記録（2014年）･････････････････････････ 286

資料9．第3章　台本と授業者の解釈（全4グループ）･････････････････････････ 292

資　　料　　197

Q1. 音や音楽を普段の生活の中に当たり前のように取り入れること、音楽を身近に
　　感じて生活すること、「音楽の生活化」について、どのように考えますか。

カテゴリー	保育者 （保育士〔左〕・幼稚園教諭〔右〕）	学生
とても良い	13・14	57
わからない	0・0	7
無回答	4・2	2
その他	0・1	0

A1.

大	小項目	保育者（保育士・幼稚園教諭）	学　　生
賛成（音楽の効用）	豊かな人生 豊かな生活	豊かな生活、豊かな人生になる　　2・3	生活に彩りを添える、表現が豊かに なる、心と体を成長させる　　　　3
	豊かな感情	豊かな気持ちになる、喜怒哀楽の気持ち を代弁してくれる、楽しい、元気、心地 よい気分になる、勇気、頑張れる　3・8	感情が豊かになる、明るい気分にさ せてくれる、脳の活性化、気持ちが 晴れる　　　　　　　　　　　　24
	親近感 身近なもの	親しみをもって、身近に、生活に不可欠 　　　　　　　　　　　　　　　4・1	9
	癒し リラックス	リラックス、心の支え、落ち着く　　1	和ませる、癒される　　　　　　　6
	生活のリズ ム		生活のリズムを作る　　　　　　　1
	音楽教育		リズム感が育つ、音楽への苦手意識 が減る、音に興味が湧く、教育とし て役立つ、マナーを守って楽しむ 5
取り入れる場	保育の中で	音楽を日々取り入れている　　　　　1	替え歌　　　　　　　　　　　　　1
		乳児に優しい声で楽しく歌っている 　　　　　　　　　　　　　　　　1	
		保育者自身の技術を高め、色々な方向か ら経験させてやりたい　　　　　　　1	
	生活の中で	音がなくても心や表情、リズムで感じら れるようになって欲しい、サウンドオブ ミュージックのように。自分の好きな分 野を選択し取り入れる、遊びの中で音楽 を取り入れて楽しむことが大切　2・1	
他	わからない		わからない、無回答　　　　　　　9

Q2. 保育園、幼稚園の方針（未来の保育者）として、保育全体の目的の中で、一連
　　の音楽活動をどう位置づけ、どのような意義をもって活動していますか。

A2.

大	小項目	保育者（保育士・幼稚園教諭）	学　生
環境設定	経験・参加	音楽活動に参加し、色々な経験をすること　4	歌う、聴く、手遊び、楽器、合唱、声を出す経験、歌の時間、リトミック　20
	生活・遊び	生活や遊びの中に自然に取り入れる　1・1	一日に必ず音楽を取り入れる　19
	身近で親しむもの	音楽を身近に感じ、親しみを持って活動できるよう　4	4
	共有できる活動	子ども全体で楽しく共有できる活動の一つとして　1	コミュニケーション　2
活動の意義	楽しみ	歌、リズム、リトミック等を楽しみながら行う　11・1	娯楽　12
	自己表現、表現力、創造力	自分なりの表現手段の一つになるよう、自己表現の手段　4・1	表現力を高める、表現力を豊かにする　11
	自信、元気、生きる力、達成感	元気の素、自信につながる、喜怒哀楽を支える「生きる力」になる 音楽活動によって得られる達成感　5	3
	心地よさ、安らぎ	心を解放し、心地良くさせてくれる、音楽から得られる安らぎの経験　3	リラックスできる　2
	情操教育	園の方針として情操教育として位置づけている、心を豊かにする　11	
	判断力、思考力	リトミック等を通して、判断力、思考力を養える　2	
	他の活動の助け・生活の区切りとして		英語、運動等の他の活動の助けとして、朝、昼、帰り、注目を集めたい時等、挨拶や区切りの時に使う　9
指導の必要性	音楽的指導の否定	正確に美しく等しっかりした指導を目指すものではない　2	
	音楽的指導の効果	歌を覚えたりリズムを身につけたりできる、リズム運動などにより身体機能を発達させる　2	今後の教育（小・中・高）の前段階として興味を持たせる、感性、リズム感の育成、成長過程での教育の一環、絶対音感　6
他	わからない	4	わからない、考えたことがない　11

Q3. 保育者の一人として、音楽的な活動を日々の保育の中にどのように位置づけていますか。

資　料　199

Ａ３．

大	小項目	定　義	
頻度	日常的（毎日）	生活の中に音楽を取り入れている（特に歌うこと）	6・8
	リラックスの場	生活の中でホッとする場面に音楽を取り入れた活動を行う	1・2
	興味のタイミング	子どもが興味を持った時にタイミングを見て行う	1
意図・目的	楽しみ	楽しんで行う、楽しみの一つとして	4・3
	表現活動	色々ある表現活動の一つとして、総合的な活動の一つとして	2・1
	音楽に触れる機会	未知の世界へ興味を広げるため音楽に触れさせる（乳児には聴かせる）	2・1
	情緒を育む	様々な感情を体験して情緒の豊かさを育むため	2・1
	身体性	身のこなし方など曲に合わせて身体を動かしながら学ぶ	2
	模倣	曲に合わせて身体を動かす中で模倣することを学ぶ	1
	発散	曲に合わせて身体を動かす中で発散する効果が期待できる	1
内容	歌	歌、手遊び、歌絵本	15
	器楽・楽器	楽器、太鼓、リズム	6
	身体表現	リトミック、ダンス、ボディパーカッション、踊り	7・1
	劇的表現	パネルシアター、手袋人形でミニシアター	2
	音楽を聴く・観る	音楽を聴く活動、鑑賞する活動	2
他	無回答		1

Ｑ４．保育園（幼稚園）しか体験できないと思われる音楽的な活動があればお書きください。
Ａ４．

大	小項目	保育者（保育士・幼稚園教諭）	学　生	
活動の集団性	感情の高まり、一体感	集団ならではの活動（合唱、合奏、身体表現）による気持ちの高まり、集団で味わう一体感　　　　　7		8
	成功体験、満足感の共有	音楽をすることによる成功体験や満足感、達成感の共有　　　　　2		
	協調・協同作業	お互いに協力し譲り合って作る体験 3		6
	他児からの影響	他の友達の演奏などを見る体験　　3		
活動内容	生演奏	生の音楽・生演奏を聴く、体験する 2		
	リズム遊び	リズムに合わせ身体を動かす、リトミック　　　　　　　　　3・2	リズムダンス	2
	和太鼓の演奏	家庭にはない和太鼓に触れる　　2		
	わらべうた、歌	わらべうたを介した触れ合い、ゆっくりした時間を過ごす　　　　2・2		

	中	小項目	保育者（保育士・幼稚園教諭）	学　生
	活動内容	踊り、ダンス、自由表現	身体を動かすこと、自由表現　　2・10	歌いながら踊る、体を動かしながら歌う、ダンス　　　　　　5
		手遊び	2	幼少期しか体験できない活動だから　　　　　　　　　　　1
		劇的表現	舞踏劇、オペレッタ　　　　　12	皆で演じて楽しむ、劇、お遊戯 8
		イメージの中で遊ぶ	イメージする遊びの中から音楽活動が生まれる　　　　　　2	
		絵かき歌		幼少期しか体験できない活動だから　　　　　　　　　　　7
		生活、行事の歌		朝、帰り、給食、片付け、誕生会、行事の音楽によって生活のリズムを学ぶ　　　　　　　　　7
		鍵盤ハーモニカ		鍵盤ハーモニカを演奏する機会があること　　　　　　　2
	活動意義	完成度を気にしない演奏や表現、自己表現	1	演奏の上手、下手を気にせず思いきり楽しめる音楽、自由に、気持ちよく、思い切り、好きなように歌えること、表現力・想像力がつく　　　　　　　　　　11
		耳を鍛える脳の活性化	特に乳幼児期に耳を鍛えておくと将来的に役に立つ　　　　1・1	脳が活性化し、集中力等がつく 3
他		わからない		21

Q5．また、その意義についてもお答えください。

A5．

大	中	小項目	保育者（保育士・幼稚園教諭）	学　生
		満足感・達成感	集団でこそ得られる満足感や達成感 3	
		一体感・統一感	集団でこそ得られる一体感や統一感　　　　　　　　　　3・1	協力すること、皆で同じ動作をする　　　　　　　　　8
		成功体験	友達と一緒に味わう成功体験　　1	
	集団性	楽しさの共有	音楽の楽しさを共有できる　　　2	8
		異年齢児の影響	異年齢児が聴きあう、憧れ、親しみ、いたわり、可愛らしさを体感する　　　　　　　　　　　　　3	刺激を受ける　　　　　　　　2
		仲間意識の芽生え	皆で声や楽器を合わせた時に芽生える仲間意識　　　　　　1	協力すること、助け合い　　　4
		社会性	社会性が身につく　　　　　　7	仲間と関わりながら協力する　　　　　　　　　　　　　10

資　料　201

大	中	小項目	保育者（保育士・幼稚園教諭）	学　生
集団性		生活のリズム、注意の喚起		自然に生活のリズムが身につく、注意を促す　　5
子どもの成長	音楽的側面の成長	でたらめから形式へ	でたらめな太鼓から合奏ができるようになる、思いのままのダンスからリトミックへ　　2	
		音量の調節	音の調節が出来るようになる　　1	
		リズム感の獲得	幼児から太鼓に触れることによりリズム感を獲得できる　　1	
		音楽体験の豊かさ	様々な経験が音楽経験の豊かさになる　　1	想像力を豊かにする　　1
		手遊びの経験		小学校になると使わない　　1
		歌や音楽が好きでいるため		演奏のクオリティに囚われずに自由に歌ったり音楽したりして音楽が好きになる　　6
		体で音楽を感じ、表現する	思い切り体を動かし音楽を感じる機会は今後減る一方だから　　10	身体全体で音楽を感じる　　4
	音楽を通した人間的成長	自主性から生まれる成果	小さな積み重ねを経て出来るようになる。強制されて出来るのとは意味が違う　　1	
		生きる力	生きる力を養う　　1	
		幼児期独自の活動	遊びの中で思いのまま表現する機会　3	
		人前での発表		将来人前での発表に役立つ　1
他		わからない		わからない　　32

Q6．音楽的な活動から、子どもは何を感じ、何を学んでいると思いますか。

A6．

大	中	小項目	保育者（保育士・幼稚園教諭）	学　生
感じるもの	肯定的要素	楽しさ、面白さ	楽しさ（歌う、合わせる）、共に演奏する　　9・13	楽しさを表現する、リズムにのる、音を楽しむ　　35
		心地よさ	歌う心地良さ、体を動かす心地良さ、リズムを感じる心地良さ　　6・1	
		詩の世界	歌の歌詞から詩の世界を感じ取る　　1	歌詞の意味を学び情景を読み取る　　2
		美しさ	美しいものに気づくこと　　1	
		音楽の不思議と魅力	喜怒哀楽の感情と音楽の諸要素（歌詞やメロディ）の結びつきと不思議　2	感動、感受性　　6
		軽快さ、明るさ	音楽の軽快さや明るさを感じる　　1	明るさ　　1

			保育者	学生
養われるもの	他との共通性	発散・解放	気持ちを発散させたり、心を解き放つ機会になる　2	元気にさせる　2
		挑戦・成功・自信	難しい事、初めての事に挑戦しそれに成功し自信を得る　1	達成する喜び、意欲がわく　2
		共有・共感・調和	友達と一緒に音楽することにより得られる共感　4・5	協調性、合わせること、団結力、仲を深める、他との違い、大変さ、集団での音楽活動、一体感　18
		自己表現	自分から音を発信する楽しさ　1　内面的なものを表現する　2	創造力、表現の仕方・意味、表現力、想像力、イメージを形にする　8
		模倣する力		模倣する力を得ている　2
		生活のリズム・挨拶を覚える		挨拶の歌等から挨拶を覚える、曲を聴くことで今、この時間に何をするべきかに気づく　2
	音楽の独自性	音によるコミュニケーション	音（太鼓）のやり取りが嬉しい、自分の叩いた音に保育者が応えてくれる　1	音によるコミュニケーション　1
		聴く力	音をよく聴く力を得ている　1	脳の活性化に役立つ、集中力が付く　3
		音楽的知覚の獲得	音感、音程、リズム感、鼓動、連動、音高、明暗を感覚的に獲得する　5	タイミング、音階　8
他		わからない	1	わからない　6

Q7．（未来の保育者として）子ども達に望む「音楽的な未来像」がありましたら、書いてください。

A7．

大	小項目	保育者（保育士・幼稚園教諭）	学　生
音楽的側面	音楽好き	音楽に生涯親しみをもって、音楽が好きな大人になって欲しい　4・4	歌・踊り等を楽しめる、歌う事を忘れないで欲しい　27
	楽しむ	楽しさ、喜び、心地良さを感じて音楽を楽しんで欲しい　8	
	身近なもの興味・関心	日常の生活に身近なものとして音楽を楽しんで欲しい、生活の中に音楽があったらいい、音楽に興味を持って欲しい　2・5	1
	個人・集団で	１人でも皆でも楽しめるものだから、その場に応じて楽しんで欲しい　1	1
	楽器の演奏	一つでも弾ける楽器があり、聴いて楽しめる音楽、口ずさめる思い出の曲があると良い　2	

資　料　203

大	中	保育者	学生
音楽的側面	自己表現力	気分や感情を表す表現方法の一つになって欲しい、自由に表現することを楽しんで欲しい　1	音楽に限らず自己表現の出来る大人になって欲しい　6
	リズム・音程の獲得	リズムや音程がとれる子になって欲しい　2	絶対音感のある子になって欲しい　1
心理・社会的側面	心の糧	楽しい時、苦しい時、音楽は心を救う力がある、「音」で心を自由にできるようになって欲しい、勇気や元気をもらえるきっかけ　3・1	辛い時に心の糧にして欲しい　1
	人間的な成長	優しさ、思いやり、人とのつながり等を身につけて欲しい　1	
	自然を感じる力	自然を感じる力を身につけて欲しい　1	
	羞恥心の克服		恥ずかしがらずに人前で演奏、演技、踊りができるようになって欲しい　2
他	わからない	わからない　4・4	わからない　28

Q8．子どもが園生活の中で、生き生きとした表現（音楽に限らずあらゆる表現を含む）をするために、保育者はどのような点に配慮すべきだと考えますか？

A8．

大	中	小項目	保育者（保育士・幼稚園教諭）	学　生
物理的要素		環境づくり	子どもが自由に表現できるような環境づくり、生活に密着した題材を用いる、必要な環境をタイミングよく提供、空間、人数　7・15	題材、小道具、音の出るもの、音楽を身近に感じる環境づくり、進んで表現できる環境、危険な行動に注意し、安全の確保に努める　15
		制限の排除	子どもが生き生きと表現できるよう、出来る限りの制限を排除する。保育者の主観や価値観を押し付けない、子どもが楽しめる　1・3	子どもの好きなように自由にやらせる、難しいことをしない　19
		経験の場		様々な経験をさせ感性を養わせる　5
人的要素	保育者行為	一緒に楽しむ	保育者自身が楽しんで表現し、子どもと一緒にその表現を共有する　7・1	手本を見せる、様々なアクションを起こす、楽しめる工夫　11
		表現の受け止め	子どもの気持ちを受け止め、認め、裏める。それによって子どもに自信をつけさせる、共感　7・4	助言、声掛けに配慮、子どもの表現に対し、否定的な評価をしない　13

204

		小項目	保育者（保育士・幼稚園教諭）	学生
人的要素	保育者行為	態度や表情		恥ずかしがらず笑顔で向き合いわかりやすい表情とアクションを心掛ける　9
	保育者視点	人間としての育ち	人間としての育ち、心の育ちの基盤をつくる　1	
		子ども理解		子どもの興味・関心、好み、感情、意欲、ペース、考えを考慮する　16
		意志の尊重		子どもの考えを尊重する　7
	子ども	他児からの影響	認めあう環境　1	子ども同士の発現の場を増やす　1
他		わからない		わからない　2

Q9．普段、子どもの中から自発的に出てくる音楽的な表現をどのように受け止めていますか？

A9．

大	小項目	保育者（保育士・幼稚園教諭）	学　生
受容・共感	言葉による共感	子どもの表現を認めたり褒めたりして共感する　5	肯定する　17
	体験による共感	一緒に表現を楽しむことにより、その楽しさを共有する、子どもに合わせる　3・3	一緒に遊ぶ　10
	見守る、理解する	表現を見守る、表現（音・主張）を聞く、肯定的に受け止める、自発的な表現は子どもが満たされている証拠だと受け止め見守る、自己アピールの一種、全て正解だと思う、興味があると受け止める　5・8	個性として受け止める、発達や成長の証として受け止める、耳を傾ける、理解する、確認する　32
喚起	意欲を喚起助言・アドバイス・指摘	子どものやる気を引き出す、意欲を大切にする　1	自主性を伸ばす　2　ほめながら、押し付けないような助言をする、もっと良くなるようアドバイスする、間違った点は指摘をする　4
静観	受け流す確認する	自己アピールに見える自己表現の場合、受け流すこともある、楽しんでやっているか確認する　1・1	自由にやらせる　1　確認する　1
波及・発展	保育に取り入れる	保育に取り入れる　1	
	他児への派生	他児への派生を考える　1	
他	わからない		9

資　料　205

Q10.　Q9に関連して、どのように援助すべきだと思いますか。

A10.

大	小項目	保育者（保育士・幼稚園教諭）	学　生
援助あり	環境設定	ピアノで伴奏、CDをかける、楽器を出す、手作り楽器を作る、楽しめる雰囲気づくり　　　　　　　　　　　3	流行曲を流す、音楽に触れさせる、色々な活動をさせる　　　　　　4
	見守る	表現が他の理由で阻まれないよう気を配りながら見守る、受け止める、否定しない　　　　　　　　　　4・2	保育者の考えや表現を押し付けず、子どもの表現を否定しない　　6
	声掛け	ほめる、励ます、認める、拍手する等して自信をつけさせる　　　　　　　3	聞く姿勢を大切にする、子どもに質問する　　　　　　　　　　　6
	見本をみせる	楽器の使い方等最初に見本を見せる　3	新しい歌や踊りを教える　　　　　5
	一緒に楽しむ	一緒に歌ったり声に出したり体で表現して楽しむ、子どもの模倣、共に歌う　　　　　　　　　　　　10・11	一緒に楽しむ　　　　　　　　　9
	個性に対応	個性によって対応の仕方を変える　1	個性に応じた対応　　　　　　　2
	アドバイス・発展性・楽しめるような援助	子どもの表現を展開していく、適度の助言をする、遊びがさらに楽しくなるように工夫しながら遊びを援助する（遊具を太鼓に変える、ショーごっこ、TVごっこ等）、バチを作ってあげる　　1・3	良い方向へ向くようアドバイスする、次のステップになるよう発展性のある声掛けをする　　　　　6
	他児への派生全員参加	自然と輪が広がるように　　　　　1	合唱や合奏など全員が参加できるよう配慮する　　　　　　　　　2
援助なし	援助なし	指導の場でなければ特に援助しない　1	
	自由にやらせる		子どもが好きなように自由にやらせる　　　　　　　　　　　　　3
他	わからない		わからない　　　　　　　　　11

Q11.　子どもが音楽的な表現を活性化させる（生き生きさせる）ためには、何が必要だと思いますか。

A11.

大	小項目	保育者（保育士・幼稚園教諭）	学　生
物理的環境	適切な環境	楽器、CD、保育者の声（歌）　　2	ピアノ、踊り、音楽を流す　　　5
		空間、雰囲気（日々の保育で楽しめていることが根底にある）、楽しめる環境　　　　　　　　　　　　7・1	自由に動ける場所、自分が出せるような環境　　　　　　　　　　7
		保育者の配置、保育者の知識　1・1	
		子どもによる表現の発表の場　4・9	色々な表現を試す場　　　　　　3

		音楽的な働きかけ	子どもの表現にアレンジを加えたり、手拍子でリズムをとったり、歌から楽器へ発展させていくような働きかけ、新しいアイディアの提案、表現の発展、活動に関連性のあるものを提示　4・10	見本を見せる、ヒントを与える　3
人的環境		表現へのリアクション	ほめたり認めたりして自信を持たせる、自己肯定感　3	的確なアドバイスをする　9
		楽しみの共有（対保育者）	保育者が一緒に楽しみを共有する。保育者自身が楽しみ、子どもたちにも楽しさを伝えていく、保育者の積極的な表現　6・2	保育者のノリ、楽しさを教える　35
		楽しみの共有（対他児）	他児と一緒に楽しみを共有し、他児の表情や雰囲気に刺激を受けて、お互い影響しあう　5	子どもを盛り上げる、集団での楽しみを皆で共有する　4
		自主性、意欲の喚起	「やりたい」という気持ちが自分の中から出てくるようにすること　3	目標の設定　4
		見守り	聞いている、見ているという保育者の態度　2・1	否定しない　1
		自由にさせる		子どもが表現したいように自由にさせる　6
他	わからない			わからない　5

Q12. 子どもの音楽的な表現を活性化させる（生き生きさせる）ために、保育者、他の子どもはそれぞれどのような役割を担っていると思いますか。

A12.

大	中	小項目	保育者（保育士・幼稚園教諭）	学　生
保育者	発信	提供者	意欲を引き出すようなきっかけを作り、素敵な演奏を聞かせる、表現体になる、見本、発信する　6・7	新たな発想、向上させる、歌や踊りを教える、楽しさを伝える、ピアノを弾く　18
		コーディネーター	環境を整え、子どもの配置やグルーピングに考慮したりする　1・4	4
	調整	演出者	楽しさ、興味を引き出す存在、表現の高まりをさらに活性化、発展させる、気持ちを盛り上げる、楽しめる工夫、表現を広げる　3・7	色々試させる　2
		援助者	保育の場面と同様、子どもの表現に対しあらゆる角度から援助する　3	活性化する為の補佐、アドバイス、褒める、話を聞く、引き立てる　12

資　料　207

大	中項目	小項目	保育者（保育士・幼稚園教諭）	学　生
保育者・共感	受容・共感	共有・共感者	保育者自身が楽しみ、その気持ちや音楽を子どもと共有し、共感する　5・2	17
		見守る、受け止める	保育者が介入しない方が生き生きする場合は見守る、受け止める　2	聴いてあげる、表現を大切にする　2
子ども	共同体としての育ち	楽しみあう	面白そうという気持ちから真似て遊ぶ楽しさを共有する、1人で演奏する時には味わえない集団での音楽の楽しさ　2・4	
		共鳴、共有、共感	喜び、楽しさを共有し、表現に共鳴したり共感したりする　4・3	
		成長し合う	互いに認め合ったり支え合ったり励まし合う存在、真似する、新しいことを知る　2・6	学び合う存在、協調性を学ぶ、切磋琢磨　5
		刺激し合う憧れ	他児同士の表現をみて「やりたい」と思う気持ち、憧れの気持ちが生まれる　3・5	新しい発想、ライバル、表現の広がり、個性　5
		友達の輪		友情を深める　1
他	わからない		1	わからない、これから学び考えていく　24

Q13. 音楽的な活動に消極的な子どもに対し、どのような働きかけをしますか。
A13.

大	中項目	小項目	保育者（保育士・幼稚園教諭）	学　生
消極的な介入	保育者	原因の究明	消極的な理由を考える　1・2	
		見守る（静観）	「やれ」と言わずしばらく見守り終了後声掛けをする、無理強いしない　3・6	強制しない　9
		差恥心の軽減		恥ずかしい気持ちを汲んで、その要因を取り除く　1
	子ども	他児からの影響	他児がしている場面を見せ、イメージや楽しさを引き出す、聴かせる、見せる等で参加させる　5・3	他児との組み合わせを工夫する（同類、反対のタイプ等）、他児に協力してもらう、皆でやっているところを見せる　7
		子どもに委ねる		好きな事をやらせる、好きな歌を歌ってあげる　3
	行為	一緒に参加する　楽しさの共有	保育者が一緒にやり、楽しさを感じさせる、楽しさの伝播、好きになるきっかけを探す　7・4	面白さを伝える、笑顔　36

208

	方法 / 内側への働きかけ	小項目	保育者（保育士・幼稚園教諭）	学生
積極的な介入		参加を促す	「やってみよう」と誘う、慣れた頃に徐々に誘う　6・7	歌って聴かせる、楽器に触れさせる等しながら参加を促す、笑顔で対応する、話しかける　14
	方法	個別に対応	1対1で対応、皆とは別の場所で個別に行う、その子の性格や様子に応じて対応する　4・2	他の子との違いを感じさせ、アドバイスする　2
		遊びの中で	遊びの中（ゲーム等）で楽しみながら行えるよう工夫する、活動に慣れさせる　2	手拍子、手遊び、踊り等を取り入れて興味を持たせるよう工夫する、ゲーム等を取り入れる　6
	内側への働きかけ	表出へのリアクションとサゼッション	出来たら褒めてあげ、得意としている箇所を引きだし、自信をつけさせる　4・2	やる気を出させる、自尊心をつける　5
		役割を認識させる	グループ活動等で自分の役割を認識できるようにする　1	
		興味・関心のあるモノと提示のタイミング	子どもの興味のあるものから参加させる、興味のあるモノの提示（題材、被り物、曲、テーマ）と、そのタイミング　1・6	2
他		わからない		わからない　3

Q14. 手遊びは保育のどの場面に使うことが多いですか。

A14.

大	小項目	保育者（保育士・幼稚園教諭）	学生
無意図	遊びの中で	ゲーム遊び、日常遊び、室内遊びの時、朝ゆったりと過ごせる時間　4・1	雨の日、自由時間　18
	活動の合間	活動と活動の間、ちょっとした空いた時間に　4	空き時間　1
意図的な使用	集中を促す	話をする前、絵本や紙芝居を読む前、活動の前など集中して欲しい時に使う、導入　9・2	活動の前、注意を喚起する、注目させる　14
	場面の切り替え	生活の節目や場面の区切りに使う（戸外へ行く前、食事の前）　5・2	朝、昼食、昼寝、片付け、帰り　14
	沈静化	泣いている子どもをあやす時、心を落ち着かせる時、食事の前落ち着かせるときに使う、ザワザワしているとき　3・1	元気づける、初対面、雰囲気に慣れる　8
	待ち時間	待つ間　集合する時、集合を待つ間　2・9	
活動	歌の時間	歌を歌う時間、音楽の時間に行う、手指の動きを活発にするため、手遊びの時間　1・3	歌、音楽の時間、音楽的な活動　8
他	無回答	1・1	6

資　料　　209

Q15. 「おはようの歌」「おべんとうの歌」「お帰りの歌」「おかたづけの歌」など時間
　　や活動の区切りとして歌を歌うことについて、どう考えますか。

A15.

大	小項目	保育者（保育士・幼稚園教諭）	学　生
必要	生活の節目 時間の認識	生活の節目として時間を意識できる　2・1	メリハリ、けじめ、集中力、生活習慣、私生活への波及　　　31
	伝わりやすさ	言葉より歌や音の方が伝わりやすい　　1	1
	挨拶、感謝の気持ちの習得		音楽を楽しみながら挨拶の基本が身に付き、感謝の気持ち等が芽生える　　　　　　23
	リフレッシュ		リフレッシュ効果　1
	肯定的意見		良い、有意義　　27
中立	マンネリ化への懸念	毎回同じ歌を歌うとマンネリ化して、義務的になるので良くない、機械的に歌うことへの危惧、毎日歌うことへの疑問、条件反射的な使い方は望ましくない　　4・3	
	子どもの意欲・関心との関係	子どもの意欲を喚起できるなら OK、子どもが愛情を持って歌っていれば OK、楽しんで歌っていれば OK　　　　　2・1	
	言葉の代用、イメージの喚起	言葉で伝わらない場合使うのは OK、イメージが湧きやすい、わかりやすいが他の方法でも区切りはつけられる　　3・2	
	生活のスムーズな流れ	子どもがスムーズに生活できるなら OK、園生活の流れがつかみやすい　　2・3	
	子どもの自主性の尊重	子どもの意志が尊重される場面も必要　2	
不要	子どもの自主性の尊重	子どもは自分で考えて行動できるはず、子どもは能動的に考えられる　　　　　5	
	子どもの思考力の損失	子どもの考える力がなくなる　　　　2	
	保育者側の都合	あくまで保育者にとって便利なものであり子ども中心ではない。大人の都合で使うイメージ、歌は何かの区切りのために歌うものではない　　　　　　　　4・10	
	マンネリ化への懸念	毎回歌うとマンネリ化しつまらない　1	
	必要性がない	どうしても必要という考えはない　　4	
他	わからない		わからない　　　　2

Q16. 「歌を歌う」「楽器を演奏する」「音楽に合わせて身体表現をする」以外に考えられる音楽的な活動を挙げて下さい。

A16.

大	小項目	保育者（保育士・幼稚園教諭）	学　生
聴く	自然の音	風、虫、雨など自然の音に気付く、草笛、ドアの閉まる音　　　　2・10	葉っぱ、水の音　　　　　1
	楽器以外の物、道具の音	日常の道具で色々な音を鳴らしてみる 1	紙を破く音　　　　　　　4
	音楽を聴く	生演奏で歌、楽器演奏、鼓動を聴く、CDによる音楽、保育者の演奏　10・4	友人の演奏、TV、VTRを視聴する、クラシックを聴く、音を感じる、心を落ち着かせる、曲当てクイズ　　　24
	曲を聴き他の媒体で表現	曲を聴いてその印象を話したり、絵に描いたりする　　　　　　　2	1
演奏する	ボディ・パーカッション	手拍子、体、口（声）でリズムを表す、リズム遊び、リトミック　　3・7	身体を叩いて音を出す　11
	声を出す	声を出す、声の音量の調節　　　2	鼻歌、声で物真似する、歌いながら身体表現　　　　　3
	わらべうた、手遊び、手話ソング	わらべうた（歌う、ゲーム、1対1）で楽しむ。手遊び、手話ソング　5・3	
	手作り楽器、太鼓	手作り楽器を作って楽しむ、太鼓を叩く　　　　　　　　　　　3	3
	作詞・作曲	保育者の指導のもので作曲する　1	歌の歌詞を作る　　　　　1
音楽と共に	パネルシアターペープサート	パネルシアターやペープサートに音や音楽をつけて楽しむ　　　2	
	ボードビル、人形	ボードビルに音や音楽をつける、人形を使って音や音楽を楽しむ　1	
	音楽的なゲーム	音楽的なゲームを楽しむ　　　1	1
	なわとび、フープ	縄跳びやフープを音楽に合わせて行う 1	
	言葉のリズム・テンポ感	日本語の持つテンポ感やリズム感を学ぶ　　　　　　　　　　　1	
	踊り・行進		音楽に合わせて踊る・行進 2
	ミュージカル		歌の入った劇　　　　　　1
他	わからない	1	わからない　　　　　　21

Q17. 音楽的な活動において、創造的な活動を行った経験はありますか。

資　料　211

A17.

	保育者（保育士・幼稚園教諭）	学生
YES	4・7	20
NO	3・5	41
無回答	9・5	5

Q18.　Q17であるとすれば、それはどのような機会にどのような活動を行いましたか。

A18.

保育者（保育士・幼稚園教諭）		学　生	
合奏	1	合奏（発表会）	2
		合唱（発表会）	2
作詞、作曲、（歌を作る）	2・2	作詞、作曲（卒業式・趣味）	4
替え歌	1		
絵本をもとにオペレッタ、舞踏劇	2・5	ミュージカル（文化祭）、踊る、演技する	1
リズムダンス、曲を聴いて振り付けを考える自由表現	1・1	創作ダンス（中・高の体育の授業）、歌詞のイメージに動きをつける	5
廃材で楽器作り	1	手作り楽器	2
曲を聴いて絵を描く	1	曲のイメージを絵に描く（小学校）	1
無回答	13・5	無回答	9

Q19.　子どもの創造性を伸ばすような音楽的な活動を行っていますか。

A19.

項目	保育者（保育士・幼稚園教諭）		学　生	
Yes	子どもと歌作り：子どもと一緒に歌を作った		1	
	リズム遊び：リズムに合わせて身体を動かす			
	リトミック的活動	4・13		
No	意味不明：質問の意味が分からず回答できず		60	
	内容が不明：創造的な活動とはどのような活動を指すのか知りたい	3・0		
無回答	無回答	10・2	無回答	2
	どちらとも言えない	1	わからない	3

Q20.　Q19で「ある」と答えた方はどのような活動ですか。

A 20.

項目	保育者（保育士・幼稚園教諭）　　　　　4・13	学　生　　　1
Yes	表現遊び：色々な曲を聴いたり、弾いたりして、その曲に合った表現（言葉、動き、絵、印象を話す）をさせる、自由表現	自分自身が歌や演奏を行った
	リズム遊び：拍手、足を踏み鳴らして太鼓、楽器を叩いてなどしてリズムに合わせて遊ぶ、自由な合奏	
	身近なものをテーマに歌を作る	

Q21.　子どもに与える音楽は、簡単で単純なものが良いと考えますか。

カテゴリー	保育者（保育士・幼稚園教諭）	学生
YES	9・0	48
NO	1・0	8
どちらとも言えない	5・16	9
無回答	2・1	1

A21.

大	小項目	保育者（保育士・幼稚園教諭）	学　生
容認	簡単で単純	覚えやすい、興味を持つから、楽しめるから、わかりやすい、親しみやすい　　　7	複雑だと覚えられない、想像しやすい、速いテンポは困惑する、基礎は大切　　　25
	条件付き初歩段階では	0～3歳ぐらいまで、最初だけ、単純なものから段階を経て複雑に、2～3歳では簡単なものが向いている　　　4・1	簡単なものからレベルを上げていけばよい　　　3
中間	基本的に賛成	一概には言えない、する活動は単純でも、聴く活動はクラシックでもOK　　　1	難しくても耳に残る曲があるから、新しい発想、発見になる、音楽表現が豊かになる　2
	様々な体験	色々なものを体験させた方が良い　　　1	1
	子どもの興味・関心、成長度	子どもの興味や関心の範囲で与える　　1 子どもは日々成長している　　　2	子どもの意欲に応じて何でもチャレンジさせたい、意味のあるものが良い、その子に合ったもの　　　5
否認	断定できない	色々な場合がある、臨機応変に対応することが大事　　　2・2	1
	様々なジャンルの可能性	子ども自身が行う活動には単純でも良いが、聴く活動には様々な音楽聞かせても良い、子ども自身が演奏する場合は単純な方が良いが、クラシック等の本物の音楽を耳にする経験も必要、手遊びにもクラシックにも素晴らしい作品がある　　　1・12	様々なジャンルの音楽を聴くことにより感性が伸びる　　　1

否認	年長児の適応能力	年長児は複雑なリズムも体で覚えられる、1年長児は少し難しいことへのチャレンジを喜ぶ、子どもの刺激・成長の為に必要 2	
他	無回答	2・1	1

Q22. Q21の理由は何ですか。
A22.

	保育者（保育士・幼稚園教諭）		学　生	
YES	7名		47名	
	理解しやすい （複雑なリズムは理解できない）	2	覚えやすい	14
	楽しめる	1	楽しめる、嫌いにならない	8
	わかりやすい	1	わかりやすい、親しみやすい、のりやすい、口ずさめる	8
	共感できる（発育、発達に限らず）	2	興味を持つ、飽きない	4
	すぐできる	1	すぐうまくなる	4
			徐々に難しく	4
			自主的に活動しやすくなる	1
NO	2名		6名	
	子どもの柔軟性を信じて提示すべき	1	楽器や楽器だったら難しくても大丈夫 1	
	子どもによって柔軟に対応すべき	1	年齢やその子に合わせた音楽が良い	2
			意味のあるものが良い	1
			多少難しくても興味のありそうな曲	1
			難しくても耳に残る曲	1
中間	5名、16名		8名	
	個人の個性、個人差によるもの	1	意欲のあるものに取り組ませることによって感性が伸びる	1
	年齢によって、興味・関心が異なり音程域等考慮する必要がある 2・3歳児は簡単なものが向いている　1・3		基礎は大事だから	1
	その時の状況によって対応すべき、臨機応変に対応すべき　1・1		様々な種類の音楽を聴くべき	1
	子どもは日々成長しており、年長児は少し難しいものへのチャレンジを喜ぶ、難しいものは子どもにとって刺激、成長のために必要 2		演奏する方は簡単なもので良いが聴く方は難しいものも聴くべき 1 少し難しい方が良い 1	
	クラシック、手遊びにもそれぞれ素晴らしい作品がある 1		新しい発想、発見があるし音楽表現が豊かになる	1

中間	子どもにさせる歌や合奏は単純なものが良いが、クラシック等の本物の音楽を耳にすることも必要　　　　　　　　　　10	
他		無回答　　　　　　　　　2

Q23. 保育者が子どもに聴かせる音楽、子どもが自分で奏でる音楽、それぞれの質について関心がありますか。

A23.

カテゴリー	保育者（保育士・幼稚園教諭）	学生
YES	8・9	37
NO	1・0	19
少しある	1・0	0
どちらとも言えない	0・6	1
わからない・無回答	7・2	9

Q24. Q23で「ある」と答えた方は、どのような点についてですか。

A24.

大	小項目	保育者（保育士・幼稚園教諭）	学　生
保育者（演奏）	音質、演奏の質	綺麗で心地良く、良質な本物の音、きちんとした完成された音楽、手本となる音楽、良い影響を与えたい　　　　　　5・5	聴きやすい音楽、上手な演奏、ピアノ演奏の仕方　　　　　6
	子ども、保護者への音楽の伝え方		子ども、保護者に向けてどのように音楽を伝えるべきか　　2
	保育者の感性、声質	乳児には電子音でなく肉声が一番、保育者自身が感動でき、興味を持つもの　2・1	保育者自身の声質や感性　　2
	保育者の表情	演奏する時の保育者の表情　　　1	
	聴かせる音楽の影響力		聴かせることの重要性、聴かせる音楽の種類、その影響力　　5
保育者（指導）	音程、リズム感の指導法	音程が取れない子どもへの気づかせ方、改善の仕方、リズム感の育て方、音やリズムの正確な指導　　　　　　　　2・3	
	曲の選択	クラシックの選曲、普段の曲の選択　1・1	曲の選択　　　　　　　　4
	音楽の心理的効果	音楽が子どもの心に及ぼす効果　　1	
	レパートリー	乳児向けの遊びのレパートリー　　1	

大	小項目	保育者（保育士・幼稚園教諭）	学　生
子ども（演奏）	遊びから形式的なものへ	最初遊びから始めた活動も楽しみながら創り上げ、徐々に形を整えきちんとしたもの完成させていく、より楽しくきれいに　3	音楽表現の質　　　　　　　1
	自信をつける	自信をもって活動できるようになる事　1	
	自主的な活動	音楽を自主的に作り上げ完成させる素晴らしさ、楽しさ　　　　　　　　　1	子どもが楽しいと思う原点、子どもの気持ち　　　　　　2
	楽器の質	おもちゃではなくなるべく本物で良い音の出るものを提供したい　　　　1	
	音楽表現の場		音楽表現の場　　　　　　　1
	子どもなりの表現力	1	子どもの持っている歌唱力、発想力、創造性の豊かさ、表現力、感性、声質　　　　　　　5
	興味ある曲と方法	個々が良いと思うものが良い　1	子どもの興味・関心ある曲とその使用例　　　　　　　　3
他	両者の違い		保育者と子どもの音楽の違い　1
	わからない	わからない、無回答　　　　4	わからない、知っておきたい　6

Q25.　音楽は時として強制力を持ちますが、それは音楽の持つ何によるものだと考えますか。

A25.

大	小項目	保育者（保育士・幼稚園教諭）	学　生
音楽の強制力	音楽の魅力、魔力	音楽の魅力であり、魔力でもある、古来から心に響くもの、自由力、ダイナミズム　3・2	表現力、自然の力　　　　　4
	一斉演奏に伴う制約	集団で行う音楽活動では、皆一斉に合わせなくてはいけない、皆で揃えることの必要性、合わせることで一つの音楽になる　　　　4・4	協力性、担当があるところ、一つにまとめること　　　　8
	楽譜の拘束力	譜面通りに歌ったり演奏しなくてはならない、決められた歌詞やメロディーに合わせて演奏することを求められる　　　　1・1	言葉の力　　　　　　　　　1
	音楽の構成要素や形式による拘束力	音、リズムの強弱に支配され直接脳に働きかける、音の力、リズムの力　1・4	音色、音程、響きに支配されている、メロディーは歌い出すと終わりまでやめられない、音楽の特徴による、音楽の基礎による　　　　　8
	演奏における奏法	声を出すこと、姿勢を正すこと　2	
	嗜好、感情、感性	音楽を好きか否かによる、感じる力　1・1	音楽に伴う感情や感性、楽しさ、つまらなさ　　　　　　4

音楽の強制力	楽しむための掟	音楽を楽しもうとするための力、楽しんで歌う時に必要なこと 2	
	音楽導入の頻度		日常に歌ばかりを取り入れると、それがかえって強制になってしまう 1
その他	強制の捉え方	子どもが自然に動ければ良い「きまり」があった方が良い時もある 1	
	強制力への反発	保育者として強制力を感じさせる活動、言動、環境を与えたくない 1	
	わからない	わからない、無回答 9・3	わからない、無回答 39

Q26. 音楽は何をもって「完成」だと感じますか。どこが「到達点」だと思いますか。
　　　基準にしていることがあれば教えて下さい。

A26.

大	小項目	保育者（保育士・幼稚園教諭）	学　生
否定派（到達点はない）	完成・ゴールの否定	音楽をする時に完成やゴールは存在しない、必要ない、探究していくことに面白さがある 5・5	無限の可能性 18
	発表の機会	一定の区切りとして皆で発表すること、全体で演奏する機会 1	みんなの前で歌えること 2
	快の感情、解放心地よさ、共有する喜び	気持ちの解放、心地よさ、皆と音楽を共有する気持ち、目に見えないものの大事さ 2 意欲的に参加し心動かされたかどうか 1	皆と呼吸が合うようになる 5
	楽しめたか	一人一人が楽しめたかどうか、生き生きとした表情 6・5	みんなで楽しめたかどうか 15
基準派（客観的な基準）	音楽の構成要素の正確さ	ある程度の演奏として形になっていること、リズム・音程・拍子・歌詞等を正確に覚えること、暗譜で最後まで歌える、ピアノが止まらずに弾ける 3・1	一曲を完成させたとき 13
	楽譜に忠実な演奏	楽譜が本のように読めて忠実に演奏できること 2	バイエルが弾ける 1
感覚派（主観的な基準）	体で感じ自然に楽しめる段階	保育者自身が体で音楽を感じられるようになった時、子どもが歌を自然に口ずさむようになった時 2・4	
	満足感・達成感を得る	演奏した後に満足感が得られる、子どもが「やり遂げた」と感じた時 1・2	達成感が得られる 7
	自身の目標達成・成長	自分自身の成長、その過程、その子なりの到達点に達した時 2	自分自身の目標に達した時、それによって成長した時 1
	聴衆の心に届く		聴く人の心に届いた時 1

資 料 217

他	わからない		3	わからない	15

Q27. 子どもに新しい歌を教える時、どのような手順で行いますか。

A27.

大	中	小項目	保育者（保育士・幼稚園教諭）	学　生
歌唱	見本	保育者の範唱 保育者の模倣	保育者が歌のメロディーを歌いどんな歌なのか聞かせる、模倣　　　16・17	31
		歌の鑑賞	どんな歌なのか音（CDやピアノ）を使って聞かせること　　　　　　4	
		歌詞の提示	歌詞を読んだり書いたり貼ったりする、説明する　　　　　　　　9・12	歌詞を配る　　　　　18
	共創	子どもと共に歌う	保育者が子どもと一緒にその歌を歌ってあげる　　　　　　　　4・13	7
		伴奏を伴って歌う	保育者が伴奏をしながら子どもと一緒に歌を歌う　　　　　　　　4・2	3
	指導	フレーズ毎の指導	子どもに教える時に覚えやすいように短いフレーズに区切って教える　4・3	3
		繰り返し歌う	何回も繰り返し歌う　　　　　　　6	同じ歌を何度も繰り返し歌い練習する　　　　9
		提示のタイミング	歌を提供するタイミングに気を付ける　1	
		アドバイス		よりよく歌えるようアドバイスをする　　　　1
歌唱以外の表現媒体		パネルシアター	歌の詞からイメージしたものを、わかりやすく理解させるために使う 3・3	5
		ペープサート		
		人形		
		歌絵本	1	
		絵本・物語	1・2	
		絵	2	歌詞の内容をイメージできるような絵を示す　　3
		手遊び	1	歌に関連した手遊びで理解を促す　　　　　2
		寸劇	新しく覚える歌を簡単な寸劇にして理解を促す　　　　　　　　　　1	
		身体的な動き・振り付け		歌に合わせて身体的な動きや振り付けをつけて踊りながら歌う　　　4
他		わからない		わからない　　　　　3

Q28. 子どもが新しい歌を覚えるために工夫していることがあれば教えて下さい。

A28.

大	小項目	保育者（保育士・幼稚園教諭）	学　生
歌唱行為	聴かせる（鑑賞）	まずCDで聴かせ、イメージを喚起させる　1	
	歌う（保育者）	保育者が楽しそうに歌うことで子どもの意欲を喚起させる　　　　　　　　　　　6	正しく教える　　　　　　　　8
	共に歌う（子ども）	子どもと共に歌うことによって楽しさを共有する　　　　　　　　　　　　　　2	
	繰り返す、鍛錬	子どもと共に何回も繰り返し練習することで覚えさせる　　　　　　　　　　　1	1
	歌唱の評価	子どもの歌唱行為に対し、賞賛することにより意欲が増す　　　　　　　　　　1	4
	歌詞の提示	歌詞を視覚的（貼る）・言語的（意味、発音）に提示して理解を促す、絵、イラストに描いて歌詞のイメージを伝える、唱える　　6・4	歌詞を配る、歌詞の先取り、子どものペースに合わせ歌を提示　　　　　　　　　　　9
	選曲	楽しんで歌いながら覚えていける曲、実生活に身近な歌を選曲する　　　　　　10	
	指導法の工夫	既習曲を歌う、サビから覚える、楽しんでから教える、アカペラ　　　　　　1・2	楽しめる、集中するよう、統一する、自信をもたせる、少しずつ、ゆっくり弾く、大きな声、明るく元気に歌えるよう、わかりやすく　　　　27
	正確な音提・リズム・テンポ		間違わず、正しい音程、リズム、テンポが取れるよう指導する　　　　　　　　　12
歌唱以外の媒体	イラスト（絵）	歌の意味、情景等をわかりやすく理解させるために使う　　　　　　　　　5・3	
	ペープサート	歌への理解を促すために、他の表現媒体を使って理解させる　　　　　　　2・1	
	写真	1	
	映像	1	
	実物	実物を見せることによりリアリティが出る　1	
	身体的な動き	音楽のリズム的な特徴を捉えて体の動きをつけ、歌を理解しやすくなる　　　　1	2
	寸劇	歌の内容を寸劇にして覚えさせる　　　1	
他	わからない		わからない　　　　　　　　8

資　　料　　219

Q29.　子どもの前で見本となって音楽的な表現を行った経験がありますか？
A29.

	保育者（保育士・幼稚園教諭）	学　生
YES	12・17	15
NO	0・0	51
他	5・0	0

Q30.　Q29の経験は、どんな場面でしたか。
A30.

大	中項目	小項目	保育者（保育士・幼稚園教諭）	学　　生
モデルの提示場面	行事	誕生会	月ごとの誕生会　　　　8・2	
		夏祭り	一年に一回の夏祭りで　　4	
		集会	集会の席で　　　　　3・3	
		成長お祝い会	成長お祝い会で　　　　2	
		発表会	職員の演奏として　　　2	1
	日常	保育全般	日々の保育のあらゆる場面で、子どもに新しいものを教える時　3	
モデルの内容（活動の種）	子ども	歌	これから歌う歌の見本　5・12	校歌　　　　　　　　6
		合奏・楽器	合奏・楽器の使い方を教える時　　　　　　　　　7・6	ピアノ、エレクトーン、クラリネット　　　　　3
		体操・身体表現リズム遊び・リトミック	体操や身体表現、リズム運動、リトミック、日々の保育で行うリズム遊びの動きの見本　　5・12	ダンス　　　　　　　3
		手遊び	2	手遊び、「お弁当箱の歌」3
		劇・オペレッタ	子どもが行う舞踏劇、オペレッタの見本として　　　　8	
	保育者	劇・オペレッタ	職員が行う劇として、見世物としての要素が強い　　　1	
		太鼓	夏祭りに職員が行う演奏で　2	
対象		親戚、年下、近所の子		従妹や親せき、年下の子、近所の子、保育園の子ども　9
機会		ボランティア、職場体験		ボランティアや職場体験の機会　　　　　　　　6
		小・中・高校		自身が小学・中学・高校時代に　　　　　　　　5
他		無回答		無回答　　　　　　24

Q31. 保育者にとってピアノの演奏技術はどの程度必要だとお考えですか。

A31.

大	中項目	小項目	保育者（保育士・幼稚園教諭）	学　生
活動の内容	規定的	歌（弾き歌い）	歌の簡易伴奏が弾ける、音を拾い指が動いて弾ける　　　　　　　　　4・9	歌いながら弾ける　　25
		合奏	各活動で音楽、伴奏が弾ける	
		リズム遊び		
		劇遊び	2・1	
	即応的	遊びの伴奏	子どもの遊びに音や音楽がつけられる 1	
		自由表現	子どもの自由表現に音楽がつけられる 1	
演奏技術の質	譜読みの速度と程度	初見	音符が読めてすぐ弾ける　　　　1	楽譜を見てすぐ弾ける、少し練習すれば弾ける 8
		暗譜	楽譜や鍵盤を見ないで弾ける　　1	4
	応用性と多様性	即興性	即興演奏が出来る　　　　　　　1	即興性　　　　　　　1
		豊富なレパートリー	子どもの興味のある曲が弾ける　1	楽譜なしで弾ける、多くの曲が弾ける、リクエストに応えられる　　4
		より高度に	子どもの動きを見ながら、歌の指導をしながら弾ける、イメージを音に 5	
	演奏技術のレベル	ある程度	3	右手ですらすら、両手で弾ける、バイエル程度、基本、音符が読める、数曲弾ける　　　　　　　14
		子どもの歌程度	弾きながら歌える、途切れず伴奏できる、子どもが楽しんで歌える　9	
		ミスなし		簡単な曲はミスなく弾ける　　　2
		かなり必要限度なし		楽譜が簡単に読めて弾ける、楽しませる事が出来る、強弱の表現が可能、何でも弾ける　　12
他への転化	技術	ピアノに代わる技術	ピアノが弾けない場合それに代わる技術が必要、子どもに寄り添う心があれば、最低限弾ければよい 1・1	
	人	弾ける人に任せる	自分は弾けないが、ピアノが上手に弾ける人に任せる	
不要		使わない保育	技術はあった方が良いが、ピアノを使わなくても音楽的な保育は出来る 1	
他		わからない		わからない　　　　　1

資　料　221

Q32. 保育者に必要な音楽的な能力は、ピアノの演奏技術の他に、どのようなものが
　　　あると思いますか。

A32.

大	小項目	保育者（保育士・幼稚園教諭）	学　生
演奏技術	ピアノ以外の楽器の演奏技術	ギター、リコーダー、太鼓、ウクレレ、アコーディオン、グロッケン、ミュージックベル、幼児用楽器等の演奏が出来、伴奏して楽しめること　　8・2	幼児用楽器、カスタネット、ハーモニカ、鍵盤ハーモニカ、ハンドベル　　　　　　　　　　　　5
	歌に関する技術	歌唱力（上手に歌える）、レパートリーの多さ　　　　　　　　　　7・8	正確な音程で、上手に、元気に、楽しく、大きな声で、明るく歌える歌唱力、表現力、手遊びの技術、ピアノを弾きながら歌える　　42
	身体表現の技術	音や音楽を身体で表現する力、踊ること、感じて動く身体表現力　　1・2	2
指導技術	指導技術	楽器を教える技術、指導法の豊かさ、歌を教える技術　　　　　　　3・1	明るい声、関心を向ける声掛け、色々な角度から物事を見られる視点　　　　　　　　　　　　　4
	コミュニケーション力	子どもとのコミュニケーション力、子どもの前で恥ずかしがらない事、子どもを楽しませる声掛けや話し方　1・1	2
その他の音楽的能力	音楽的な表現力	音や音楽をめぐる全ての表現に必要　1	7
	音楽的センス	音や音楽をめぐる全ての表現に必要　1	1
	音楽心	音楽心、音楽を楽しむ気持ち、情動に共鳴する感性　　　　　　　　1・2	
	音楽で遊ぶ力、楽しませる力	音や音楽で遊ぶことが出来る力、音や音楽で子どもを楽しませる力　2・1	創作、保育者自身が楽しむ気持ち、興味・関心をひく技術　　　　11
	音楽的な基礎能力	リズム感、音感、聴く力　　4・11	楽譜を暗譜すること　　　　12
他	わからない	2	わからない　　　　　　　　5

Q33. ピアノによる即興演奏というと、どんなことを思い浮かべますか。

A33.

大	小項目	保育者（保育士・幼稚園教諭）	学　生
保育の中	ゲームのBGM	いす取りゲームやリズム遊び等の音楽　　　　　　　　　　　　　　2・1	
	劇、話のBGM、効果音、雰囲気	絵本、お話、オペレッタ、人形劇等のBGM、効果音、その時の雰囲気、感情を表現する　　　　　　　　4	

	小項目	保育者（保育士・幼稚園教諭）	学　生
の用途	リズミカルな活動	リトミック的な活動、リズムで遊ぶ、リズムを創る、リトミック　　3・2	リズムダンス　　　　　　1
	音で何かを表現	音で何かを表現する、動物などの身体表現をするときの音楽、動きに合わせた演奏、自由表現、表現遊び　4・14	
即興の内容	アレンジの妙	1曲を様々な曲風にアレンジできる 1	左手の伴奏にアレンジを加える 1
	即応性	子どもの状況やリクエストに応じて演奏できる　　　　　　　　2	その場の状況に応じて、何でもすぐに演奏できる　　　　　　4
	楽譜なく弾ける（作曲・即応性）	1	楽譜なしで既知曲を含め、思うままにすらすら弾ける、子どものリクエストに応えられる、その場で思いついた曲を弾く　16
	歌を歌う	歌に合わせて曲を弾く　　　1	歌を歌う、日替わりの歌を歌う 3
	初見		楽譜を見てすぐに弾ける　　8
	沈静化、集中化		静かにさせたい時、注目させたい時、何か始める時に弾く　　3
イメージ	ジャズ	ジャズの世界、ジャズダンスの音楽（バックに流れている音楽）　1・1	アドリブ　　　　　　　　1
	自由自在	自由自在に音を操れることにより、楽しめる　　　　　　　　1	楽しい感じ、自由な感じ　　2
	音楽療法	音楽療法の即興演奏を連想させる 1	
	想起されるもの	腕が良い　　　　　　　　　1	自分には難しく実際にフレーズ等何も浮かばない、上手な人しかできない事　　　　　　　　2 ねこふんじゃった、先生の弾き歌い、テスト、クラシック系の音楽 4
	自己表現		自己表現の一種　　　　　　1
他	無回答	4	無回答、わからない　　　22

Q34. ピアノによる即興演奏ができることによって、どんな音楽活動に生かせると思いますか。

A34.

大	中	小項目	保育者（保育士・幼稚園教諭）	学　生
即興	子ども	感情表出	色々な思い、気持ち、感情が表せる、つぶやきを歌にする　　　5・1	1
		表現を引き出す、表現を高める	自由な表現を引き出したり、心を揺さぶったりできる、雰囲気を変えられる、表現が高まる、表現活動に幅が出来る、	泣きやますことが出来る、その場を盛り上げる、子どもに伝える技術　　　　　　　　　5

大		小項目	保育者	学生
演奏の効果			発想を豊かにする 3・3	
		興味・関心の広がり	子どもの興味・関心が広がり、深まり、楽しさが増し、音楽好きになる 4	聴く耳が育つ、幅広い音楽を楽しむ 4
		即応性、臨機応変さ	子どもの発想、興味、状況にすぐに応じられる、子どもの表現に音をつけられる 3・4	子どものリクエストに応えらえる、作曲できる、その場で簡単に手軽に音を触れ合える 22
	保育者	アレンジの幅の広がり	保育者のアレンジの幅が広がる 1	何の活動でも音がある方が楽しくなる、楽譜がない時 2
生かせる場（音楽的活動の種類）	直接	歌	独唱から合唱まで一緒に作ってすぐ遊べる 2	合唱の伴奏、急な歌の時 5
		リズム遊び、リトミック	リズム遊びの時に即興的な音や音楽をつけられる 2・2	1
		手遊び	一緒に作ってすぐ遊べる 2	新しい手遊びを考える 2
		他の楽器とのコラボ	他の楽器とのコラボレーション 1	セッションが出来る 1
	間接	紙芝居、劇あそび、ゲーム	効果音などに使える 1	ゲーム 2
		体操、身体表現	一緒に作ってすぐ遊べる、自由表現 1・8	ダンス 1
	教育・社会	学校の音楽授業、ミュージシャン		保育園や幼稚園だけでなく、小・中・高の音楽授業でも使える、ストリートミュージシャンになれる、ライブができる 4
		ピアノ指導		子どもにも教えられる 1
	療育	音楽療法の場	障害児への音楽療法的な刺激になる 1	
他		無回答	5	わからない、無回答 17

Q35. ピアノ以外の楽器で即興演奏ができることによって、どんな音楽活動に生かせると思いますか。

A35.

大	小項目	保育者（保育士・幼稚園教諭）	学生
ピアノとの	楽器の種類	ギター、打楽器、ウクレレ、鍵盤ハーモニカ、打楽器 4・1	アコーディオン 3
	楽器の音色、楽器とのふれあい	他の楽器の音色を体験させる、劇・合奏に使える、様々な種類のものに触れさせる 4	他の楽器との出会い、ふれあい、セッションの楽しみ、音への感受性が育つ、合奏が出来る 8

224

		保育者（保育士・幼稚園教諭）	学生
相違点	場所の制約からの解放	屋外でもどこでも音楽活動が展開できる、ピアノのない場所でも持ち運び可能な楽器なら場所を選ばない、園外、野外活動でも OK　　5・4	キャンプ、場所や時間を問わずできすぐに上達する　　　3
即興演奏の効果	活動内容の拡大	歌、合唱、踊り、手遊び、お話、体操、誕生会、紙芝居、劇、合奏（保育者、子ども）、鑑賞、身体表現、アンサンブル、自由表現、舞踏劇、音に合わせた動きや踊り　6・10	リズム遊び、リトミック、お遊戯会、演奏会、発表会、音楽遊び、ピアノと同様の活動　　12
	活用の場面の拡大	色々な場面に合わせて活動できる 1	ストリートミュージシャン、バンド、音楽団、幼稚園等音楽活動の場が広がる、ライブ、パーティー、高齢者のリハビリ　7
	表現の幅の拡大	表現力の高まり　　　　　　　1	表現の一つとして、ピアノ以外の楽器が演奏できることによって表現の幅が広がる　　　4
	リクエストに応える		子どものリクエストに応えることが出来る、作曲　　　11
	子どもと音楽を共有		子どもと音楽を共有することが出来る、興味を持たせる　3
他	無回答	無回答　　　　　　　　　　　4	わからない、無回答　　　17

Q36. 即興演奏の技術を磨く必要性を感じますか。

A36.

カテゴリー	保育者（保育士・幼稚園教諭）	学生
YES	9・12	61
NO	4・1	2
わからない	1・0	3
無回答	5・0	0
どちらともいえない	0・3	0

Q37. Q36で「感じる」と答えた方は、どうしてですか？　理由をお書きください。

A37.

大	中	小項目	保育者（保育士・幼稚園教諭）	学　生
		音楽の世界の広がり	音楽の世界が広がり、イメージを基に弾けるようになる　　3・1	子どもの歌う音楽が広がる、その場の雰囲気を変えられる　4
		保育の質と幅の向上	保育全体の質の向上と幅の拡大につながる　　　　　　　1	

大		小項目	保育者（保育士・幼稚園教諭）	学　生
積極的な理由	保育者	表現力の伸長	保育者の表現力が伸びる　　2	
		子どもへの還元	その技術を活動で使える、子ども達と一緒に楽しめる　　1・2	
		即応性と便利性 対応の早さと広さ		リクエストに即座に応えられる、レパートリーの拡大、時と場所に関係なく楽譜がなくても弾ける　　27
		自信の獲得		即興演奏の技術があると自信につながる　　1
		尊敬、興味		子どもに尊敬される、興味を持ってもらえる　　3
	子	表現力の伸長	子どもの表現力を伸ばせる　　2	
		楽しさの増大	すぐ弾けると楽しさが増す　　1	4
消極的な理由	能力	苦手意識の克服	苦手で磨く必要がある　　2・1	1
		タイミングの難しさ	技術は学べてもタイミングが難しい、これを習得するのが困難　　1	
		実力の限界性	この能力は、センスやもって生まれた力に左右されるもの　　1	
	必然性	必要性	2	保育の現場で必要だから、教える立場にあるから　　11
		楽譜がないとき		手元に楽譜がない時に役立つ 2

Q38. Q36で「感じない」と答えた方は、どうしてですか。理由をお書きください。
A38.

大	小項目	保育者（保育士・幼稚園教諭）	学　生
不要	不必要	即興演奏の技術を磨く必要がない　　1	2
	計画的な活動	その場しのぎで即興演奏を使ってアイディアを広げることはない　　1	既知曲やリズムの良い音楽が弾けた方が良いので　　1
	楽しめればよい	その場その場が楽しめればよい、弾ければよいので必要ない　　2	1
	良さがわからない		即興演奏の良さが良くわからない　　1
	現状に満足		今の状態で良いと思うので磨く必要はない　　1
技術の	オプショナル	基本技術の上をいくもので、オプショナル的な感じ　　1	
	限界性	必要性は感じるが、能力的に限界がある　　1	

壁	他で代用できる	他の技術で補えるものだと思う 1	
	基本技術向上の延長	普段からのピアノ技術向上が即興演奏の技術向上につながる 1	
他	無回答		無回答 3

Q39. 保育者がピアノを使う場面はどのような時ですか。

A39.

大	小項目	保育者（保育士・幼稚園教諭）	学 生
直結した活動	歌	歌う時、合唱する時、新しい歌を教える時 15・12	手遊び歌 35 挨拶の歌（朝、昼、帰り、片付け）19 歌を引きたてる、引き出すため 1
	合奏	合奏の伴奏をする時 2・5	
	リズム遊び リズム運動	リトミック等を含む活動をする時 8・1	
	身体表現	身体表現、自由表現 8・3	踊ったり体操をしたりするときの音楽を弾く時 4
	音楽の時間		みんなで演奏、練習、音楽する時、主活動の時間 12
間接的な活動	劇遊び	劇遊びや人形劇等の効果音として使う時、劇ごっこ、オペレッタ 2・3	
	ゲーム等	ジャンケン列車、いす取りゲーム、雷ゲーム等に使う時 3・2	
	合図	合図として 2	気持ちを落ち着かせる、注目を向けさせる、関心を向けさせる、集中させる、興味を向ける 7
行事	入園・卒園式・行事	行事や式に歌う歌、BGM、入退場の曲 1	お遊戯会、発表会、音楽会、誕生会 11
随時	リクエスト	子どもたちからリクエストがあった時、それに応える時、随時 1	2
	日常の保育	毎日、日常的に保育の中で使っている 2	
	子どもの遊び	子どもの遊びに音があったらいいなと思う時、子どもの気分や様子に合わせて弾く、子どもが口ずさむ歌に合わせて 3	
	自由時間		自由時間の時に 1
他	無回答	その他 1 無回答 3	無回答 1
		ほとんどない 1	

資　料　227

Q40. 子どもたちの音楽を支えるために、ピアノによる生演奏の代わりに CD や
　　　DVD などを利用することについて、どうお考えですか。

A40.

大	小項目	保育者（保育士・幼稚園教諭）	学　生
生演奏派 保1 学26	生演奏の効果	出来れば生演奏の方が良い、生の音を聴かせたい	
	演奏者の心、一体感		演奏者の心が伝わる、心に響く、演奏者からノリが伝わる、生演奏は一緒にやっている感覚が味わえる
	アドリブ・臨機応変さ、部分的な反復		アドリブがきく、臨機応変にできる、途中で曲を止められる、いつでも繰り返せる
	手本		子どもの前で弾くことで手本になる、生演奏に憧れを持つ
中間派 保6 学14	演奏技術の未熟さをカバー	ピアノ演奏の技術が未熟な場合併用するのは良い	
	時と場合による導入のみの使用	CD や DVD だけに頼るのは良くない、時と場合により使い分ける事が大切、子どもに合っているか等条件付きで使う	活動の導入として使用するのは良い、生演奏では足りない分を補い、併用することにより視野を広げられる
	人手不足解消楽しさを共有	人手が足りない時、保育者と一緒に楽しみたい時等は便利	
	部分練習に使う	部分練習の時や子どもが口ずさむ時のサポートとして使用	
機器容認派 保8 学53	人手不足解消楽しさを共有	保育者の手が空く分、子どもと楽しさを共有できる	音楽活動に皆で参加できる、保育者の手が空き、子どもの様子を観察できる余裕が出来る、子どもの近くで声掛け出来る
	ピアノ演奏の未熟さをカバー	ピアノ演奏の未熟さから音楽でなくなることを避ける為、それをカバーするため	CD、DVD の演奏は、音楽のプロによるものなので良い
	DVD の映像から学ぶ		イメージが膨らむ、見て楽しみながら覚えられる、視覚的に得るものも多い
	簡単で楽		手軽で簡単、保育者にとって楽
	ピアノ以外の音色		ピアノでは出せない音色、表現を聴かせられる
他	無回答	2・0	1

Q41. 絵本、劇、紙芝居等に音や音楽を加え、音楽的な効果を伴って実践した経験は
ありますか。

A41.

	保育者（保育士・幼稚園教諭）	学生
YES	13・9	14
NO	1・7	52
無回答	3・1	0

Q42. Q41で「ある」と答えた方は、具体的にどのような形で取り入れましたか。

A42.

大	小項目	保育者（保育士・幼稚園教諭）	学 生
表現媒体	人形劇	3匹のくま、3匹の子ぶた、がらがらどん、はらぺこあおむし　　　4・1	
	劇（寸劇）	ももたろう、どんぐりころころ　　11・2	音響効果、歌を入れる、劇のBGM　　5
	オペレッタ	絵本を題材としたオペレッタ　　4・2	
	絵本	ぐりとぐら、ぞうくんの散歩、はらぺこあおむし、めっきらもっきら、がらがらどん　5・4	文字にない部分に場面を思い浮かべながら入れた　1
	紙芝居	トトロの大型紙芝居にBGM　　5・2	声で抑揚をつける、音楽を入れる　　3
	OHP	1	
	パネルシアター	歌に合わせてパネルシアター　　1・1	
	ままごと遊び	ままごと遊びの中で歌を口ずさんだ　1	
	リトミック	ストーリーを加え劇仕立てのリトミック　1	音楽に合わせて踊った　1
	影絵	BGMを入れたり既存の歌に影絵をつけた　1	
	歌	新しい歌を紹介する時　　1	
音源の種類	ピアノ	ピアノで効果音や歌の伴奏を弾く　　2	
	楽器	効果音として、太鼓を鳴らす　　3・3	
	声（歌）	オペレッタや絵本の中で歌う　　9・1	
	手作り楽器	大豆を容器に入れる等して効果音を出す　1	
	CD	劇や絵本、オペレッタの時　　5	
効果	場面転換つなぎの曲	劇の場面転換、劇用のCDにつなぎ用の曲がある　　2	
	効果音	色々な効果音として　　3・2	2
	導入	絵本の導入に使う　　1	
他	無回答	無回答　　3	覚えていない　　2

〈音楽表現活動〉

S保育園　3歳児　活動記録（第1回）

時間	活動の様子	セラピストの様子
9:25	1．レインスティックの音を聴く プラスティック製と木製のレインスティックを用意し、輪になり座っている子ども達が、1回ずつ鳴らして回していく。子ども達は鳴らすことに集中しており、それまで話していた子どもも口を閉じて音を聴くことに専念している。	・「静かに音を聴くのをやろうか」と問いかける。 ・即興的でゆったりとしたピアノのフレーズを弾いている。そこから「ゆき」のメロディーを入れた即興的なフレーズに変化していく。 ・全員が回し終えた後2種類のレインスティックのうち「どっちの音が好きだった？」と聞く。
9:30	2．フルーツマラカスを鳴らす① 子ども達は、右手と左手にそれぞれ違う種類のフルーツマラカスをもって、皆一斉に鳴らす。 曲が鳴っている間は鳴らしている。テンポの変化に応じて鳴らす。	・「マラカスならそう」の曲をピアノで伴奏しながら歌う。 ・右手と左手には違う種類のマラカスを持つよう指示する。 ・「Go-Stop」の曲に合わせて速さを変えたり動きを止めたりする。 ・「みんな上手」と評価する。
9:35	フルーツマラカスを鳴らす② 「ミッキーマウス・マーチ」の曲に合わせてマラカスを鳴らす。子どもの中から一人リーダーを決め、その子が自由に鳴らし、それを模倣する形で、他の子ども達が真似して鳴らす。真似する子ども達は集中しており、楽しそうに行っている。リーダーは円の中心に立つ。	・「ミッキーマウス・マーチ」の歌をアカペラで歌いながら、マラカスの鳴らし方を示す。 ・「ミッキーマウス・マーチ」の曲を弾き、子どもの鳴らし方に合わせて、曲調を変える。女児には高音でメロディーを弾き、

	H（男児）は色々な鳴らし方を試み、それを皆が真似する。 A（男児）はさらにユニークな鳴らし方をし、それを皆が真似する。Y（女児）がウサギのような動作をして、舌を出しながら鳴らすと、それを皆が真似する。 S（男児）がマラカスを持った腕を細かく上下左右に動かすと、それを皆が真似する。	低音でベース音を弾く。子どもの振るテンポに合わせている。 ・演奏後、リーダー役の子どもそれぞれに「あら素敵。どうもありがとう」と言う。
9：42	マラカスを片付ける 「おなかのすいたうさちゃん」を聞きながら、うさぎのぬいぐるみにマラカスを1つずつ食べさせる。（楽器を片付けることを意味する）子ども達は、自分の番が来るまで静かに待っている。	・「おなかのすいたうさちゃん」の曲を歌いながらゆっくり弾き、楽器を片付ける時間であることを知らせる。
9：45	3．カスタネットで友達探し 配られたカスタネットを左手の中指にはめてもらう。2人組になり、お互いのカスタネットを叩く。初めは曲のテンポに合わせて叩くのが難しい様子。次に今とは違う相手を探し、同様にカスタネットを叩く。曲のテンポが徐々に上がるが、それに対応して叩くことができるようになってくる。	・本日、初めての活動だったため、内容を説明しながら進める。 ・曲のテンポを「速くするよ」と伝え、それに合わせて叩くことを知らせる。 ・「友達讃歌」の曲を弾く。 ・友達を探す間は別の曲を弾いてつないでいる。
9：54	4．太鼓を叩く① 保育士がハンドドラムを持ち、輪になって座っている子ども一人ひとりに順番に叩かせる。長い間叩きたくてずっと叩いている子どもがいたが、充分に叩かせてあげると、自ら辞めて、次の子どもへ交代することができた。	・太鼓のバチで「お友達を叩かないでね」と注意を促す。 「太鼓をたたこう」の曲を弾き、子どもが叩く時は、ポーズを作って待つ。

資　料　　231

時間	活動の様子	セラピストの様子
9：56	太鼓を叩く② 「さんぽ」の曲に合わせて、2人ずつ自由に太鼓を叩く。他の子ども達は「さんぽ」の歌を歌って待っている。 男児は比較的、力強く叩き、叩き出すと止まらない傾向がある。リズムに合わせるというよりも、力任せに叩いている。	・この活動では、既存の曲を弾き続け、全ての子どもが終わるまでエンドレスで弾き続ける。
10：00	5．シンバルの余韻を聴く 保育士がシンバルを持ち、子ども達の前へランダムに差し出す。差し出された子どもがバチで叩く。静かに叩く子どももいれば、勢いよく連打する子どももいる。中にはバチを反対に持って打つ子どももいるが、許容されている。	・「とべとべシンバル」の曲を歌いながらゆっくり弾く。 ・子どもが鳴らし終わるまでポーズを作って待ち、次の子どもへ移ると再開する。 ・「皆、叩き方が違ったね」とそれぞれ違った叩き方をしたことを評価している。

S保育園　4歳児　活動記録（第2回）

時間	活動の様子	セラピストの様子
10：05	6．カスタネットで友達探し カスタネットを各々が左手にはめる。3歳児に比べるとより拍節的に叩くことができる。2人組を作り、お互いのカスタネットを叩く。次に3〜5人グループを作り隣の友達のカスタネットを叩く。次に6〜8人グループを作り同様に叩く。最後に大きな一つの円になり、隣の友達のカスタネットを叩く。曲のテンポが速くなると、それに反応して叩く。グループを作る時に、うまく中に入れない男児がいると、保育士がそれに気づいて仲間	・グループの作り方について説明する。 ・「友達讃歌」の曲を弾いている。 ・グループ替えをする間は、別の即興的な曲によって、その間をつなぐ。 ・グループの人数について指示する。

	に入れるよう援助している。	
10:15	7．グループ合奏 本日は新しいグループ編成で合奏を行うことにする。合奏に使用する曲は、「ゆき」「線路は続くよどこまでも」「たき火」「かえるのうた」の4曲から選ぶ。使用する楽器群は、カバサ、ツリーチャイム、ウッドブロック（木製・プラスティック製）、ギロ、レインスティック、シンバル、太鼓、フィンガーシンバルで、この中から好きな楽器を選び演奏する。4つのグループにわけられていたが、2グループが「ゆきやこんこん」を、そしてもう2グループが「かえるのうた」を選択する。子ども達は、思い思いの楽器をもって選択した曲にのせて即興的に演奏する。「かえるのうた」を選択したグループは、ギロを使ってかえるの様子を表現している。「ゆき」を選択したグループは、ツリーチャイムを使って雪の降る様子を表現している。	・本日の使用曲を先に提示し、子ども達に選ばせる。楽器群も子ども達の前へ置き、自由に選ばせる。希望が重なった場合は、喧嘩をしないよう話し合いによって決めるよう指示する。 ・子ども達の演奏に伴奏をつける際、既成曲のサイズよりも子ども達の演奏の終わりに合わせている。曲のサイズは子どもの演奏の終結に合わせて変化させている。
10:35	8．ゴム鈴を鳴らす① 子ども達は円になりゴム鈴を握って座る。座ったまま膝に鈴を打ちつける。ゴム鈴を持ったまま立ち、「うみ」の曲にのせて、上下に大きく振って鳴らす。忍者歩きをしながら円の中心に戻ってくる。うさぎのようにピョンピョン跳ねながら鳴らす。蛇になってニョロニョロ動きながら鳴らす。海のように、大きな円になって両手を挙げてゴム鈴を揺らす。船をこぐようにギッチラコと言いながら鳴らす。	・膝に打ちつける時は、「ゆき」の曲を弾く。バンザイするときは即興的なフレーズを弾く。上下に振る時は「うみ」の曲を弾く。広がる時、忍者、うさぎ、蛇の時は即興的なフレーズを弾く。船の時は「うみ」を弾く。

	ゴム鈴を鳴らす②	・「1・2・3」と唱えながら、
	「いるかはざんぶらこ」の曲にのせて、つま先、ひざ、ももの3ヶ所にゴム鈴を当て、リズムに合わせて鳴らす。「線路は続くよどこまでも」の曲でも同様の活動をする。	身体の各部位にゴム鈴をあてる練習をさせる。ゆっくり曲に合わせて鳴らすよう説明する。・保育士に援助を求める。・この曲の年長組での取り組みを説明する。
10:45	ゴム鈴を鳴らす③	・「ぐるぐるまわそう」の曲を
	「ぐるぐるまわそう」の曲に合わせてゴムを回していく。曲が止まったら、鈴と鈴の間についているキャラクターボタンの種類を見て楽しむ。曲が止まり、ボタンを確認する度に、一喜一憂する。	通常のテンポで弾いた後、少し速く弾く。その際、同じ曲を転調して弾く。次は「新幹線で回すよ」と声をかけ、さらに速く弾く。

S保育園　5歳児　活動記録（第3回）

時間	活動の様子	セラピストの様子
10:50	9．グループ合奏	・子ども達のリクエスト曲に瞬
	4〜6人で4つのグループに分かれ、既習曲の中から、演奏する曲を決める。好きな楽器を選んでグループ毎に演奏する。第1グループは「夢をかなえてドラえもん」を選び、5人で演奏する。第2グループは「ドラえもんのうた」を選び、4人全員男児という編成で演奏する。第3グループは「かえるのうた」で育成児1人含む5人で演奏する。第4グループは、「夢をかなえてドラえもん」を6人で演奏する。聴いている子ども達は、曲に合わせて歌を歌っている。	時に応え、ドラえもんの曲は新・旧のどちらにも対応して伴奏する。

11:08	10. トーンチャイムでキャッチボール 7人ずつの3グループに分かれ、C・D・E・G・Aのペンタトニックの音を一人一音ずつ持って鳴らす。 C音からスタートしお互いに視線を合わせ、相手に向かって音を鳴らし、音を受け取った子どもは、次の子どもへ音を鳴らしてつなげる。 グループによっては演奏の質も異なり、子どもにより鳴らすタイミングもそれぞれ違う。 子ども達は音名ではなく、色別のリボンによって音を判別している。 聴いている子ども達は、演奏が終わると拍手をする。	・子ども達の鳴らすペンタトニックの音階によるランダムな音のつながりに即興的に音楽をつけている。ゆったりと静かな雰囲気で活動が止まらないよう音楽の流れを作っている。 ・子どもの音が規則的に、拍節的に鳴らなくても、一定の拍節を保ちながらゆったりとした音楽で即興的に演奏している。それにより、子ども達の音楽に一定のまとまりを感じる。 ・C音を鳴らした子どもに「そこまでにしよう」と言い、終結を知らせる。
11:18	11. 曲に合わせてリボンを回す 新体操に用いるようなリボンを使い、5人ずつ4つのグループを作り、グループ毎に好きなように回す。円を描くように回したり、8の字を描くように回したり、大きな円を描くように腕を大きく動かしたりして、思い思いの動きを楽しんでいる。	・リボンが色々な回し方によって「何に見えるか考えてみてね」と言う。 ・子ども達の回すリボンの動きに合わせて「リボン体操」の曲を弾く。勢いよく回したくなるような曲を用いている。
11:30	12. フィンガーシンバルを鳴らす フィンガーシンバルを1人1つずつ持ち、自分のシンバルと友達のシンバルを打ちつけて音を鳴らす。子ども達はセラピストの声掛けに反応し、お互いに残響を聴きあう。1回1回集中して行っており、色々な友達と試している。	・友達同士で打ち付けて鳴らすことを説明する。 ・ゆったりした曲を弾く。途中で転調し、活動の終結の雰囲気を出す。 ・音の余韻に気づかせるために「音にしっぽがあるでしょ？」

資　料　235

		と問いかける。

ＳＥ保育園　3歳児　活動記録（第4回）

時間	活動の様子	セラピストの様子
9：32	13．ゴム鈴を鳴らす① 円になって座り、「ゆき」を歌いながらその場でゴム鈴をもって鳴らす。ゆきが上から降ってくる様子を表現しながら鳴らす。	・ゴム鈴を回す活動をやりたがる子どもに対し、「最初はぐるぐる回さないよ」と優しく言う。 ・「ゆき」の曲を弾く。
	ゴム鈴を鳴らす② 円になったままその場で立ち、曲に合わせてうさぎのようにピョンピョンとびながら鳴らす。 「ぞうさん」の曲に合わせて身体をゆっくり左右に揺らしながら鳴らす。 セラピストの質問に「ある」と元気よく答える。「ぞうさんはこうやってた」と言い、四つん這いになって歩いて見せる。 「バンザイ」で上へ、「下」の合図で腕を降ろす。「Go-Stop」の曲に合わせてピョンピョンとんでゴム鈴を小刻みに動かし、シャカシャカさせる。曲が止まると、子ども達も動きを止める。 セラピストの言葉に反応し、うさぎをイメージして輪を小さくする。 次はアリをイメージしながら、さらに円を小さくしていく。 セラピストの言葉に反応し、円を大きくしていく。 セラピストの問いかけに「カエル」「恐竜」「わに」等の答えが出る。	・「お耳の長いうさぎさん」の曲に合わせて身体を動かすよう指示する。 ・「ぞうさん見たことある？」と聞きながら「ぞうさん」の曲をアカペラで歌う。 ・即興的なの曲に合わせて、腕を上にあげてバンザイさせる。 ・「Go-Stop」の曲では時々、曲を弾くのを止め、音をなくす。 ・「おまじないをかけるよ」と言い即興的な曲を弾く。「うさぎさんになって小さくなるよ」と言い、即興的なフレーズを弾く。 ・「アリさんになって小さくなるよ」と言いながら即興的なフレーズを弾く。 ・「ライオンになって大きくなるよ」と言いながら即興的なフレーズを弾く。

	「かえる」「恐竜」「わに」になった子ど もたちは、ゴム鈴を持ってそれぞれ違う 動きをしながら大きくなったり、小さく なったりする。	・「今度は何になろうかな？」 と問いかける。子ども達からの アイディアを全て採用してやっ てみる。
	ゴム鈴を鳴らす③ 「ぐるぐるまわそう」の曲がゆっくり流 れ、それに合わせて、歌を歌いながらゴ ム鈴をゆっくり回す。曲が止まると、鈴 と鈴の間に付いているキャラクターボタ ンが何かを見て楽しむ。大声で自分のボ タンの名前を叫ぶ。「ロケットみたいに 回そう」と言う子どもがいる。その意見 をもとに腕をあげて頭上で回す。 曲の速さに応じて速く回したりゆっくり 回したりする。	・「ぐるぐるまわしをするよ」 と言う。 ・「ぐるぐるまわそう」の曲を ゆっくり弾く。 ・「ロケットみたいに」という 子どものアイディアをとりあげ、 頭上で回すことにする。 ・同じ曲を少し速く弾く。 ・同じ曲を少し遅く弾く。 ・同じ曲をかなり速く弾く。
9：48	14．カスタネットで友達探し① 保育士が「左手につけるんだよ」とカス タネットが左手に付けられたかどうか確 認する。曲が始まる前から待ちきれずに 各々叩いている。曲が始まると、友達と 向かい合わせになってカスタネットを叩 く。	・友達のカスタネットを叩くこ と、左手につけることを伝える。 ・「友達讃歌」の曲を弾く
	カスタネットで友達探し② その場で友達を見つけて２人組になり、 相手のカスタネットを叩く。叩き方が拍 節的で無秩序に叩く子どもはいない。次 に４人組になって同様に、友達のカスタ ネットを叩く。	・２回目から「新しいお友達を 探して」と言い、一回一回違う 相手とペアを作ることを示す。 ・友達を探す間は、和音を刻ん で違う曲想の音楽を即興的に弾 き、間をつなぐ。 ・４人組になれたことに対し 「上手にできたね」と評価する。

	カスタネットで友達探し③ さらに、セラピストの声掛けに応じ、大きな円になり、隣の友達のカスタネットを叩く。セラピストに「上手にできたね」と言われると、カスタネットを拍手するように叩く。	・「大きな丸になってみよう」と言う。 ・「上手にできたね」と声をかける。
9:58	15. 太鼓を叩く① 保育士が「太鼓をたたこう」のフレーズの後に、子どもの前に太鼓を差し出し、自由に叩かせる。1人ずつ叩く間、順番を待つ子どもは他人の音も良く聴いている。	・最初にバチの扱い方について説明する。叩き方については「真似っこじゃなくて自分の思う通りに叩いていいよ」と言う。 ・保育士に太鼓の差し出し方について指導する。 ・「太鼓をたたこう」の曲を弾く。子どもが叩く間はポーズを作って待ち、叩き終わると再開する。
	太鼓を叩く② 2つの太鼓を使い、保育士と子どもとでやり取りをする。保育士が叩いた後、子どもがそれに応えるように叩く。また保育士がそれに対して太鼓を叩いて応えるという活動を一人ずつ行う。セラピストの質問に対し、「面白かったけど、もう一度やりたい」「もっとやりたかった」と答える。	・保育士に太鼓でやりとりする方法を説明する。 ・「線路は続くよどこまでも」の曲を弾く。同じメロディーを一オクターブ上で弾く。即興的なフレーズを経て、「さんぽ」の曲を弾く。この間、子どもの活動が終わるまで間を空けずに弾き続ける。 ・「先生と太鼓でお話するの、どうだった?」と子ども達に尋ねる。
10:05	終わりの言葉	

	太鼓のバチを片付ける。	・「もうこんな時間になっちゃ
	太鼓の活動に対し「面白かった」「もっ	った」と言い、バチを片付ける
	ともっとやっていたかった」と口々に感	よう促す。
	想を言う。	・「それでは、今日はこれでお
	最後に「ありがとうございました」とセ	しまい」といい、活動を終わら
	ラピストにお礼を言う。	せる。

SE保育園　4歳児　活動記録（第5回）

時間	活動の様子	セラピストの様子
10:10	16. カスタネットで友達探し①	
	大きな輪になり、カスタネットを左手に	・「これはお友達を探す遊びだ
	はめて座る。3歳児よりスムーズにでき	よ」と言い、男女隔てなく色々
	る。2人組になり、お互いのカスタネッ	な人と組むよう促す。
	トを叩きあう。	・「友達讃歌」の曲を弾く。
	カスタネットで友達探し②	
	2人組になって相手のカスタネットを叩	・2人組を作る間、違う音楽を
	く。相手をすぐ探すことができ、曲が始	即興的に弾き、間をつなぐ。子
	まるまで、カスタネットを叩かずに待つ	ども達が2人組を作り終えたの
	ことができる。次に今とは違う友達を探	を見計らって再び「友達讃歌」
	し、2人組を作ってカスタネットを叩き	を弾く。
	あう。4人組みを作ったら自分以外のカ	・「今度は4人組」、「じゃあ今
	スタネットを叩くのが基本の動作だが、	度は8人組」とそれぞれグルー
	自分と相手のカスタネットを交互に叩く	プの人数を示す。
	というユニークな奏法を考えつき、実践	
	している子どももいる。「8人組」と指	
	示されると「キャー」と奇声を上げ、興	
	奮状態になる。	
	カスタネットで友達探し③	
	セラピストの声掛けによって、全員が一	・「大きな丸になりましょう」
	つの大きな輪を作り、隣の友達のカスタ	と言い、「友達讃歌」を先程よ
	ネットを叩く。曲のテンポが速くなった	り速いテンポで弾く。

	ことを感じ取って、速いテンポに合わせてカスタネットを叩く。	・子ども達の様子を観て「色々な叩き方ができたね」と評価し、「上で叩いたり、2人の時はバリエーションがあるよ」「皆の時は、お隣を叩かないとグチャグチャになっちゃうね」と叩き方のコツを教える。他の園で面白い叩き方をした子どもの紹介をする。
10:20	17. 太鼓でおはなし① バチは係の子どもが配る。その間、他の子どもは静かに待っている。子ども達は自分の番が来るのを楽しみに待っている。「バチ」という言葉から連想して「ミツバチ」「ススメバチ」「バチがあたる」など言葉遊びに発展していく。バチを各自2本ずつ持って円形に座る。太鼓を持った保育士が自分の前にきたら、「太鼓を叩こう」の曲に合わせて、好きなタイミングで叩く。ある男児は太鼓の枠を叩き、ある男児はバチの反対側で鼓面を叩く。またある女児は、優しくなでるように鼓面に触れる。1回目を終えた子どもは、やや飽きてしまった様子で、バチを床に叩きつけて待っている。	・バチの配り方について上手にできたと褒める。 ・「自分の思う通りに叩いていいですからね。人の真似じゃなくてね」と言う。 ・「太鼓をたたこう」の曲を弾く。 ・太鼓の差し出し方について保育士に説明する。 ・太鼓の枠を叩いた男児に「おもしろいね」と言う。 ・バチの反対側で叩いた男児の演奏にも肯定的な態度を示す。 ・優しくなでる女児にも大きく頷いてみせる。
	太鼓でおはなし② 保育士と子どもが太鼓でお話をするように叩きあう。この活動を一人ひとり順番に行う。	・「虹の向こうに」を弾く
	太鼓でおはなし③ 子どもに太鼓を持たせ、保育士が②の活	・「虹の向こうに」を弾く。

	動でやっていた役割を担わせる。子ども は懸命に太鼓を順番に回している。太鼓 を差し出すタイミングは上手くいかない が、役割を心得て全うしている。セラピ ストの質問に対し、太鼓係の子どもは 「ビリビリ来た」と答え、「Sくん」が一 番強かったと答えた。また、痛かったか どうかの問いには「うん」「こわかった」 と答えている。太鼓係を交代してもう一 度同様の活動を行う。	・「ミッキーマウス・マーチ」 の曲を弾く。 ・太鼓を持った子どもに持って みてどうだったか感想を聞いて いる。「ビリビリした？」「どの 人が一番強かった？」「痛かっ た？」と聞いている。2番目の 太鼓係にも同様の質問を投げか けている。
10:32	18. シンバルを鳴らす 子どもはバチを持ってシンバルを鳴らし、 「小さい音からだんだん大きくなってく る」と感想を述べる。 活動の終わり頃、特別に自分の番を得た 男児は、鳴らし終えると「ああ、楽しか った」とつぶやいた。 バチを片付ける。	・シンバルの鳴らし方について 「色々あるから聴いてみて」と 音への傾聴を促す。子どもの感 想を受けて「色々な叩き方があ るからやってみて」と言う。 「とべとべシンバル」の曲をゆ っくり歌いながら弾く。その際、 シンバルの差し出すタイミング について保育士に説明する。 ・セラピストが終えようとする と、もっとやりたかったという ような表情をした子どもがいた ため、最後にもう一度、その子 どもに機会を与えた。
10:40	19. トーンチャイムでキャッチボール 子ども達にとって初めての活動で、戸惑 いがある。7名の子ども達は楽器を持た ず、円になって見えないボールを相手に 投げる真似をする（エアキャッチボー ル）。	・本日初めての活動のため、手 順を説明する。目に見えないエ アキャッチボールから始める。 「どうして誰に投げたかわかる の？」と問いかける。相手の目 を見ていないと音がどこへ飛ん

資　料　241

	次にトーンチャイムを持ち、鳴らし方を覚える。同時要領で相手に向かって音を鳴らす。トーンチャイムはC、D、E、G、Aの5音を7人で1本ずつ持ち、3グループに分かれてグループごとに演奏する。 最初は上手くいかない。鳴らし方には個人差があり、同一のテンポでは演奏されない。音が往復する様子が見られたり、同時に2人が鳴らしてしまったりする。他の子ども達は見学している。音がキャッチボールのように行き来するこの活動は、視覚的にも聴覚的にも楽しめる。ルールがまだつかめない様子で、セラピストから度々声掛けがある。チャイムの先を他の子どもに向けて鳴らす。向けられた子どもはまた他の子どもへ向けて鳴らす。これを音楽に合わせて繰り返す。	でいくのかわからないことを説明する。「相手の方を手で指してあげないきゃわからないんだよ」と言う。 ・トーンチャイムの鳴らし方を示す。 ・「よく考えてね」「違う人のところよ」「ゆっくり」「音楽にあわせてごらん」「よく見ていないと自分に来たのかわからないよ」とその都度、声掛けをして活動の流れがわかるように示している。 ・セラピストは子ども達が思い思いに発する音に対し、即興的に弾き、音の断片をつなぎながら音楽らしくなるよう、ペンタトニックに合う音をつけている。 ・即興的な音楽で終結が決まっていないため、セラピストが「はい、そこまで」と音楽の終結を告げる。
10:55	終わりの言葉 「どうもありがとうございました」と言う。	・「さよなら」と言い、活動を終える。

SE保育園　5歳児　活動記録（第6回）

時間	活動の様子	セラピストの様子
11:00	20. 太鼓でおはなし① バチを配る子どもを募ると、4〜5人が手を挙げ立候補する。その中から配る人	・バチを配り終えたところで「太鼓を叩こう」の曲を歌いな

	を決める。友達からバチを受け取った子どもは「ありがとう」とお礼を言う。この活動に慣れている様子で、曲のポーズの箇所をよく聴いていて、タイミング良く叩ける。どの子どもも太鼓を叩くことに慣れている。待っている間、バチ同士を叩いて鳴らしている子どもがいる。	がら弾く。同じ曲を転調して弾く。再び転調して弾く。 ・「太鼓の真ん中を叩いてね」と言う。 ・バチ同士を鳴らして待つ子どもに対し「他の人はカチカチ鳴らさないで聴いていて下さい」と注意する。
	太鼓でおはなし② ２人組を９〜10グループ作り、交互に太鼓で会話をするように叩く。最初は交互に叩き、最後は２人で一緒に叩く。曲の歌詞に「気持ちを合わせて」という箇所があり、その意味を理解しているのか、２人で目を合わせ、息を合わせて同時に叩こうとしている様子がうかがえた。力強く、集中して叩いている。曲の歌詞には一人ひとりの名前を入れて歌っているため、自分の存在と自分の演奏が受け入れられているという意識が芽生えている。	・「太鼓でおはなし」の曲を歌いながら弾く。 ・太鼓でお話をしている間は、ポーズがある。 ・２人組の演奏に対し、「だんだん息があってきたよ」「おもしろかったよ」と評価する。 ・曲の終わりは属７の和音を用い、この活動が継続するという雰囲気を出している。
11:17	21. グループ合奏 19名を４つのグループに分け、好きな曲を選び、好きな楽器で合奏する。Aチームは「夢をかなえてドラえもん」を選択する。聴いている子どもは、演奏に合わせて歌を口ずさんでいる。Bチームは「もうすぐりっぱな一年生」を選択した。聴いている子どもはこの歌を良く知っているらしく、３番まで大きな声で歌っている。Cチームは「夢をかなえてドラえもん」を選ぶ。音楽が終了後も楽器を鳴らしていたため、セラピストに注意を受	・子ども達のリクエストに応えて、曲の伴奏を弾く。 ・「どうだった？みんな。拍手してあげよう」と演奏をねぎらうよう促す。 ・Bチームが選択した曲はセラピストは知らなかったが、その場で楽譜を見て初見で弾く。 ・演奏が終了後も楽器を鳴らしているCチームの子どもに対し、「音楽が終わったら鳴らさない

資　料　243

	ける。Dチームは「ゆき」を選択したが、伴奏の音楽を聴いていなかったためやり直し、前奏は演奏せず、メロディーから入るようにする。	よ」と注意する。同じ曲を選択した「Aチームの演奏とは違ったね」とそれぞれの良さを認めている。 ・Dチームが曲の伴奏を聴かずに、やみくもに楽器を鳴らし続けていたため、途中で止め、「鳴らしっぱなしじゃなくてよく考えて鳴らしてね。前奏を聞いてメロディーから演奏を始めて」と言う。
11:32	お別れの会 5歳児とは本日でお別れとなるため、お別れ会のようなものが開かれた。 子ども達からセラピストへ感謝の気持ちを込めて、プレゼントが渡された。 子ども達からこれまでの感謝の気持ちを込めて「ありがとうございました」と言葉があった。	・3年間付き合いのあったこのクラスの子ども達に向けて「これで終わりだね」と言う。 ・卒園、入園について話し、いただいたプレゼントに対し、感謝の気持ちを表した。

N保育園　1歳児　活動記録（第7回）

時間	活動の様子	セラピストの様子
9:20	歌をうたう チューリップの歌をアコーディオンの伴奏で歌う	・アコーディオンは保育士が演奏する
9:25	22.　フルーツマラカスを鳴らす① ・音が止まったら鳴らすのを止める ・2つのマラカス同士をあててカチカチさせる（自分のマラカスを使って） ・友達のマラカスと自分のマラカスをあててカチカチさせる（自分と友達のマラ	・「マラカスならそう」の曲を歌いながら弾く。 ・伴奏の音楽のテンポを倍速に変える。 ・「Go-Stop」曲を使い、途中で止める。

	カスを使って）	・「マラカスとマラカスとコッツンコ」の曲をアカペラで歌いながら、マラカス同士をあてる。徐々にピアノの伴奏を入れて歌う。次に同じ曲を転調して弾く。
9：30	フルーツマラカスを鳴らす② 「アビニオンの橋の上で」の曲に合わせてマラカスを鳴らし、「リンゴが通る」「バナナが通る」「いちごが通る」等、歌詞を変えながら、子どもが持っているフルーツマラカスの名前を言い、そのフルーツを持っている子どもがマラカスを鳴らす。	・アコーディオンで「アビニオンの橋の上で」を歌いながら弾く。アコーディオンは保育士が演奏する。 ・セラピストが保育士に活動のコツを説明する。〈子どもの持っているマラカスの種類を把握し、フレーズの終わりで手を膝に置き、担当の子どもが、その後振るように指さして示す〉
9：35	楽器を片付ける うさぎのぬいぐるみの口に、今まで使っていたマラカスをしまう。ぬいぐるみに警戒心があるのか、自分の持っていたバナナマラカスを放り投げる子どもや、自分の順番を静かに待っている子どもがいる。	・「お腹のすいたうさちゃん」の曲をゆっくり弾きながら、マラカスを自主的に片付ける行為を促す。 ・後半は曲は弾かず、一人ひとりに寄り添って声掛けしながら、マラカスを口に入れる動作を援助している。
9：45	太鼓を叩く② 「おはじきポップコーン」の歌に乗せて、保育士と子どもが太鼓で会話をしているように、交互に叩きあう。	・最初は、保育士対子どもだが、慣れてきたら子ども同士で行うよう保育士に促す。 ・歌詞の中に子どもの名前を入れて歌っている。

資　料　　245

9 : 48	24.　シンバルをハンドルに見立てて 「バスごっこ」の曲に合わせて、歌のフレーズの切れ目でタイミングを合わせてシンバルを鳴らす。子どもは自分の前にシンバルが来た時だけ鳴らす。そっと鳴らす子ども、勢いよく鳴らす子どもなどがいる。警戒して鳴らさない子どももいる。袋の中にバチを片付ける。	・「バスごっこ」の歌をゆっくりアカペラで歌いながら、シンバルを子どもの前に差出し、1回ずつ鳴らさせる。その都度自分の所へ戻し、再び子どもの前へ移動させる。最初のフレーズでは、シンバルをハンドルの様に持ち、動かしながら歌う。
9 : 52	25.　ツリーチャイムでさようなら 「きらきら星」の曲に合わせて、ツリーチャイムに手をかざし、その音色を楽しむ。 「さよなら」の歌を歌う	・それぞれの子どもの近くにツリーチャイムを持っていき、手で触れさせる。 ・「きらきら星」は高音でゆっくり弾く。 ・活動の終わりを知らせる曲、「さよなら」をゆっくり弾きながら歌う。

N保育園　2歳児　活動記録（第8回）

時間	活動の様子	セラピストの様子
10 : 00	26.　ゴム鈴を鳴らす① 「春ですね、春ですよ」の歌を歌いながら、鈴を膝に当てて鳴らす。	・日常、歌っている歌を聞き、「春ですね、春ですよ」の曲を活動の導入に取り入れる。
	「チューリップ」の歌に合わせてゴム鈴を鳴らす。通常通り、上下にはねながら、ゆっくり左右に動かしながら、大きな声で歌いながら等のバリエーションに応じて鈴を鳴らす。	・「チューリップ」の曲を歌いながら弾く。テンポを変化させたり、音域を変えたりしながら弾く。 ・同じ活動を続けて長時間行わず、少しずつ変化を加えること

		によって、子どもの集中力や興味・関心をそらさない工夫をしている。
	ゴム鈴を鳴らす② セラピストがおまじないをかける度に、子ども達は持っているゴム鈴の状態を大小に変化させる。「小さくなあれ」の時はありをイメージし、「大きくなあれ」ではプールや池を連想する。再び「小さく」の時はメダカをイメージし、忍者の時は、静かに集まってくる。ぞうでは大股で歩き、わにでは、ハイハイで集まってくる。	・「大きくなあれ」「小さくなあれ」「忍者になって」「ぞうさんになって」「わにさんになって」等、おまじないはバリエーションに富み、その度、子ども達は考えながら動いている。 ・おまじないに使う音楽は、その度に即興的なフレーズを用いる。
10:09	ゴム鈴を鳴らす③ 「ぐるぐるまわそう」の曲に合わせて歌いながらゴム鈴を回す。曲が止まると自分の目の前にあるご単を見ることを楽しんで行い、口々にボタンの名前を叫ぶ。この活動を終えようとすると、ゴム鈴に向かって「じゃあね、ばいばい」と名残惜しそうに言い、ゴムをなかなか離そうとしない子どももいる。	・「ぐるぐるまわそう」の曲は、通常のテンポ、速めのテンポ、さらに高速のテンポと変化させ、それに合わせた動きを促す。
10:12	27. フルーツマラカスを鳴らす① 「はたらく車」の曲に合わせて、思い思いにフルーツマラカスを鳴らす。	・マラカスを配る間に、静かな音楽を弾く。 ・「はたらく車」の曲を歌いながら弾く。
	フルーツマラカスを鳴らす② 布で作ったトンネル（保育士が両端を持つ）の中を、マラカスを鳴らしながらくぐる。	・「さんぽ」の曲を歌いながら弾く。 ・「すごいね、上手だね」と評

		価している。
	フルーツマラカスを鳴らす③ 音楽に合わせて、マラカスで身体の各部分（腹、頭、腰、膝）を叩きながら音を出す。	・アカペラで歌いながら、身体の各部分に、マラカスを当てて音を出す方法を教える。 ・ゆっくりから始め、徐々にテンポを上げて行う。
10:20	楽器を片付ける 「おなかのすいたうさちゃん」の曲に合わせて、一人ずつマラカスをうさぎのぬいぐるみの口へ入れることによって、楽器を片付ける。	・「おなかのすいたうさちゃん」の曲を歌いながらゆっくり弾く。 ・子ども達は、競って片付けたがるため、「お座りして待っていてね」「一つだけ食べさせてね」と、片付け方のルールを優しく教えている。
10:22	28. 太鼓を叩く① 1台の太鼓を「太鼓を叩こう」の曲に合わせて叩く。自分の順番が回ってきたら、1人ずつ自由に叩く。2台の太鼓を「線路は続くよどこまでも」の曲に合わせて同様に叩く。2台が同時に鳴るため、最初の活動より、騒々しくなる。	・バチの扱い方について「お友達を叩いちゃだめだよ」と言う。 ・「太鼓を叩こう」の曲をアカペラで歌い、その後ピアノ伴奏を入れて歌う。 ・「線路は続くよどこまでも」の曲を歌いながら弾く。 ・曲は止めずに一定のテンポを保って演奏している。
	太鼓を叩く② 2人組になり「太鼓でお話」の曲に合わせて、太鼓で会話をしているように叩きあう。保育士と子どもがペアになって行う。	・保育士に向かって「お名前を言ってあげて下さい」「先生の時もいっぱい叩いていいですからね」と言う。
	太鼓を叩く③	

	「待っててね」の曲のフレーズの終わりに叩く。①②の活動とは異なり、制約のある中で、音楽的な構造を理解して叩く。	・「待っててね」の曲を歌いながら弾く。 ・今度は自由に叩くのではなく、曲のフレーズの終わりにあるポーズの時に太鼓を叩くよう促す。 ・決まったタイミングで叩きやすいように、叩く時は子どもの前に、叩かない時は楽器を上にあげ、子どもの手の届かない位置に配置する。 この方法を保育士に伝える。
10:34	29. シンバルの余韻を聴く 「しゃぼん玉」の曲に合わせて、子どもの前にシンバルを移動させ、自由に鳴らす。 子どもは自分の所にシンバルが飛んできたら、バチで叩いて鳴らす。	・「しゃぼん玉」の曲を歌いながら弾く。 ・しゃぼん玉は割れやすいものであることを話し、やさしく叩くよう促す。

N保育園　3歳児　活動記録（第9回）

時間	活動の様子	セラピストの様子
10:42	楽器の準備 カスタネットを取りに行く。一列に並び一人ひとり取りに行くことができる。ゴムに通す指が正しいかどうか保育士が一人ひとり確認している。	・それぞれの年齢に応じて自主性を重んじ、できることはさせている。
10:47	30. カスタネットで友達探し① 「友達讃歌」の曲に合わせて、各々カスタネットを叩く。	・保育士が「友達讃歌」を弾く。
	カスタネットで友達探し② 「友達讃歌」の曲に合わせて、友達を探してペアになり、お互いのカスタネット	・セラピストはピアノを弾かずに子ども達の輪の中へ入り、活

	を叩きあう。 座って全く叩こうとしない女児がいる。 男児が「やろう」と参加を促すが、硬い表情をして動かない。 次に4人組を作って、同じように叩く。	動に参加する。参加しない女児に声をかける。うまく仲間を見つけられないと、再び固まってします。セラピストは、女児を含むグループを作り、再び参加を促す。 ・保育士の弾く移動の曲（こいぬのマーチ）が、子どもの動きに合っていない。曲の終わりで演奏を止めてしまうため、無音の時間ができる。
	カスタネットで友達探し③ 「友達讃歌」の曲に合わせて、一つの大きな円になり、隣の友達のカスタネットを叩く。	・保育士はピアノを弾きながら子ども達に指示を出しているが、セラピストに比べ言語的な指示が多い。
10:57	31．グループ合奏 太鼓、レインスティック、ウッドブロック、カバサ、ギロ、シンバル等の中から、子どもが自由に楽器を選び、曲に合わせて演奏する。4～5人のグループ毎に演奏する。 他の子ども達はその演奏を鑑賞する。第1グループは「となりのトトロ」、第2グループ、第3グループは「夢をかなえてドラえもん」、第4グループは「崖の上のポニョ」を選択する。 知っている曲は、演奏を聞きながら口ずさんでいる。 カスタネットの時に参加していなかった女児は、他のグループの演奏時も無反応で、自分の順番を待っている。自分の番	・子ども達からのリクエスト曲にその場で応え、それに対応してピアノの伴奏を弾く。 ・演奏が終わったら、楽器を丁寧に置くよう話す。 ・保育士が「もしやりたい楽器が他の友達と重なってしまったらどうするか」解決の方法について聞く。 ・演奏後に「ありがとう」と言う。また譲り合え、泣かなかったことも褒める。

		になると、他のメンバー3人と話しあい、担当楽器を決める。自分の番になると、自由に表現し、演奏終了時には、満面の笑みで楽しそうな表情を浮かべている。その他の子ども達も、好きな楽器を選ぶ時、他の子どもと重なってしまっても、話し合ってゆずり合う光景がみられる。シンバルを担当している子どもは力強く叩いている。	
11:17	終了		

①表現の読み取り

エピソード(1)

2/7　SE保育園　4歳児（幼児21名）　保育士3名、下川　　　　活動時間15分		
「トーンチャイムで音のキャッチボール」から		
活動の内容	子どもの反応	セラピストの動き
・この日が初めてだったため、手順を説明しながら行う。 21名を7名ずつ3グループに分け、6音を使い一人1音担当する。 ①見えないボールを相手に投げる真似をする。 ②投げる時のコツを覚える。 ③トーンチャイムを持たせ、鳴らし方を覚える。 ④チャイムの先を他の子どもに向けて鳴らす。 ④向けられた子どもはまた他の子どもに向けて鳴らす。 ⑤これを音楽に合わせながら繰り返す。	初めての活動のためか、戸惑い気味である。 見えないボールを相手に投げる活動では、投げる側と投げられた側でうまくコミュニケーションが取れておらず、「相手の目を見なきゃわからないよ」と下川に促され、目を見て相手の方へ向けて手を差し出すようになる。 慣れていないため、今鳴らした子どもへすぐ返してしまったり、同時に2人が鳴らしてしまったりする場面が見られる。 何度かやり取りを繰り返していく中で、ある一定のテンポにのって、音のキャッチボールをすることができるようになる。	キャッチボールの仕方とトーンチャイムの鳴らし方を口頭で身振り手振りを交えて行う。 トーンチャイムを鳴らす段階に入ると、子どもたちの発する音に対し、ピアノで即興的に音をつけ、それによって音の断片をつなぎ音楽らしく形作る。 音のキャッチボールがうまくいかない様子をみて「よく見ていないと自分に来たのかわからないよ」と声をかける。 「音楽に合わせてごらん」と言い、お互いに音をよく聴くよう促す。 音楽の終結は、ピアノのテンポと主和音によって示されたが、それに気づかない子どもに対し、「はーい、それではこのへんでおしまい」と言い、終わりを告げる。

1/17　S保育園　5歳児（幼児20名）　保育士2名、下川		活動時間10分
「トーンチャイムで音のキャッチボール」から		
活動の内容	子どもの反応	セラピストの動き
・20名を7名、7名、6名のグループに分け、6音を使い一人1音担当する。C音から始める。		待っている間、座って待っていることを確認する。「いろんな人とやろうね」
・何度か行っている活動の為、すぐにトーンチャイムの活動に入る。	スムーズに始まるが、勢いよく振りすぎて音が鳴らない子どもがいる。	
①トーンチャイムを持たせ、鳴らし方を確認する。		ピアノの即興を一旦やめ、もう一度音が鳴るよう「優しく振ってみよう」と声掛けする。
④チャイムの先を他の子どもに向けて鳴らす。	徐々に曲のテンポが定まり、心地良いやり取りが続く。	
④向けられた子どもはまた他の子どもに向けて鳴らす。	グループが入れ替わる。子どもによって鳴らすタイミングはそれぞれ異なる。チャイムはランダムに相手に向けられている。	音楽が終結に向かうが、子どもがそれに気づかないため、「ここで終わりにしようか」と促して終わる。
⑤これを音楽に合わせながら繰り返す。		タイミングが異なっても、一定の拍節を保ちながらゆったりとした音楽で包み込むように即興を行うため、創り出される音楽はまとまりを失わずにいる。
	グループが入れ替わる。活動を行っている子どもも、それを見ている子どもも集中している。	

②表現の受容

エピソード(2)

2/7　ＳＥ保育園　4歳児（幼児21名）　保育士3名、下川　　　　活動時間12分		
「太鼓を叩こう」「太鼓でお話」から		
活動の内容	子どもの反応	セラピストの動き
バチを各自2本ずつ持って円形に座り、太鼓を持った保育者が自分の前に来たら、好きなタイミングで太鼓を打つ。 ①「♪太鼓を叩こう」の歌に載せて、1フレーズの終わりのポーズで太鼓を叩く。 ②「♪虹の向こうに」の曲に合わせて、子ども2人が保育者の役割を担い、太鼓を持って①の活動を行う。 ③太鼓を持つ係を交代して「♪ミッキーマウスマーチ」の曲に合わせて同様の活動を行う。	順番に回ってくる太鼓を見つめ、自分のバチを動かしながら待つ。 太鼓の枠を叩く。　　　　→ バチの反対側で叩く。　　→ 優しく叩く。　　　　　　→ 太鼓係の子どもは 「ビリビリ来た」 「○○くん」 「うん」 「おもしろかった」 「こわかった」	「順番が回ってきたら、自分の思う通り叩いて良いですからね。人の真似じゃなくてね」 これに対し、「おもしろいね」と返す。 子どもの様子をみて、叩き終わったタイミングで次のフレーズを弾く。 保育者が太鼓を差し出すタイミングについて指導する。 子どもが太鼓を持つ活動では、ポーズのない曲で行う。 太鼓係の子どもに感想を聞く。 ←「どうだった？」 ←「どの人が一番強かった？」 ←「痛かった？」等の質問を投げかける。

③表現への応答

エピソード(3)

1/17　S保育園　3歳児（幼児18名）　保育士3名、下川		活動時間15分
「マラカスで友だち模倣」から		
活動の内容	子どもの反応	セラピストの動き
・フルーツを模ったマラカスを2つずつ持ち、音楽に合わせて自由に振る。異なる2種のマラカスを持つよう促す。 ①円形に座り、「♪マラカスならそう」の歌に合わせてマラカスを振る。 ②ピアノ音楽のテンポに合わせて速く振ったりゆっくり振ったりする。ピアノ音が止まったら振るのを止める ③「♪ミッキーマウスマーチ」の歌を歌いながらマラカスを振る。ある子どもの真似をさせる。 ④使ったマラカスをうさぎのぬいぐるみ（マラカス入れ）に入れながら片付ける。この時「♪おなかのすいたうさちゃん」をゆっくり流しながら行う。	自分のマラカスが何のフルーツかを口々に言う。それぞれ手に持ったマラカスを音楽に合わせて振る。腕を大きく振ってリズムにのっている子どももいる。 この男児は立って皆からよく見えるように立ち、色々な鳴らし方をする。それを他の子どもが真似をする。腕を挙げたり片方ずつ振ったりとバリエーションが豊富である。 全部で4名の真似をする。それぞれがユニークな鳴らし方をする。それを真似する子どもも楽しそうに集中して行う。 2つあるマラカスのうち、1つをそのぬいぐるみの口に入れ、食べさせるイメージで片付けていく。	「♪マラカスならそう」の歌を歌いながらピアノを弾く。 ある一定の長さを速く弾き、その後音楽を止める。 「みんな上手に鳴らせたね」と色々な振り方について触れる。 「♪ミッキーマウスマーチ」をアカペラで歌いながら、円に加わる。 この曲をピアノで弾く。 「あら、素敵！どうもありがとう」 女児のマラカス演奏には、高音でメロディーを弾き、低温でベース音を弾く。子ども振るテンポに合わせて伴奏している。 「♪おなかのすいたうさちゃん」の曲を歌いながらゆっくりピアノで弾く。活動の終結を感じさせる雰囲気をつくっている。

⑤子ども自身の「快」の感情

エピソード(5)

3/13　N保育園　幼児20名　下川、保育士2名		活動時間30分
「音楽表現活動」全体を通して（A子に着目して）		
活動の内容	子どもの反応	セラピストの動き
①カスタネットで友達探し 　1人で叩く、友達を探して2人組を作って叩く。	A子は、友達を見つけて2人組になってカスタネットを叩く活動で全く叩こうとせず、その場を動かない。 少しやり出すが、うまく仲間を見つけられないと再び固まってしまう。男児が「やろう」と声を掛けるがそれには応えない。	←輪に入り、A子に活動への参加を優しく促す ←A子を含めたグループを作り、下川も活動の中に入る
②グループ合奏 　5人でグループを作り、好きな曲と好きな楽器で即興的に合奏する。	グループ合奏で、他の友達が演奏している時に一緒に歌ったりして活動に参加している子どももいるが、A子は無反応な状態で自分の番を待つ。 自分の番では、「♪アンパンマンのマーチ」を選び、他の3人と話し合って楽器を選ぶ。 他の子どもと同様に、曲に合わせて自由に表現する。 一曲を演奏し終わる頃には、A子は満面の笑みで楽しそうな表情を浮かべていた。	 ←「♪アンパンマンマーチ」の曲を弾く

音楽表現勉強会

中央公民館コミュニティーセンター音楽室にて　2012.2.15.

時間	発表者	内容	気づき
0：00	H保育園 （保育士）	・8月2日に初めて来園。 ・3・4・5歳児にゴム鈴、トーンチャイム、リボン ・ジョイフルジョイフルに合わせてリボン、バンブーダンスを発表した。 ・一人ひとりの差を気にすることなく、思い思いに表現できたことが子どもにとって満足であった。 ・10月7日に交流のある保育園（こひつじ保育園）の年長が遊びに来た。両園の35名でゴム鈴、カスタネット、リボン、トーンチャイムをやった。合同での初めて音遊びで、楽器を鳴らすことを楽しんでいた。 ・11月21日に来ていただいた。年中と年長の合奏　ドラえもん、トトロ、魔女のスープの3つの中から選曲。はじめと終わりが感じられる音、強弱を付けている、積極的に楽器を選ぶ子がいた等普段見られない面が見られた ・年中が「こびとの靴屋（劇）」をやり、BGMは子どもが考えた。 ・メロディオンでカウンターラインを用い「赤鼻のトナカイ」を弾いた。クリスマスメドレーにした。それぞれの楽器を決め演奏した。	音楽の開始と集結、強弱 表現の自主性

		・ハンドベルはドレミではなく、ベルに色をつけて覚えた。いつもと違う方法をとる。	新鮮な音楽 即興的で創造的
		・子どもの鳴らす音が新鮮で、毎回同じ演奏を聴くことができないので、練習も楽しみながら行うことができた。	
		・こひつじ保育園が遊びに来る。	
		・音遊びが広がっている。和光市内で広がっている。	
6：00	ＨＯ保育園 保育士 園長	・2回来ていただいた。0歳児は、11月より前から太鼓に興味があった。撥を持たせたりしていた。オーシャンドラムやクワイヤーフォン（発語に良い）をやった。	
		・1歳児が家に帰ってから音楽表現で使った曲を口ずさんでいて母親から「楽譜が欲しい」と言われた。	音楽表現活動の浸透、発展
		・2歳児は、積み上げがあったので、スムーズに導入できた。ゴム鈴等、発表会でも取り入れた。忍者に変身、忍者が修行と称してマラカスを鳴らした。とても自然にできた。生活の中に取り入れられた。	
		・3・4・5歳児の職員は欠席。運動会、発表会でオーガンジーを使い、ドレミベル「不思議なポケット」「ジングルベル」コードで分けて鳴らす。	
		・リボン	
		・今まではメロディオンを弾かせて、先生の言った通りなら鳴らせると	指導型の音楽活動との比較

		いう指導が多かった。 子どもが表現を楽しんでいる。 ・トーンチャイムを使い、ドレミの歌をカウンターラインで演奏した。 ・DVD があるので先生に見て欲しい	快の感情
13:30	元小学校教諭（音楽）	・国立のドラムサークルに参加した。 ・一人ひとりの表現という場がある ・ジャンベ	
16:00	S 保育園 （保育士）	・太鼓で苦情が来てしまった。再開した。 ・ただ強く叩くことが多かった。変化が出てきて人の音を聴くようになる。真似する。自分の思い。 ・太鼓でお話し：ただ叩いていた→人と合わせて→音楽に合わせてせーのという掛け声で合わせること ・合奏：楽器を鳴らすことに夢中だったが、今は曲を聴いて雰囲気に合わせて鳴らせるようになった。音をコントロールできるようになってきた。	
19:05	S 保育園 （保育士）	・3歳児：5回きてもらった。鈴、カスタ、シンバル、太鼓、マラカス ・ゴム鈴はとても好き。回す速さも子どもの方からリクエストが出る。 ・大きく、小さく、広がる、縮まる等のバリエーションもできるようになる。 ・季節に合わせて曲を選ぶ。子供た	

		ちの方からアイディアが出る。	
		・「雪はどこから降ってくる？」の質問に対し、上からゆっくり下へ降ろす動作	
		・マラカスのリーダー役の子は、最初戸惑いがあり恥ずかしさから止まってしまうことも。	
		・太鼓は順番が待てる。それぞれ叩き方が違う。	
		・担任と太鼓で会話する活動は、担任にとってもとても新鮮で楽しめた。	
		・カスタは、一方に意識が行ってしまい、３歳児の場合はお友達のカスタを叩くというのが難しい……。	
		・違いやメリハリ、順番、叩き方のバリエーション、待つ、自由に、好きなように、を意識していた。	協調性、順序性、自己と他者への意識化 音楽的アイディア
23:50	S保育園（園長）	・５歳児：自分のやりたい楽器をめぐってけんか、楽器の取り合いがあった。それが我慢しながら話し合いながらできるようになった。自分の思いを言えるようになった。	
		・その時の気持ちに沿った表現になる。大変勉強になる。	感情の表出 自己表現
		・リボンの活動ではその時の子どもの感情が出る。	
25:40	HI保育園（保育士）	・目を見て、息を合わせるということができている	
		・ゴム鈴では、形を音の中で感じる	
		・ハンドベル、チャイムバー（音つみき）、ベルにリボンをつけてコ	

		・ードに分けて演奏 ・みんなで一つの音を作ろうという感覚があった。 ・一人で鳴らすだけでなく、周りの音を聞きながらみんなで鳴らす喜びを体験できた。 ・支援児には、個別に活動をしていただいた。一緒にみんなとベルを鳴らせるようになった。	協調性、社会性 自己と他者の意識化 音への傾聴
30:20	ＨＩ保育園 （保育士）	・単一の表現だった。 ・興味の偏りがあった。 ・メリハリがつけられない ・言葉以外のやりとり ・トーンチャイムの音のキャッチボール：想像以上に出来ていた。 ・こんな表現もあるんだと勉強になった。自分が……。	即興的なやりとり 表現への新たな気づき
34:23	Ｎ保育園 （保育士）	・女の子が多い。計５回来ていただいた。 ・色々な楽器をまわす ・フルーツマラカス、シンバル、太鼓、カスタ、ゴム鈴 ・布（オーガンジー）の活動では、大きな海に例えて動いた ・太鼓の撥を配る、当番制にした。 ・太鼓は自由に叩けるようになってきた。リズム打ちも上手になってきた。 ・「待っててね」の時、１回だけ叩くということがわかるようになった。	

		・「目を見てごらん」というと、できるようになってきた。 ・自由な表現ができてきた。	
40：00	N保育園 （保育士）	・カスタを1月に初めてやった ・音に合わせて鳴らす、倍速で鳴らすなど ・楽しんでいた。3月もあるので宜しくお願いします。	
43：30	HA保育園 （保育士）	・コメントが聞き取れない	
45：00	SE保育園 （保育士）	・音が苦手な子がおり、耳を塞ぐ仕草をしていた（3歳児） ・4歳児になってからは楽しんでいる。 ・カスタ、太鼓、シンバル、リボン、ベル、トーンチャイム ・カスタは2人組をつくるのもおぼつかず、ピアノに合わせられなかったが、徐々に合わせられるようになる。4人組、円とだんだん広げ、最後は手をつないで円を作るよりも上手に作れるようになった。 ・合奏は、最初楽器を鳴らすとき、ピアノを聞かずにガンガン鳴らすだけだったが、徐々にリズムに合わせて鳴らせるようになってきた。 ・お楽しみ会では合奏、ベル（和音で鳴らす）、「不思議なポケット」を演奏する。 ・ドレミじゃなくても和音でも音楽を楽しめるということを知ってお	メロディー奏から和音奏への発想の転換

		別れ会でもやりたい。	
48:00	市内保育園 （保育士）	・刺激を受けるために参加 ・子連れ	
	下川先生	まとめの言葉	

2012. 「音楽Ⅲ」				
キャッチボールからの段階的指導	エアのキャッチボールは相手を考えて投げたり、もらう時もタイミングを合わせしたりと難しかった。形のない音でのキャッチボールは変な緊張感と楽しさがあった	最初にやったキャッチボールの練習があったので、イメージしやすかった		
音色	音は綺麗で眠たくなった	ゆったりとした気持ちになる	色々な音の感覚がある	とてもきれいな音でチャイムのようだった
構造　活動の特質	自分と相手（他人）をとても意識できるものだと感じた	形のない音でのキャッチボールは、変な緊張感と楽しさがあった	耳の感覚が向上する	コミュニケーションの向上にもつながる
	相手の目をみて音を投げ合うことで自然とテンポが一定になったり、音を合わせることが出来て音楽だけの楽しさではないと思った	他の人の音を聴くことで他の人とのリズムの違いや音の違いを感じながら音楽を創ることが出来て楽しかった	次の音が何の音でもきれいにはまるのがすごいと思った	自然と何かのメロディーになっている様だった
奏法	最初の人から受け取った2番目の人の音の長さで、その後の音の流れが決まってくるように感じた	視線を向けることによって、キャッチボールが出来たと思う	すごく簡単に音を鳴らすことが出来る	音を止めるのを忘れがちになってしまうかもしれない
回を重ねる、習熟	前回はピアノに合わせて音を出したり、何となく演奏が終わっていた。今回は楽しいという感情が出てきて演奏自体をみんなで考えるようになった	無表情（淡々と行うという意味？）でやるよりも音の強弱やスピード等考えながらやると楽しいと思った		
演奏から生まれる感情	相手から投げられると嬉しくて待っている間のドキドキまで楽しかった	自分の番になったら嬉しい	魔法をかけるような気分だった（笑）	すごく不思議な感覚になった
構成員による変化	前回やった時と違うグループだと音の流れも違うと感じた	グループによって演奏が違いとても楽しい活動だった	人が違うと音楽の感じが違う	
トーンチャイム以外の楽器の効果	ピアノの伴奏が入ることにより、もっと長くやりたいという気持ちになり、やる気が増した	ピアノが入ると印象が変わって来るから面白い	ピアノが入ると深みがでる	ピアノがある方がきれいに聞こえる。活動がやりやすい

音がきれいで気持ちよかった	音色が神秘的で演奏していて心地良かった				
良く相手を見ないと気づかないので集中力が付く	同じ間隔で他の誰かに自然と音を投げてしまうのが不思議	順番じゃないので、色々な音が混じって楽しい	コミュニケーションがとれる	協調性がうまれてきそう	皆の呼吸を感じ取ろうとする意識が生まれる
集中していると伴奏等が気にならなくなり、純粋にキャッチボールをしていた	音の流れが出来ると、自然に音楽として成り立つような気がした				
周りの人の表情を見て鳴らすので見える範囲内でやるのが良いと思った	アイコンタクトでコミュニケーションがとれる	アイコンタクトが大切	相手の表情や音の感覚などを考えながらやると楽しいと感じた	何の打ち合わせもなしでもまとまりがあったように思う	
ピアノが入ることでまた違った音楽の世界に包まれているようで居心地が良かった	ピアノの曲調によって、トーンチャイムの速さが変わっていった	ピアノが入ると自然とゆっくりになると感じた	ピアノの伴奏が入るとその音楽に乗っかれるようなイメージで音を出せた。あった方がやりやすい		

2012. 「保育総合演習」		
活動全体の印象	何かの BGM のような仕上がりになった	
音色・響き	良い	綺麗
構造　活動の特質、演奏で気を付けるべきこと①	周りの音をよく聴くようになった	音と音の間は一定でなくても良い、緩急は同じでなくても良いということが分かった
構造・活動の特質、演奏で気を付けるべきこと②	耳でよく聴くこと	音色が溶け込むように
奏法	1回目はタイミングに気をつけ、2回目は音の並び方に関心があった	次、どうやったら良い音がでるかと考えていた
回を重ねる、習熟	2回目の方が鳴らしやすい	2回目になるとイメージしている音が出せるようになった
演奏から生まれる感情	「次にどの音が来たら綺麗だろうな」と考えていた	待っている時の不安感と期待感は期待感の方が大きかった
構成員による変化	前回とメンバーが違うことにより、サウンドが違ってきた	
トーンチャイム以外の楽器の効果	ピアノやツリーチャイムがどのタイミングで入って来るのかを考えていた	ピアノやツリーチャイムが入っていた方が雰囲気が出るので良い
グループ内の雰囲気	良かった	長く聴いていたかった

心地よい	眠くなる	良く響く	落ちつく
自由な形式で、必ずこうしなさいというきまりがない	チームワークが必要	アイコンタクトが大事	目で良く見ていた
皆と交わるように	皆に行きわたるように	笑顔で演奏する	
個人と個人の掛け合い、往復する楽しさがあった			
2回目になると大きくて良い音が出るようになった	1回目はタイミングに、2回目は音の並び方に関心があった		
ピアノの伴奏に強弱をつけたことによって、トーンチャイムも盛り上げたくなった			

2013. 「音楽Ⅲ」				
活動全体の印象	実習で経験した音楽療法と同様、音楽を気持ちよく演奏することで、落ち着けることを実体験できた	音楽を感じ気持ち良い感覚になった	楽しかった	とても癒された
キャッチボールからの段階的指導	キャッチボールの遊びから始め、音をキャッチする楽しみや他者のトーンチャイムの響きを楽しむことが良かった			
音色	音が綺麗だった	心まで響くほど心地よい音だった	とても幻想的な音色だった	音がきれいなので優しく鳴らそうと頑張った
構造　活動の特質	ドレミソラ等、決まった音で音を鳴らしているだけなのに綺麗なハーモニーになっているところが良かった	いつ自分の所に来るのか、次は誰にパスを出そうかと常にあるドキドキ感が良かった	二度と同じ演奏ができないので、それを創っていくのが楽しかった	ドレミソラの5音しか使っていないのに、グループによって醸し出されるハーモニーは全然違い、どのグループもとてもきれいだった
奏法	アイコンタクトが必要だった	本当に会話をしているような感覚	音を鳴らすのは簡単	アイコンタクトを取りながらみんなで素敵な雰囲気を創ろうとしていてよかった
終結	終わるタイミングが難しかった			
演奏から生まれる感情	相手の気持ちや相手への思いやりを持って音を受け取った	皆で素敵な雰囲気を創ろうとしていてよかった		
構成員による変化	2回目でメンバーが変わり、作られた曲も全然雰囲気が変わり楽しめた	人が変わると、いつ終わるのかが良くわからず大変だった	空気を読むのが大変だった	グループのメンバーが違うことによって以前と違う演奏を楽しむことが出来た
トーンチャイム以外の楽器の効果①	これらが入ることによって音楽を感じ、気持ち良い感覚になった	ツリーチャイムの入る回数が多いと、にぎやかで元気なイメージになった	ツリーチャイムが入ることで始まりと終わりがわかりやすくなった	ピアノが入るとまったりして、ピアノに合わせようとすると音をきかないといけないので集中した

トーンチャイムの音色は綺麗だった	音を鳴らすのは楽しい	すごくまったりした	聴いていてとても心地よかった	ゆったりまったりしていてよい感じだった	眠たくなるような感覚になった
綺麗な音に合った音を出すようになった					
すごくまったりしているが、次は誰だろうという緊張感があった	決まった音を適当にみんなで鳴らしているのに、全てが綺麗に聞こえてきてすごいと思った	夢中になった	集団で音楽を作っているような感覚になった	音が飛んでくるという感覚が面白いと素直に思った	自由にやる時は楽しかった
音をキャッチする為、耳をそばだてて聴くことが大事だった	全体の流れにも自然に耳をそばだてて聴くような活動だった	目がちかちかした	音のボールが見えた気がした	しっかりと相手の目をみて、相手がわかりやすいようにやることが大切と感じた	
人が変わるとリズムに変化が出たり音のインパクトがそれぞれ違い感動した	親しさによって音の渡し方が変わる	たくさん渡されると親しみのような感情が湧き嬉しくなる	グループによって醸し出されるハーモニーが違い、どのグループもとても綺麗だった		
ピアノやツリーチャイムが入ることでまた違った深い味わいがあった	ツリーチャイムを担当してみたとても楽しかった	ピアノやツリーチャイムが入ると、音色がより美しくなった	（言われなくても）きれいな伴奏に合った音をだそうとするようになった	ツリーチャイムが入るとまた違ったものになり、やっていても聞いていても気持ちよかった	

トーンチャイム以外の楽器の効果②	ピアノツリーチャイムを入れることによって、一つの音楽を創り上げている様だった	ピアノが入ると違うように聞こえてきて本当に色々な音楽があった	ピアノやツリーチャイムの使い方によっては激しい音楽になる	ピアノとツリーチャイムが加わると神秘的な音色になった
ピアノによる即興演奏の体験	ピアノは深いなあ、難しいなあと思った	ピアノの伴奏はトーンチャイムの音に合わせて行うのがすごく難しいことだと感じた		
ツリーチャイムによる即興演奏の体験	ツリーチャイムを鳴らすタイミングがとても難しかった			
適用範囲	子どもにもできると思った	子どもには難しいが少し成長した小学生くらいなら出来ると思う		

ピアノが入ることでさらにトーンチャイムの響きがきれいに聞こえた感じがした					

2013.「保育総合演習」			
音色・響き	音が長く続く	綺麗な音	音色はとてもきれいで響きながら音が震えていた
構造　活動の特質、演奏で気を付けるべきこと①	音を投げるという感覚で楽器を使うことがあまりなかったので最初は難しかったが、何度もやっていると音が見えてきた	近くに投げたり、遠くに投げたりするのが楽しかった	相手、グループの人の顔を良く見るようになる
構造　活動の特質、演奏で気を付けるべきこと②	自分の音をきちんと相手に伝えようとする気持ちを持つこと	自分の番は、自由に好きなタイミングで鳴らせるが、相手がやっている時には相手のことをよく見て、音を聴けるように気を付けなければならない	色々な友達に向かって音を飛ばせるように注意する（限られた子ども同士にならないように）
奏法	どのタイミングで渡したらよいか考えた	音のキャッチボールをする時に、上に投げるようにすると本当に上から音が降ってくるように広範囲でふんわり聞こえるが、直線に投げると早く力強く直線的に聞こえた	最初は早く相手に渡そうとして、力強く音の響きもなかなか感じることが出来なかったが、上に投げるようにしたことで、広い範囲にふんわり音を楽しみながら行うことが出来た
演奏から生まれる感情	いつ自分に音が来るのかドキドキして待っていた		
トーンチャイム以外の楽器の効果	ピアノが入ることで自分なりにメロディーを創れるので楽しいと感じた	ピアノに合わせてみようと考えながら演奏していた	
グループ内の雰囲気	音を渡すタイミングがそろった時は、皆で一つのことをしているように感じた。途中早くなったり遅くなったりするときも音楽を創っているみたいで楽しかった	雰囲気はみんな楽しそうにやっていたので良かったと思う	相手に自分の音を届けよう、相手の音を受け取ろうという気持ちが出てくる。その気持ちが出てくると、音のつながりから心が繋がっていく感覚があった
既存の曲を演奏する時との感覚の違い	完成されていない曲を演奏することで、みんなで創り出すメロディーやリズムが一つの曲になっているように感じた	自分達で音を創っている気持ちになれた。自分一人で演奏するわけではないので、予想もしていなかった音が返ってきた時は、自分の感覚だけではできない音（音楽）が出来た	自分が綺麗だと思えるタイミングで音を鳴らせたり、自分なりにピアノに合わせてみたり、個人によって違う音楽が創れる。「ここで鳴らさなければいけない」というのがないので自由にできる

			伸びが良くて、前に飛んで聞く感じだった	綺麗で長く響き渡る感じだった	音の長さが長く、相手に届けるような音だった
他の楽器よりもきれいに響いていると感じた	ミュージックベルとは違う響きが新鮮だった	耳だけでなく、体全体で音を感じることが出来た	伸びが良くて、前に飛んで聞く感じだった	綺麗で長く響き渡る感じだった	音の長さが長く、相手に届けるような音だった
皆のことを考えて投げたり受け取ったりすることが難しかったけれど楽しかった	音をつなげるためには、互いに音を追うことが大切。一人でも忘れてしまえば、その音はなくなってしまうから	音を早く鳴らさない。他の人の音をしっかりと聞く	相手の音をよく聴くこと		
キャッチボールは好きなタイミングでできたが、グループで演奏する時は、前の音などを切らないように自分のチャイムを響かせなければいけない	音の長さが強くやりすぎても弱すぎても微妙に鳴りとても難しいので、テンポを合わせるようにしたり、タイミングを決めて息を合わせてやるといいと思う				
グループの人のことをよく見て、音が飛んで行った方向を確かめながら、音を受け取っていた	音をよく聴き、相手を見るので、一体感が生まれると感じた	みんながみんなのことを考えながら「音のキャッチボール」をしていてとてもきれいな音になっていた			
「音のキャッチボール」をしている時は色々なことを考えながらやっていて、それでいて自由にできたけれど、曲に合わせる時は、曲に合わせようとしてやるので違う難しさがあった	自由に自分のタイミングで音を出せたり、早くしないといけないということがないので、子どもでも大人でも音に良く注意して聴くことが出来るし、友達の音もじっと聴くことが出来る				

2014 保育児童専門演習（事前アンケート）			
楽器の特質	Q1. 「トーンチャイム」という楽器を知っていますか。	Yes	Yes
	Q2. Yesと回答した方は、楽器に対してどのようなイメージを持っていますか。（音色や特性等）	綺麗な音、落ち着く音	綺麗な音が響く
	Q3. Noと回答した方は、どのような楽器だと思いますか。想像して答えて下さい。		
楽器演奏に対するイメージ	Q4. 『保育現場での楽器演奏』というと、どのような光景をイメージしますか。	カスタネットや鈴など簡単な演奏	ピアニカ、タンバリン、カスタネット、トライアングルなどを子どもたちが演奏
	Q5. 保育現場で「楽器を使った活動をして下さい」と言われたら、どのような活動をしますか。	ベルを使って演奏する	季節（クリスマス）に合った曲を選び演奏
	Q6. 楽譜を使わずに、楽器を用いた音楽活動を展開するとしたら、どのような活動にしますか。	リズムを使ってパート分けをする	普段歌っている曲でリトミックなどをする
	Q7. 「楽器を使って演奏する」というイメージは、次のうちのどれに当たりますか。該当するもの全てに○をつけて下さい。この他にイメージがあれば書いて下さい。1)〜5)で選択	4)	3)
	Q8. Q7に挙げた項目1)〜4)のうち、保育の場ではふさわしくないと考えられるものがあった場合、その記号を示して下さい。	1) 子どもの個性が発揮されないと思う	なし
	Q9. 集団で楽器演奏（合奏）を行う場合、子どもに気をつけさせることは、どのような点ですか。	周りの子どもに楽器を振り回したりしてケガをしないでいること	みんなで協力して演奏する（一人行動にならないように）
即興的な音楽に対するイメージ	Q10. 「即興的に音楽を創る」というと、どんなことを思い浮かべますか。	自分の感覚で音を出す	作曲
	Q11. 曲の長さや終わりが決まっていないと不安ですか。	No	Yes
	Q12. 「自分自身が音楽を創っていく」ことを想像できますか。	Yes	Yes
	Q13. Yesと回答した人は、どのようなイメージが浮かびますか。	リズミカルな音楽を思い浮かべた	その時の気分など

Yes	Yes	Yes	Yes
綺麗な音が出る楽器のイメージ	綺麗な音色のイメージ	綺麗な音色	まっすぐだけど柔らかい音色
ピアノ、鉄琴、木琴、太鼓などを使って発表会などで演奏	ギロ、マラカス、タンバリン、カスタネットなどで一斉に演奏するイメージ	カスタネット、タンバリンを叩く（演奏会）、鈴を使った演奏、ピアニカを弾く	ステージで演奏して後で皆で触れるようなもの、子ども達が鍵盤ハーモニカやシンバル、鈴、鉄琴、木琴をやる
ベル、少しずつ違う楽器を入れていく。	Q4の回答と同様にタンバリンやカスタネットを使う	楽器をたくさん出して好きなものを選んでもらって演奏する	ベル、鈴、鍵盤ハーモニカ
身体を使って音を出す	みんなで歌を歌う	音楽や歌に合わせて楽器で音を入れてもらう	暗い音、明るい音などを想像して出してもらう。リズム遊び
3）、4）	3）	4）	3）に少しアレンジを入れる
1）	4）自分は自由に演奏するのが好きだが、保育の場では正確に演奏することが求められそうだから。	なし	
ふりまわさないこと	楽器を使って暴力を振らないようにする	楽器の使い方を教えること	ふりまわさない、使わない時は出さない
未記入	今の感情を出す	作曲	創る曲の雰囲気
Yes	No	No	No
No	Yes	Yes	Yes
	ピアノを使って感情を表現する	メインパートを弾いたり、指揮をしたりする	ふっと浮かんだイメージ

即興的な音楽に対するイメージ	Q14. Noと回答した人は、どうして想像できなかったのか理由を教えて下さい。		
ピアノという楽器	Q15. 「ピアノ」は保育の現場でどのように使われているというイメージを持っていますか。	先生が弾いて子どもたちがそれに合わせて歌う。楽しそうに。	朝の会、帰りの会、発表会、入園式、卒業式など
	Q16. Q15で回答したイメージ以外の使い方を挙げて下さい。	音楽鑑賞	遊びの中に取り入れる、趣味
集団とそのメンバー	Q17. 集団で楽器を演奏している時、あるいは合奏をしている時、だれが同じ楽器なのか、また誰と一緒に演奏しているのか等について、気になりますか。	No	Yes
	Q18. Yesと回答した人は、その理由を書いて下さい。		同じ楽器を演奏している人がわかると一緒に練習が出来たり、お互いの良い所、悪い所がわかる
	Q19. Noと回答した人は、その理由を書いて下さい。	自分が演奏したい楽器なので周りは気にならない	
	Q20. 子どもにとって、集団で音楽を演奏するということは、どのような意味があるのでしょうか。	音を合わせたりみんなで演奏する楽しさを味わってもらうこと	心を一つに

普段楽譜通りに弾くことが多いから			
注目してもらえるようなもの、身近に音楽と触れ合えるもの	保育者がピアノを弾いて子どもが歌うイメージ	弾き歌い、リズム遊び	子どもの切り替えの時、入園式などのイベント
趣味、人を感動させる	子どもが順番にピアノに触れる機会を作る	趣味、演奏会	趣味、作曲、プロの演奏を聴く
Yes	Yes	Yes	Yes
人によって演奏の仕方が違うから	同じ楽器を一緒に演奏していると、仲が良いイメージがある	同じ楽器を弾いたり、歌ったりする人と話がしたいと思う	意思疎通が出来ていないと音はまとまらないから
みんなと一緒に音楽を楽しむ	集団で一つの音楽を作り上げる経験になる	みんなで音を創る楽しさや全員で一つの曲を演奏する団結力等を知る事が出来る	音、音楽への興味を持たせる。一体感を味わう

2014 保育児童専門演習（事後アンケート）			
楽器の特質	Q1. トーンチャイムの音色や特性について、気づいたことを書いて下さい	色々な楽器の中でも心にスッと響くような音色だと感じた	響く感じが綺麗だった
	Q2. トーンチャイムの使い方について、気づいたことを書いて下さい	強弱の使い分けでも表現が変わってくると思った	強く振ると大きい音が響き、弱く振ると小さめの音が響く
	Q3. 自分が担当した音は何でしたか？音名を書いて下さい	A・E	A・E
楽器演奏に対するイメージ	Q4. この活動はあなたの考える「保育現場での楽器演奏」のイメージと同じでしたか？	NO	NO
	Q5. Yesと回答した方は、どの部分が同じだと感じましたか？	なし	なし
	Q6. Noと回答した方は、どの部分が違うと感じましたか？	ただ、音を出すというような初歩的なものだと思っていた	ピアニカやタンバリンやカスタネットを使った演奏というイメージだった
	Q7. 今まで保育現場で「楽器を使った活動を」と言われたら、このような活動をしましたか？	しない。カスタネットやベル等の合奏をした	しない。合唱や合奏（太鼓・タンバリン・ピアニカ等）
	Q8. この活動は楽譜を使わずに楽器を用いて演奏しますが、その点についてどう思いましたか？	楽譜にとらわれずに自分から発信する意欲的なものだと思った	楽譜にとらわれず自分達オリジナルの曲を演奏できて良いと思った
	Q9. 「楽器を使って演奏する」というイメージは、活動の前と変わりましたか？	YES	YES
	Q10. Yesと回答した方は、どのように変わりましたか？	自分の発想で表現を変えられると思った	今まで何らかの楽譜を使って行うというイメージだったけれど今回の活動で変わった
	Q11. Noと回答した方は、変わらなかった原因と思われることを書いて下さい	なし	なし
	Q12. この活動を集団で行う場合、気を付けることはどのような点だと思いましたか？	周りの人としっかりとアイコントをとりながらリズムを合わせる	演奏をするみんなでアイコンタクトをし、心を一つにして演奏する
即興的な音楽に対するイメージ	Q13. この活動を終えて、「即興的に音楽を創る」ことに対する感情は以前と変わりましたか？	YES	YES

使う音によって、綺麗になったり汚くなったりする	眠くなるような音色	音が繋がると綺麗だった	透き通った音でまっすぐ音が響く
鳴らし方が弱かったり強かったりすることで、ピアノや他の楽器のように強弱がつけられる	打つリズムや強弱で曲の感じが変わる	音を切るタイミング、目を見て合図を送ること	簡単そうで意外に難しい（音を止めたり、タイミングなど）
D・E・G・A	C	G	E5
YES	NO	YES	YES
自由に鳴らすところ	なし	皆で音楽を創る活動だったこと	みんなで1音ずつ持ってやるところ
なし	保育現場だとピアノを使った活動というイメージ	なし	なし
しない	しない	ピアノ、カスタネット、鈴	ベルで音あそびや音ならしをした
自分の思うままに自由に音が鳴らせて言葉ではない方法で他の人とコミュニケーションが取れる	音を続ける為に相手にわかるように視線を送ったり姿勢を向けたりすることがとても重要だと思った	楽譜がないので自由に演奏できる。楽譜が読めなくても出来ると思った	音符に囚われないで自由にできる分、もっと楽しめると思う
YES	Yes	Yes	YES
楽譜を使ってその通りに演奏するイメージだったのが、使う音を選ぶことによって自由に鳴らしても汚くならない演奏が出来る	何らかの曲を演奏するというイメージだったが、みんなで演奏しながら曲を作っていく事も楽しいと感じた	楽譜やきまりがなくても演奏が出来るということ	楽譜なしでもこれだけ音楽になるのは面白いしやりやすい
なし	なし	なし	なし
楽器のとりあい	音の振り分けかた、終わりの音を決めない事	2個持ちや好きな音を取り合いにならないようにすること、アイコンタクト	楽器を使う時の注意点、音が混じらないように綺麗になるよう音を止めるタイミング、メロディーがぐちゃぐちゃになってきたない音になっては無意味
Yes	YES	YES	YES

即興的な音楽に対する	Q14. Yesと回答した方は、どのように変化しましたか？	ただ音を出すというイメージから考えて音を出すに変わった	楽しみながら音楽を創れるのだと思った
	Q15. Noと回答した方は、なぜ変わらなかったのか、その理由を書いて下さい	なし	なし
	Q16. この活動は曲の長さや終わりが決まっていませんでしたが、その点についてはどう感じましたか？	メンバーのみんなと気持ちを一つにすることが大事だと感じた	最初の頃はどこで終わるのかわからなくて難しかったけれど何回かやっていくうちにアイコンタクトで終わることが出来た
	Q17. この活動では自分自身も音楽を創っていく過程に関わっていましたが、どのことについて意識できましたか？	YES	YES
	Q18. Yesと回答した人は、どのような時にそう感じましたか？	目と目を合わせながら音をつなげることを意識した時	無回答
	Q19. Noと回答した人は、意識できなかった原因と思われることを書いて下さい	なし	なし
ピアノという楽器	Q20. この活動では、「ピアノ」はどのように使われていたと思いますか？	音の強弱やリズム、ハーモニーを創るため	全体をまとめる。音を安定させていた
	Q21. 音楽を生成する要素として大事なのは何だと思いますか？	無回答	無回答
集団とそのメンバー	Q22. 集団でこの活動をしていた時、誰が鳴らしたのか、また誰に向けて鳴らすのか等について気にしていましたか？	YES	YES
	Q23. Yesと回答した人は、その理由を書いて下さい	どんな音が繋がりやすいか、終わりの人に向けて音を打つとか	次に誰にまわって来るかしっかり確認しながら行っていた
	Q24. Noと回答した人は、その理由を書いてください	なし	なし
	Q25. この活動のスタイルで「集団で音楽を演奏する」ことには、どのような意味があると思いますか？	協調性や自分の音をどこでどう出すかを考えさせられる	楽譜がなくてもみんなで音を合わせることが出来る
	Q26. その他、この活動を通して感じたことがあったら、どんなことでも書いて下さい	相手を思う気持ち、自分がしたいこと等を話し合えて良いと思う	なし

どの音を鳴らそうか考えていたけど自由に鳴らしたい音を鳴らせばいいと思えるようになった	恥ずかしいと思っていたが楽しくなった	即興は難しいものだと思っていたのが楽しくできるものだと思うようになった	「個人が適当に」というイメージだったが、みんなでコミュニケーションをとってということが大切だと感じた
なし	なし	なし	なし
決まっていないといつまでも続いてしまうけどアイコンタクトで誰かが終わらせるのが難しかった	自分達で終わりを決めることが出来るから楽しい	終わりがないのは難しかったけど何回かやるうちに目を合わせたりして決められた	切るタイミングがわからなかった
Yes	Yes	YES	NO
ピアノでメロディーをつけようとした時	曲を終わらせたとき	皆で音をつなげている時	なし
なし	なし	なし	メロディーを創るというイメージより音を皆でつないで気づいたらメロディーになっていたという感じ
伴奏	雰囲気を出すのに使われていた。トーンチャイムがメインで、トーンチャイムが終わると終わるような感じで、曲として構成されていくように使われていた	まとめ、しまりになる、リズムを作ること	伴奏
無回答	無回答	無回答	イメージとコードと基本のコードの配列
YES	YES	YES	YES
これらについて考えていないと音の流れが止まってしまうと考えたから	気にしていないと次に誰が鳴らすのかわからないから	顔や目を見て、自分が回ってくることや合図を待っていた	誰が誰に回したのかみていないと自分が次に誰に回すか迷う
なし	なし	なし	なし
楽譜通りだけではなく自由に演奏しても音楽として成りたつ	仲良くなる。集団で楽しむことでお互いのことを考えるようになる	誰でもルールなくできる	コミュニケーションや団結力がいる。ある程度の責任感も必要
なし	楽しくて仲良くなれた	皆で音楽を創ることが出来たので楽しかった	メロディーを創るというより、単純な音遊びのイメージだった。少人数（5〜8人）の方が大人数よりやりやすい。クラス単位ではできないと思った

資　料　283

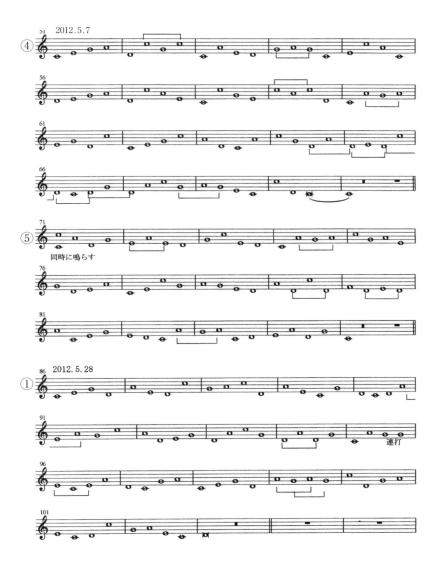

資　　料　　285

2014.4.18. 実践記録「トーンチャイムで音のキャッチボール」

時間	学生の行動・言動	授業者の行動・言動
0：00	テーブルを囲んで着席する。	授業内容の説明をする。 事前アンケート実施についての説明をする。
10：00	アンケートの質問に答える。	
30：00	演奏できる場所へ移動する。	「トーンチャイムで音のキャッチボール」の実践に入る。
31：00	楽器を持たずエアキャッチボールを行う。	エアキャッチボールの実演をしながら説明する。
	YがOへ向かって投げる。	ボールを受け取る時の、重さやスピード感を感じて行うようアドバイスする。
	SからYAへ。	うまくいく。
	YAからHへ。	うまくいく。
	HからIへ。	キャッチがうまくいかなかったため、ボールを投げる時のイメージを再度確認させる。
	IからOへ。	だいぶ慣れてくる。
33：46	トーンチャイムを取りに行く。	エアキャッチボールを終え、次にトーンチャイムで音のキャッチボールを行うことを説明する。
	トーンチャイムを持って円になるように並ぶ。	指定した音のトーンチャイムをもって並ぶよう伝える。
34：35	トーンチャイムを相手に向かって鳴らし、受け取った人は、また別の人へ向けて鳴らす。	最初はゆっくり行うよう伝える。
	音のキャッチボールを行っているうちに徐々にテンポが速くなってくる。	テンポが速くなってきたので一度止める。

	「少しわからなくなってきた」と口々に言う。	再びゆっくり行うよう伝える。
36:00	ゆったりしたテンポで鳴らすことができるようになる。	ピアノは入れずに、しばらくトーンチャイムだけで演奏を行う。
37:00	高音のC音を持っていたＹＡが自分の音を鼻歌で歌いながら、楽しそうに行っている様子をみて、他の学生が笑う。ＹＡはC音が終わりにふさわしい音だと判断し演奏を終了させた。	
38:25	演奏に慣れてきたせいか、相手の目を見ずにフェイントで音を鳴らす学生が出てくる。	ピアノを入れて同じように行うことを伝える。ピアノは授業者が担当する。
39:00	ピアノのテンポに合わせ、拍節的にゆったりした感じで演奏が続く。音と音のつながりも滑らかで安定している。	
40:15	ピアノの伴奏の変化にOが気付き、授業者の方をみるが、演奏自体は続いている。	演奏を終わりにするために、授業者がピアノの即興的な伴奏を意図的に弱く、ゆっくり弾くように心がける。
40:32	最後にＹＡが力なく鳴らした音でようやく終える。	この後、曲の終結について質問すると「終わらせるつもりだった」のは3名、「終わらせるつもりはなかった」が3名いたことがわかった。
41:30		この活動は終わりが決まっていないことを告げる。したがって、自分達で終結を考えることが必要だと説明した。
42:00	「ある方が演奏しやすい」と答える。	ピアノの演奏が入っていたことについて、どう感じたか聞く。

44:43	演奏の終結は、Ｓがピアノへ向けて音を鳴らすことで、それを合図に終わる。	再びピアノを入れて行う。Ｓの合図を受けてピアノの伴奏を終わらせる。
45:35	ＹＡが担当することになり、ＨがＹＡの音も担当し、２本持つ。	ツリーチャイムを用意し、これを加えて演奏を行うことを伝える。希望者を募る。ツリーチャイムの奏法について説明する。
47:11	ツリーチャイムを入れて再び演奏を行う。	
47:30	Ｏがツリーチャイムの担当者に向けて音を鳴らす。	ツリーチャイムは、トーンチャイムの輪には入らず、独自のタイミングで鳴らすことを伝える。
49:03	ツリーチャイムの担当者は、躊躇せず堂々と鳴らす。Ｏがピアノへ向けて鳴らすことで終結する。	Ｏの合図を受けて、ピアノの伴奏を終わらせる。
50:00	「太鼓とか入れたら面白そう」とＯが言う。	
50:09	ツリーチャイムをＹと交代する。Ｓが２本持つ。Ｙは慣れないせいか恐る恐る鳴らす。	
51:25	慣れてきたところで、２人が同時打ちして流れが止まるが、ピアノの伴奏を止まらないので、そのまま流れにのり、演奏は再開した。	途中、流れが途切れたが、ピアノの伴奏は止めずに弾き続けた。
51:30	「最後に入ると、終わった感じがする」と答える。	ツリーチャイムが入ったことで、どう感じたか聞く。
52:30	Ｈがツリーチャイムを担当する。Ｉが２本持つ。Ｈも恐る恐る鳴らし、ほとんど音が出ない。トーンチャイム担当も、拍節が乱れる。	

54:35	これまでの中で、一番息の合った終わり方ができ、学生の間で笑みがみられ、「綺麗に終わったね」という発言がある。	終わる直前はリタルダンドし、高音のＣが綺麗に響く形で終わった。授業者もこれまでで一番、きれいでまとまった作品だと感じた。
55:40	Ｉがツリーチャイムを担当する。Ｙが２本持つ。Ｉは皆の様子をみながら、タイミングよく入れる。	
56:50	ＹＡが「音は何を使っても良いのですか？」と質問してきた。	質問に答えるため、ペンタトニックの音階の原理について触れ、即興的に音を並べても汚くならずに伴奏もつけやすいことを説明する。
61:00	ＹＡが授業者の説明に対し「仕組まれていたんですね。違う音も使ってみようかと思っていました」と答える。	子ども達とこの活動を行う場合、保育者は、予め、音を選別して、それを持たせることが大切だと説明した。

2014.5.9. 実践の記録「トーンチャイムで音のキャッチボール」

時間	学生の行動・言動	授業者の行動・言動
0：00	輪になって着席する。	前回の授業の流れと、今回の授業についての説明を行う。
0：10	トーンチャイムの演奏ができる場所へ移動する。	
1：30	この活動に慣れてきており、ほぼ拍節的に演奏することができる。	ピアノは入れずに、トーンチャイムだけで演奏することを伝える。
2：05	Ｏがツリーチャイムを担当する。Ｙが２本持つ。Ｏは遠慮がちに鳴らしている。ほぼ拍節的に演奏している。ある一定のメンバー間で音の往復が見られる。	
3：34	演奏を終える。	

4:03	Sがツリーチャイムを担当する。Y Aが2本持つ。Sは奏法を工夫しながら、鳴らすことを楽しんでいる。全体をよく聴きながら静かにチリチリと入れる。	ピアノを入れて演奏することを伝える。
5:30	トーンチャイムの演奏はテンポが揺れ、少し乱れるが、全体的に静かな雰囲気で演奏続けられる。	
6:05	Fがツリーチャイムを担当する。Oが2本持つ。Fは全体の演奏を邪魔することなく、バランスを考えて音の量を決めており、トーンチャイムの音楽の中にうまく溶け込んでいる。	
7:36	トーンチャイムの演奏は少し弾んだ感じになる。	ピアノの伴奏の形を変えて弾く。
8:05	Oがピアノを担当する。初めは和音を全音符で入れていた。徐々に分散させ、最後の方は、一本の旋律のように入れている。途中からトーンチャイムのテンポとはややずれてくる。	授業者はトーンチャイムを担当し、輪の中に入る。ツリーチャイムは使わずに演奏する。
9:54	Oはトーンチャイムからの合図に戸惑い、すぐに演奏を終わらせることができず、その場で止める形になった。	
11:10	Yがツリーチャイムを担当する。Fが2本持つ。学生同士で終わり方を予め考えている様子。2本の組み合わせが悪いと感じたらしく、他の学生と交換してから行う。	ピアノの伴奏のスタイルを変え、音を多めに使うようにして弾く。

		ＹＡは膝を屈伸させながら、テンポをとっている。	
13:41		予め決めておいた通りに終われなかったのか、ＩがＦに２本同時に鳴らして終わらせるよう身ぶりで伝えていた。	
15:00		着席し、事後アンケートについての説明を聞く。	楽器をしまい、次回、この活動に対するアンケート調査を行うことを説明する。次の授業内容に入る。

第1グループ 「スイミー」本文（朗読部分）	音響的効果	授業者の解釈
<u>ひろい　うみの　どこかに、ちいさな　さかなの</u> <u>きょうだいたちが　たのしく　くらしていた。</u>	レインスティック、　下敷き トーンチャイム（C・E・G をゆっくり鳴らす）	・海の様子、波の音 ・広く穏やかな海
みんな　あかいのに、いっぴきだけは　からすがい よりも　まっくろ。でも　およぐのは　<u>だれより</u> <u>も</u>　はやかった。	小木琴	・小刻みに鳴らすこと で速く泳ぐ様子
なまえは　<u>スイミー</u>。　━━━━━━━━▶	間をあける	・間はスイミーを際立 たせる
ところが　あるひ、おそろしい　まぐろが、おな か　すかせて　すごい　はやさで　ミサイルみた いに　つっこんで　きた。	⎱ 大太鼓をクレッシェンドで 入れ、その後ピアノ 足音（ドン）と鳴らす ビンで創ったマラカス	・恐怖、素早さ、飲み 込む音
ひとくちで、まぐろは　ちいさな　あかい　さか なたちを、一ぴきのこらず　<u>のみこんだ。</u>━▶		・逃げ惑う魚の様子
にげたのは、スイミーだけ。━━━━━━━▶	間をあける　ドンと鳴らす	・のみ込まれた様子
	間をあける　沈黙	・スイミーの孤独、悲 しさ
スイミーは　およいだ、くらい　うみの　そこを。 こわかった、さびしかった、とても　かなしかっ た。	無音	
	間をあける　ツリーチャイム トーンチャイム（C・E・G をゆっくり鳴らす）	・寂しさ、悲しさ
けれど　うみには、すばらしい　ものが　いっぱ い　あった。	ツリーチャイム	・同じ楽器で明るい海 の様子を表現
おもしろい　ものを　みる　たびに、スイミーは だんだん　げんきを　とりもどした。	トーンチャイム	
にじいろの　ゼリーのような　くらげ……	風鈴	⎱ ・それぞれの魚を変わ った音で表現
すいちゅうブルドーザーみたいな　いせえび……	ギロ	・ウクレレは海の中に いることを想像させ る
みたこともない　さかなたち、みえない　いとで ひっぱられてる……	鈴	
ドロップみたいな　いわから　はえてる、こんぶ や　わかめのはやし…	下敷き　　⎱ウクレレ	
うなぎ。かおを　みる　ころには、しっぽを　わ すれてるほど　ながい……	木琴	
そして、かぜに　ゆれる　ももいろの　やしのき みたいな　いそぎんちゃく	ビーズ、マラカス	・魚の種類を表現
そのとき、いわかげに、スイミーは　みつけた。 スイミーのと　そっくりの、ちいさな　さかなの きょうだいたち。	ウクレレ	
「でて　こいよ、みんなで　あそぼう。おもしろ い　ものが　いっぱいだよ！」		
「<u>だめだよ。</u>」ちいさな　あかい　さかなたちは こたえた。	＿＿のセリフをみんなで言う	・魚たちが複数いるこ とを表現
「おおきな　さかなに　たべられて　しまうよ。」		
「だけど、いつまでも　そこに　じっと　してる わけには　いかないよ。なんとか　かんがえなく	ウッドブロック	・考えている様子

ちゃ。」 スイミーは　かんがえた。いろいろ　かんがえた。うんと　かんがえた。 それから　とつぜん　スイミーは　さけんだ。 「そうだ！」 「みんな　いっしょに　およぐんだ。うみで　いちばん　おおきな　さかなの　ふりして！」	〰〰のセリフの時に 　　　　　トライアングル 　　　　手を叩く	・アイデアが浮かんだ様子
スイミーは　おしえた。 けっして　はなればなれに　ならない　こと。みんな　もちばを　まもる　こと。 みんなが、一ぴきの　おおきな　さかなみたいに　およげるように　なった　とき、スイミーは　いった。「ぼくが、めに　なろう。」	大太鼓、デクレッシェンドで最後にドン！と鳴らす	・魚が集まり1匹の大きな魚になる様子
あさの　つめたい　みずの　なかを、ひるの　かがやく　ひかりの　なかを、みんなは　およぎ、おおきな　さかなを　おいだした。	トーンチャイム（C・E・G音） 下敷き、レインスティック	・平和がおとずれる ・海の様子、波の様子

第2グループ　「スイミー」本文（朗読部分）	音響的効果	授業者の解釈
ひろい　うみの　どこかに、ちいさな　さかなのきょうだいたちが　たのしく　くらしていた。	手遊び（マラカス）→前奏（マリンバ）→「スイミー」とみんなで言ってから始める	・開始前に、興味をもたせ期待させる工夫
みんな　あかいのに、一ぴきだけは　からすがいよりも　まっくろ、でも　およぐのは　だれよりも　はやかった。 なまえは　スイミー。	マリンバで即興的なフレーズ、鈴（効果音） 〰〰のセリフを一人が言った後、全員で言う	・マリンバはスイミーの音楽 ・鈴は海を泳ぐ様子 ・「反復」と「声の重なり」を用いて強調している
ところが　あるひ、おそろしい　まぐろが、おなか　すかせて　すごい　はやさで　ミサイルみたいに　つっこんで　きた。★ ひとくちで、まぐろは　ちいさな　あかい　さかなたちを、一ぴきのこらず　のみこんだ。	★大太鼓 鈴	・突進してくる様子 ・逃げ惑う魚たちの様子
にげたのは、スイミーだけ。★	★トーンチャイム（低音）	・孤独感
スイミーは　およいだ、くらい　うみの　そこを。こわかった、さびしかった、とても　かなしかった。	｝無音	・寂しさ、恐怖、悲しさ
	間をあける	・場面の切り替え
けれど　うみには、すばらしい　ものが　いっぱい　あった。★ おもしろい　ものを　みる　たびに、スイミーはだんだん　げんきを　とりもどした。	★ツリーチャイム	・期待感、素晴らしいもの
にじいろの　ゼリーのような　くらげ……	鉄琴（ペダルを踏んで） 〰〰のセリフを全員で言う	・みずみずしい音 ・声の重なりによる強調

すいちゅうブルドーザーみたいな　いせえび……	ビー玉を入れたマラカスのような缶 ＿＿のセリフを全員で言う	・勢いよく動く様子 ・声の重なりによる強調
みたこともない　さかなたち、みえない　いとで ひっぱられてる……	無音　＿＿のセリフを全員で言う	・張り詰めた感じを出す
ドロップみたいな　いわから　はえてる、こんぶや　わかめのはやし…	特殊な声でワカメを表現、下敷き、髪の毛をわかめや昆布に見立てる	・声と身体、音を使って水面に揺れる海草を表現
うなぎ。かおを　みる　ころには、しっぽを　わすれてるほど　ながい……	＿＿のセリフで特殊な声を出す	・別の魚が出てきた様子を声質を変えることで表現
そして、かぜに　ゆれる　ももいろの　やしのきみたいな　いそぎんちゃく	＿＿の部分で鉄琴（ペダルを使う）、＿＿のセリフを全員で言う	・水中を表している ・声の重なりによる強調
そのとき、いわかげに、スイミーは　みつけた。★ スイミーのと　そっくりの、ちいさな　さかなのきょうだいたち。 「でて　こいよ、みんなで　あそぼう。おもしろい　ものが　いっぱいだよ！」	★トーンチャイム（E音） 鈴	・ひらめいた音 ・魚たちが複数いる様子
「だめだよ。」ちいさな　あかい　さかなたちはこたえた。	＿＿のセリフを全員でエコー	・複数いる魚と否定の強調
「おおきな　さかなに　たべられて　しまうよ。」	＿＿のセリフを全員で言う	・セリフの強調
「だけど、いつまでも　そこに　じっと　してるわけには　いかないよ。なんとか　かんがえなくちゃ。」 スイミーは　かんがえた。いろいろ　かんがえた。うんと　かんがえた。 それから　とつぜん　スイミーは　さけんだ。	この部分はアドリブのセリフを言う	・スイミー役のアドリブ
「そうだ！」★ 「みんな　いっしょに　およぐんだ。うみで　いちばん　おおきな　さかなの　ふりして！」	★トーンチャイム	・ひらめいた音
スイミーは　おしえた。 けっして　はなればなれに　ならない　こと。みんな　もちばを　まもる　こと。	無音、＿＿手をヒラヒラさせて小魚が集合する様子を表現	・手で魚たちが集まる様子を表現
みんなが、一ぴきの　おおきな　さかなみたいに　およげるように　なった　とき、スイミーは　いった。「ぼくが、めに　なろう。」	鈴	・魚たちが集結してくる様子
あさの　つめたい　みずの　なかを、ひるの　かがやく　ひかりの　なかを、みんなは　およぎ、おおきな　さかなを　おいだした。★	ツリーチャイム　手（魚を表現）の向きを右から左へ変える。★タンバリン　カーテンコール→自己紹介→スイミー挨拶→一礼	・海の様子、魚たちの動き、 ・終了を告げる合図、配役紹介をして終了を知らせる

資　料　295

第3グループ 「スイミー」本文（朗読部分）	音響的効果	授業者の解釈
ひろい うみの どこかに、ちいさな さかなの きょうだいたちが たのしく くらしていた。★	トーンチャイム（A音を3回鳴らす） ★ピアノ（和音を分散させて弾く）	・物語の開始を知らせる合図 ・長三和音を分散させて弾くことで、明るく平和な海の中を表現
みんな あかいのに、一ぴきだけは からすがいよりも まっくろ。でも およぐのは だれよりも はやかった。 なまえは スイミー。	ぶんぶんゴマ ツリーチャイム（低音から高音へ）	・「スイミー」という登場人物を印象づける音
ところが あるひ、おそろしい まぐろが、おなか すかせて すごい はやさで ミサイルみたいに つっこんで きた。 ひとくちで、まぐろは ちいさな あかい さかなたちを、一ぴきのこらず のみこんだ。 にげたのは、スイミーだけ。	＿＿の部分でダンボールを激しくたたく 袋にビーズを入れて鳴らす ＿＿の部分は無音	・突進してくるスピード感、獰猛さ、恐怖感を表現。ビーズは小さな魚たちが逃げ惑う様 ・静寂・間を効果的に使い、スイミーの孤独感を表現
スイミーは およいだ、くらい うみの そこを。こわかった、さびしかった、とても かなしかった。	ピアノ（短調の和音を分散させて弾く）	・スイミーの恐怖、孤独、悲しみ等の心情を表現
けれど うみには、すばらしい ものが いっぱい あった。	ピアノ（高音域で明るい曲調の旋律）	・海の中のすばらしい魚たち、海のきらめきを表現
おもしろい ものを みる たびに、スイミーは だんだん げんきを とりもどした。 にじいろの ゼリーのような くらげ……	下敷き、黒い笛	・くらげがふわふわ浮かぶ様
すいちゅうブルドーザーみたいな いせえび……	大きなカエルのおもちゃ（穴をおさえ、机の上で強く鳴らす）	・「ブルドーザーみたいな」を表現
みたこともない さかなたち、みえない いとで ひっぱられてる……	マリンバ （グリサンド）	・不思議な感覚と、「ひっぱられている」に触発される伸縮性のある感覚
ドロップみたいな いわから はえてる、こんぶや わかめのはやし…	袋にビーズを入れたモノ 瓶ビーズ	・「はやし」に触発され、木々がサワサワなっている感覚
うなぎ。かおを みる ころには、しっぽを わすれてるほど ながい……	ヒューポン	・うなぎの体長を表現
そして、かぜに ゆれる ももいろの やしのきみたいな いそぎんちゃく	鈴（控えめに）	・「かぜにゆれる」に対応した音

296

「スイミー」本文	音響的効果	授業者の解釈
そのとき、いわかげに、スイミーは みつけた。スイミーと そっくりの、ちいさな さかなの きょうだいたち。 「でて こいよ、みんなで あそぼう。おもしろい ものが いっぱいだよ！」	音の鳴るおもちゃ（話している感じで）	・魚の兄弟たちが話している様
「だめだよ。」ちいさな あかい さかなたちは こたえた。 「おおきな さかなに たべられて しまうよ。」 「だけど、いつまでも そこに じっと してる わけには いかないよ。なんとか かんがえなくちゃ。」	声を重ねる（何名か同時に言う）	・「さかなたち」が 口々に言う様子
スイミーは かんがえた。いろいろ かんがえた。うんと かんがえた。	ウッドブロック	・考えている様子
それから とつぜん スイミーは さけんだ。★ 「そうだ！」 「みんな いっしょに およぐんだ。うみで いちばん おおきな さかなの ふりして！」	★トライアングル	・アイディアが浮かんだ瞬間
スイミーは おしえた。 けっして はなればなれに ならない こと。みんな もちばを まもる こと。 みんなが、一ぴきの おおきな さかなみたいに およげるように なった とき、スイミーは いった。「ぼくが、めに なろう。」	★ピアノ（「もののけ姫」）より セリフの終わりと共に終わるように曲の長さを調整 ▼ 袋にビーズを入れたものを振る	・アイディアを実行し、それが問題解決へと向かおうとしているクライマックスを演出 ・セリフの終わりと曲の長さを合わせ音楽とセリフを一体化している ・小さな魚たちがたくさんいる様
あさの つめたい みずの なかを、ひるの かがやく ひかりの なかを、みんなは およぎ、おおきな さかなを おいだした。★	★トーンチャイム（D♭、A♭、D♭） ツリーチャイム ＿＿で声を重ねる	・問題が解決した安堵感 ・話の結末を知らせる合図

第4グループ 「スイミー」本文（朗読部分）	音響的効果	授業者の解釈
ひろい うみの どこかに、ちいさな さかなの きょうだいたちが たのしく くらしていた。	カスタネット、ピアノ（カノン風な曲）、箱にビーズを入れたモノ、ビニール袋、下敷き	・カスタネット：開始の合図 ・ピアノと下敷きは海の情景 ・箱、ビニールは魚たち
みんな あかいのに、一ぴきだけは からすがいよりも まっくろ、でも およぐのは だれよりも はやかった。★ なまえは スイミー。★	★空気入れ ★カバサ、鉄琴	・スピード感を出す ・スイミーのキャラクター
ところが ある日、おそろしい まぐろが、おなか すかせて すごい はやさで ミサイルみたいに つっこんで きた。	大太鼓（徐々に叩くテンポを速くする） ラケット（徐々に叩くテンポを速くする）	・恐怖、速さ ・魚たちが逃げ惑う様子

		資　料　297
ひとくちで、まぐろは　ちいさな　あかい　さかなたちを、一ぴきのこらず　のみこんだ。 にげたのは、スイミーだけ。	ピアノ（運命の冒頭を弾く）	・のみ込まれた状況
スイミーは　およいだ、くらい　うみの　そこを。こわかった、さびしかった、とても　かなしかった。	鉄琴（Dmを使った短いフレーズ） ↓	・短三和音は寂しさ、恐怖を表現 ・音色で水中を表現
けれど★うみには、すばらしい　ものが　いっぱい　あった。 おもしろい　ものを　みる　たびに、スイミーはだんだん　げんきを　とりもどした。	★ツリーチャイム	・悲しさから一転して、素晴らしいものへ
にじいろの　ゼリーのような　くらげ……	エレクトリックピアノ（高音でC・Dmを使った即興的な演奏）下敷き	・様々な魚たちを紹介する間、統一感をもたせている ・魚を表現
すいちゅうブルドーザーみたいな　いせえび……	カタカタ押し車	・ブルドーザーのイメージ
みたこともない　さかなたち、みえない　いとでひっぱられてる……	トーンチャイム（高音のG音を3回鳴らす）	・引っ張られている感じ
ドロップみたいな　いわから　はえてる、こんぶや　わかめのはやし…	紙をパラパラさせる	・水中に揺らぐ感じ
うなぎ。かおを　みる　ころには、しっぽを　わすれてるほど　ながい……	ギロ	・魚の動きを表現
そして、かぜに　ゆれる　ももいろの　やしのきみたいな　いそぎんちゃく	↓ 鈴、キーホルダー	・揺れる様子
そのとき★いわかげに、スイミーは　みつけた。スイミーのと　そっくりの、ちいさな　さかなのきょうだいたち。★	★タンバリン ★カスタネット	・見つけたときの驚き ・魚たちのキャラクター
「でて　こいよ、みんなで　あそぼう。おもしろい　ものが　いっぱいだよ！」		
「だめだよ。」ちいさな　あかい　さかなたちはこたえた。	＿＿の部分を全員で言う	・声の重なりによる強調
「おおきな　さかなに　たべられて　しまうよ。」	＿＿の部分を全員で言う、カスタネット	・声の重なりによる強調 ・魚の声
「だけど、いつまでも　そこに　じっと　してるわけには　いかないよ。なんとか　かんがえなくちゃ。」		
スイミーは　かんがえた。いろいろ　かんがえた。うんと　かんがえた。	トーンチャイム（低音）	・考えている音
それから　とつぜん　スイミーは　さけんだ。 「そうだ！」★	★トーンチャイム（高音）	・ひらめいた音
「みんな　いっしょに　およぐんだ。うみで　いちばん　おおきな　さかなの　ふりして！」	鈴	・魚たちが集結する様子

スイミーは　おしえた。 けっして　はなればなれに　ならない　こと。み んな　もちばを　まもる　こと。	タンバリン	
みんなが、一ぴきの　おおきな　さかなみたいに およげるように　なった　とき、スイミーは　い った。★「ぼくが、めに　なろう。」	★カスタネット、＿＿のセリ フにツリーチャイム ピアノ（コーラスの音色で）	・決心した様子、アイ 　ディアがひらめいた 　様子
あさの　つめたい　みずの　なかを、ひるの　か がやく　ひかりの　なかを、みんなは　およぎ、 おおきな　さかなを　おいだした。★	★ツリーチャイム、終了後メ ンバー紹介 ピアノ〔コーラスの音色〕で BGM	・終始を示す合図、余 　韻を残す

初 出 一 覧

「ノードフ・ロビンズの創造的音楽療法における『音楽』の意味」『啓明学園研究紀
　　要』第 2 号、1994年、 3 ～43頁。

「即興に内包されるミュージシャンシップ──ノードフ・ロビンズの創造的音楽療法
　　より探る──」『啓明学園研究紀要』第 4 号、1996年、 7 ～15頁。

「ポール・ノードフ講義録『Healing Heritage』をめぐって」第 2 回ノードフ・ロビ
　　ンズ音楽療法研究大会、2000年、研究発表。

「"Healing Heritage"──ポール・ノードフによる『音楽的語法』の探求──」『研
　　究と評論』第69号、2004年、58～79頁。

「保育内容『表現』で学ぶべきもの──「Music Child」の概念との互換性について
　　──」第11回武蔵野音楽教育研究会研究大会、2005年、研究発表。

「保育者養成校における『表現』の指導のあり方──「Music Child」の概念との互換
　　性について」全日本音楽教育研究会大学部会、2005年、研究発表。

「保育者養成における『表現』の指導のあり方──「Music Child」の概念との互換性
　　について──」『全日本音楽研究会（大学部会）会誌』2006年、48～55頁。

「保育内容『表現』で学ぶべきもの── 'Music Child' の概念との互換性について
　　──」『音楽教育』第 3 号、2007年、10～15頁。

「保育者に求められる音楽的専門性──ポール・ノードフの音楽的資源とその使い方
　　──」日本音楽教育学会第40回大会、2009年、広島大学にて学会発表。

「保育者に必要な音楽的手腕──スイミーの授業実践を通して──」日本保育学会第
　　64回大会　2011年 5 月、玉川大学にて学会発表。

「保育におけるピアノ演奏に必要な専門的技術── Nordoff の "Healing Heritage" の
　　観点から見る──」『東京福祉大学・大学院紀要』第 2 巻第 1 号、2011年、31～
　　41頁。

「『表現』における音・音楽の捉え方──療法的アプローチとの比較──」日本保育学
　　会第65回大会、2012年、東京家政大学にて学会発表。

「表現（音楽）に対する保育者の意識──保育者と養成校の学生による保育観・音楽
　　観の比較──」日本音楽教育学会第43回大会、2012年、東京音楽大学にて学会発
　　表。

「保育内容『表現』と『音楽療法』における音楽的表現── 'Music Child' の概念に
　　基づく比較──」『音楽教育研究ジャーナル』第38号、2012年、13～25頁。

「療法的アプローチの保育への導入──『音楽表現活動』の実践──」日本保育学会
　　第66回大会　2013年5月、中村学園にて学会発表。
「音楽療法的アプローチの保育への導入──セラピストが行う『音楽表現活動』──」
　　『音楽教育研究ジャーナル』第40号、2013年、13～25頁。
「『表現（音楽）』に対する保育者の保育観と音楽観」『東京福祉大学・大学院紀要』第
　　4巻第1号、2014年、43～54頁。
「療法的視点による創造的音楽活動──即興性を重視した事例──」日本保育学会第
　　67回大会、2014年、大阪総合保育大学にて学会発表。
「音楽的活動における保育者の発信的・応答的能力の向上──クリニカル・ミュージ
　　シャンシップ援用の可能性」平成26年度東京藝術大学音楽教育研究室研究発表会、
　　2015年、東京藝術大学にて発表。
「音楽的活動における保育者の発信的・応答的能力の向上──クリニカル・ミュージ
　　シャンシップ援用の可能性──」『東京藝術大学大学院博士論文』2015年。
「音楽的活動における保育者の発信的・応答的能力の向上──クリニカル・ミュージ
　　シャンシップ援用の可能性──」日本音楽教育学会関東例会、2015年、学習院大
　　学にて学会発表。
「二方向から観る授業実践の試み──音による描写性を重視した事例を通して──」
　　日本音楽教育学会第46回大会、2015年、シーガイヤ・コンベンションセンターに
　　て学会発表。
「音楽による応答性を重視した活動から学ぶこと」日本保育学会第69回大会、2016年、
　　東京学芸大学にて学会発表。
「集団による創造的な音楽活動から得るもの」『帝京大学教育学部紀要』第5号、2017
　　年、35～46頁。
「音楽の表現技術向上のための授業実践──音の描写性を重視した活動を通して──」
　　『帝京大学教育学部紀要』第6号、2018年、25～35頁。

謝　辞

　本書は、2015年3月に東京藝術大学大学院より学位授与された博士論文に加筆・修正を加え、刊行するものです。なお、出版にあたっては、独立行政法人日本学術振興会令和元年度科学研究費助成事業（科学研究費補助金）（研究成果公開促進費　課題番号19HP5206）の助成を受けています。

　1992年に修士論文を提出してから20年以上を経て、ようやく2015年に博士論文の形にまとめることができました。この場をお借りして、お世話になりました先生方、関係者の皆様方に深くお礼を申し上げます。

　それまで、大学で教員をしていた私に、学位を取得することを勧めて下さいました小川昌文先生に感謝の意を表します。日々の業務に追われていた私に、研究への道筋をつけて下さいました。

　また、東京藝術大学大学院におきましては、指導教員の山下薫子先生に、基礎から丁寧に、きめ細かいご指導を賜りました。大変感謝しております。さらに、佐野靖先生をはじめ、今川恭子先生、岡田猛先生、今井康雄先生、藤江康彦先生の諸先生方には、専門分野の見地から研究に対する大変貴重なご助言やご指導を賜りました。ここに深く感謝申し上げます。

　丸井淳史先生や横地早和子先生には、質問紙調査の分析や考察の面で、大変貴重なアドバイスをいただきました。自分自身では気づきにくい別の観点からご指摘いただいたことが大変勉強になりました。ここに感謝申し上げます。

　岡崎香奈先生には、音楽療法に関連する貴重なご助言やご指導をいただいただけでなく、論文執筆のためのアドバイスや、温かいお言葉も頂戴致しました。大変感謝しております。

　下川英子氏との出会いは、私にとってかけがえのないもので、下川氏の実

践やお話から大変多くのことを学びました。また、ご自身の作品や記録を惜しみなく提供して下さいました。心から感謝申し上げます。下川氏の実践に関わっていらっしゃる各保育園の園長先生、保育者の皆様、園児の皆様にも、大変お世話になりました。深く御礼申し上げます。さらに、質問紙調査にご協力いただきました、保育園、幼稚園の園長先生、保育者の皆様に心より御礼申し上げます。

　また、東京藝術大学大学院の研究室の皆様には、4年間を通して色々な面でお世話になりました。皆様と共に学んだことは、かけがえのない貴重な経験でした。感謝しております。

　さらに、研究を進めていく中で、色々な面でサポートしていただきました渡部隆巳先生、幸喜健先生、またご協力いただきましたT大学社会福祉学部の学生の皆様にも、深く感謝申し上げます。

　また、本書の出版にあたっては、風間書房の風間敬子氏、斉藤宗親氏に大変お世話になりました。数々のご助言をいただいたことが、このような出版につながったと思っております。

　最後に、陰で支え見守り続けてくれた家族と両親に、感謝の意を表します。

2019年10月

田﨑　教子

著者略歴

田﨑　教子（たさき　のりこ）

1990年　武蔵野音楽大学音楽学部器楽学科ピアノ専攻卒業
1992年　武蔵野音楽大学大学院音楽研究科音楽教育専攻修士課程修了
2015年　東京藝術大学大学院音楽研究科音楽文化学専攻（音楽教育）博士課程修了
　　　　博士（学術）
現　在　帝京大学教育学部初等教育学科准教授
専門分野　音楽教育学

主な著書・論文
『学生のリコーダーアンサンブル』共著　音楽之友社　1999年
『現場で役立つ幼稚園教諭・保育士のためのピアノ入門』共編著　ドレミ楽譜出版社
　　2009年
『誰でも弾けるこどものうた50選』単編著　ドレミ楽譜出版社　2010年
『保育児童福祉要説』第3版　共著　ミネルヴァ書房　2010年
『保育児童福祉要説』第5版　共著　中央法規出版　2016年
「集団による創造的な音楽活動から得るもの」『帝京大学教育学部紀要』第5号　単著
　　2017年
「音楽の表現技術向上のための授業実践―音の描写性を重視した活動を通して―」
　　『帝京大学教育学部紀要』第6号　単著　2018年

音楽的活動における保育者の発信的・応答的能力の向上
―クリニカル・ミュージシャンシップ援用の可能性―

2019年12月25日　初版第1刷発行

著　者　田　﨑　教　子

発行者　風　間　敬　子

発行所　株式会社　風　間　書　房
〒101-0051　東京都千代田区神田神保町1-34
電話 03(3291)5729　FAX 03(3291)5757
振替 00110-5-1853

印刷　太平印刷社　製本　井上製本所

©2019　Noriko Tasaki　　　　　　　　　　NDC 分類：375

ISBN978-4-7599-2311-7　　Printed in Japan

JCOPY 〈(社)出版者著作権管理機構　委託出版物〉
本書の無断複製は，著作権法上での例外を除き禁じられています。複製される
場合はそのつど事前に(社)出版者著作権管理機構（電話 03-5244-5088, FAX 03-
5244-5089, e-mail: info@jcopy.or.jp）の許諾を得てください。